やわらかアカデミズム・〈わかる〉シリーズ

よくわかる
産業社会学

上林千恵子・編著

ミネルヴァ書房

はじめに

■よくわかる産業社会学

　21世紀に生きる私たちが産業社会学を学ぶ意義はどこにあるだろうか。「産業社会学」の名称に用いられる「産業（インダストリー）」とはこれまで主として製造業を意味してきたし，社会の近代化は工業化（産業化）と手をたずさえて進展してきた。その製造業が私たちの身の回りから徐々に消えるに従って，産業社会学もまた消えていくべきものと見る人もいるかもしれない。戦争によって荒廃した日本で，「工場の煙突からモクモクと立ち登る煙を見ると嬉しかった」という私の恩師の言葉が奇異に聞こえるほど，時代は変化した。今の若い人に対して，工場の煙は公害の象徴ではなく，生産をようやく再開できた喜びの象徴だったと説明するのはむずかしい。それだけ日本社会の実態も，人々の意識も大きく変化したのだ。

　しかしながら，私たちが職場で仲間と共に働き，技能を習得し，賃金を得て生活していくという職業生活の基本は変化していない。ただ，働く上でのさまざまなルールや問題は，産業社会が変化していけばその内容も変化する。本書では，現代の日本社会で生じている仕事や職場の問題を，産業社会学という学問の視角から明らかにする。

　取り上げられた項目は仕事や労働をめぐるおよそ100項目である。現代社会の労働と雇用の分野には多くの問題があり，産業社会学の概念も多様である。その中から，①理解すべき基本概念と基本問題，②近年よく耳にするが，実はその起源や内容が知られていない概念と問題，を中心に項目を選定した。

　構成は以下の通りである。前半は個人の視点である仕事とキャリアから始まって，職場，企業，労働組合など，日本型雇用システムを代表する制度を取り上げている。近年とみに注目を集めている非正規労働者の問題は，日本型雇用システムとの関係が重要であるため，前半に組み入れてある。後半は，この日本型雇用システムには包摂されにくい女性，高齢者，外国人労働者を取り上げ，最後の2章は，仕事をしていく上での安全網である社会保障，および産業社会学の歴史にあてた。

　執筆者9名それぞれは，限られた字数の中で要点を書く試みがいかに困難であるかを本書を執筆していく中で学んだ。その全員が工夫をこらして作り上げた各章には，産業社会学の最新の成果が反映されている。さらに勉強したい読者は，参考文献をたどればよい。各ページはどこから読んでも意味があるように編集されているが，もし読者が全体を通して読むならば，個々の概念と問題が，実は社会構造の中で分かちがたく結びついている事実に突き当るだろう。そこから，①21世紀という時代の糸の織り成す最前線に現在の私たちが置

かれていること，そして②私たちの前には解決されるべき多様な課題が存在すること，の二点を読み取って欲しい。

　最後に，編集にあたられたミネルヴァ書房の涌井格氏には大変お世話になった。本書が産業社会学を理解するための一助となることが執筆者全員の願いである。

　　　　　2012年2月20日

　　　　　　　　　　　　　　　　　　　　　　　　　　　　　　上林千恵子

もくじ

■よくわかる産業社会学

I 仕事とキャリア

1 仕事とは何か …………………… 2
2 職業と社会階層 ………………… 4
3 産業構造と就業構造 …………… 6
4 職業の変化 ……………………… 8
5 職業を調べるには ……………… 10
6 企業から求められる能力 ……… 12
7 キャリアとその形成方法 ……… 14
8 学歴とキャリア ………………… 16
9 勤め先を変える ………………… 18
10 失業という不本意なキャリア … 20
11 仕事を辞めるとき ……………… 22

II 企業組織の性格

1 企業の誕生：起業，起業家・経営者の役割 ……………………… 24
2 企業の衰退と消滅 ……………… 26
3 産業構造の変化：サービス経済化 ……………………………… 28
4 大企業と中小企業：企業規模の規定力 ……………………………… 30
5 雇用組織の形態：企業・行政組織・NPO ……………………… 32

III 企業内キャリアと人事管理

1 企業の人事管理と働く人のキャリア ……………………………… 34
2 人事管理における職場管理者と人事部門 …………………………… 36
3 社員格付け制度の変化：年功制と職能資格制度 …………………… 38
4 変化のなかの採用 ……………… 40
5 企業における教育訓練：OJTとOff-JT ………………………… 42
6 日本企業における配置転換とその変化 ……………………………… 44
7 昇進・昇格の変化と企業内キャリア ……………………………… 46
8 人事評価と「成果主義」……… 48
9 企業の賃金管理と「年功賃金」… 50
10 多様化する雇用区分の管理 …… 52
11 非正社員の活用と人事管理 …… 54

IV 職場の中での生活

1 コミュニティとしての企業 …… 56
2 職場集団と職場秩序：企業内秩序を構成する原理 ………………… 58
3 技術革新と職場・仕事の変化 … 60

4　労働時間制度と残業規制 ………62

　5　多様な勤務形態：フレックスタイム制・裁量労働制・テレワーク …64

　6　日本の労働時間の実態：日本は長時間労働か ………66

　7　「こころ」を壊す職場：メンタルヘルス不全とハラスメント ………68

　8　感情労働 ………70

V　就業形態の多様化

　1　働き方の多様化が進む日本社会 …72

　2　労働者性：「労働者である」とは，どういうことか ………74

　3　パートタイマー：非正規雇用の約半数を占めるパートタイマー ……76

　4　派遣労働者・請負労働者：さまざまな職場に出向いて働く派遣労働者・請負労働者 ………78

　5　フリーター：フリーターは不安定な働き方か，それとも自由な働き方か ………80

　6　若年無業者：若年無業者はなぜ働いていないのか ………82

　7　学校から職場への移行：若者の就職はたいへんになったのか ………84

　8　ボランティア・NPO活動：ボランティアとNPO活動は新しい働き方なのか ………86

VI　社会的存在としての企業

　1　企業倫理とCSR ………88

　2　コーポレート・ガバナンス ………90

　3　企業と地域社会 ………92

　4　企業と国家 ………94

　5　企業と地球環境 ………96

　6　多国籍企業 ………98

VII　労働組合と労使関係

　1　労働組合とは何か ………100

　2　企業別組合 ………102

　3　労使の対立 ………104

　4　労使の協調 ………106

　5　労働組合の組織率 ………108

　6　個別的労使紛争への対応 ………110

VIII　働く場の女性

　1　変化する／しない女性の意識と働き方 ………112

　2　日本型雇用システムと女性 ……114

　3　性別職務分離と男女間賃金格差 …116

　4　女性雇用の変遷 ………118

　5　男女雇用平等 ………122

　6　男女共同参画社会の形成に向けて ………124

7　働きすぎとジェンダー ………… 126
　8　ワーク・ライフ・バランスとは
　　　………………………………… 130

IX　高齢者の働き方

　1　世界一の少子高齢化社会と高齢者雇用 ……………………………… 132
　2　仕事からの引退過程：長い引退期間と短時間就労・年金受給 ……… 134
　3　定年制の機能と定年延長政策 … 136
　4　団塊世代の退職と技能継承 …… 138
　5　高齢者雇用をめぐる思想 ……… 140

X　日本で就労する移民・外国人労働者

　1　日本の外国人労働者問題 ……… 142
　2　外国人労働者の労働市場 ……… 144
　3　日系ブラジル人の就労と生活 … 146
　4　外国人技能実習生と中小企業 … 148
　5　高度専門職移民の国際移動 …… 150
　6　非正規滞在の外国人労働者 …… 152

XI　仕事と暮らしを支える社会保障

　1　日本では企業も生活保障を担ってきた ………………………………… 154
　2　企業と社会保障の関係(1)：医療保険 ……………………………… 156
　3　企業と社会保障の関係(2)：年金
　　　………………………………… 158
　4　安全網があるから跳べる：失業と社会保障 …………………………… 160
　5　穴のあいた安全網：社会保障と社会的排除 …………………………… 162
　6　脱工業化と社会保障の変容 …… 164
　7　グローバル化と社会保障の変容 … 166
　8　コーポラティズムと社会保障改革
　　　………………………………… 168
　9　新たな日本型福祉－産業社会への模索 ………………………………… 170

XII　産業社会学の歴史

　1　アダム・スミスと市場への信頼
　　　………………………………… 172
　2　マルクスの疎外概念 …………… 174
　3　デュルケムと社会分業 ………… 176
　4　ウェーバーの職業倫理・労働倫理
　　　………………………………… 178
　5　テイラーと科学的管理法 ……… 180
　6　ホーソン実験と人間関係論 …… 182
　7　ダニエル・ベルと脱工業社会論 … 184
　8　二重労働市場論 ………………… 186
　9　外部労働市場と内部労働市場 … 188
　10　日本の産業社会学 ……………… 190

さくいん ……………………………… 194

やわらかアカデミズム・〈わかる〉シリーズ

よくわかる
産業社会学

I　仕事とキャリア

　仕事とは何か

1　職業の3要素

わたしたちは，日常生活の中で普通に職業，仕事，労働という言葉を使っている。「今日は仕事があるので休めない」，「大学卒業後に就きたい職業を探している」，「今日の労働は辛かった」という発言をする時，わたしたちは仕事も職業も労働もその意味をわかって使っているはずである。しかし，あらためて仕事や職業や労働の違いは何かと問われれば，その答えに窮してしまう。

日本において職業に対して体系的な位置づけを与えたのは，1941年に刊行された尾高邦雄の『職業社会学』である。この著作は，職業に対する社会学的研究として先駆的な著作といえる。産業社会学の視点から職業を定義すれば，単に生計のためだけではない別の側面が浮かび上がってくるとして尾高は職業に3要素があることを指摘したのである。

第一に，職業とは，衣食の質を得るための継続的な人間活動である。それは，何よりもまず生計維持の手段であるので，「生業」と呼ばれるのが適切である。

第二に，職業とは，人間が個性を発揮して他に寄与するところの活動である。社会生活は他人から何ものかを享受する面と，他人に何ものかを寄与する面とからなっている。そして，職業生活とは後者であり，人々は職業を通じてもろもろの文化を生み出しているのである。ここで個性と呼ばれるものは，各人が才能や適性という「天職」として持っているものを意味する。

しかし第三に，職業とは「職分」のことである。職分とは，各人に与えられた社会的役割分担を意味し，これを果たすことが職業である。社会的生活とは，各人がこの社会的役割分担を果たし，互いに協力することによってのみ可能である。

以上のように尾高は，（1）生計の維持，（2）個性の発揮，（3）役割の実現をそれぞれ強調し，この3つを「生業」「天職」「職分」と整理したのである。

さらに尾高は，職業に関する外国語を比較検討し，語義の上から2つのカテゴリーがあると指摘した。すなわち天職的ないし職分的な言葉と生業的な言葉である。前者には，berufung（ドイツ語），vocation（英語），profession（フランス語）といった語が含まれ，後者には，beschaftung（ドイツ語），occupation（英語），business（英語）等が含まれる。このように分類すると，職業という言葉も理解しやすい。「職」とは，語義を探れば役目や分担であるが，同

▷1　尾高邦雄, 1941, 『職業社会学』岩波書店。XII-10 も参照。

時にそれにふさわしい能力や権限であり，職分と天職に相当する。一方，「業」とは，「なりわい」の「なり」であるように，生業に相当するのである。

職業においてこの3要素は密接に結びついているだけでなく，3要素のバランスは職業生活の理想である。自分自身の個性を前面に押し出しても，社会的に求められていなければ職業としては不十分であろうし，単なる生計のためだけに働いているならば，それもまた不十分な職業と言えよう。

仕事（work）の場合，職業と違って家事や育児，もしくはボランティア活動のように，生計の維持という要素が欠けていたとしても，仕事と呼ぶことが可能である。それゆえ，仕事という言葉が用いられる範囲は職業よりも広い。また労働（labor）は，その語源を探っていくと苦役を意味し，もともとは農作業や工場労働などの肉体作業として理解されていた。この言葉も，3つの要素のひとつが欠けていたとしても使われる。なお，仕事は本人の主体的活動であることが強調されるのに対して，労働は拘束的であることが強調される。

② キャリアという言葉

近年は，職業や仕事という言葉以外に，キャリアという言葉がよく使われるようになった。キャリア（career）の語源は中世ラテン語の「轍」である。轍とは，牛車や馬車が通った後にできる車輪の跡であるが，その空間的概念が時間的概念へと変容し，人がたどった足跡や経歴を意味するようになった。

『「キャリア形成を支援する労働市場政策研究会」報告書』（厚生労働省，2000年）によれば，「職業能力はキャリアを積んだ結果として蓄積されたものであるのに対し，キャリアは職業経験を通して，職業能力を蓄積していく過程の概念」であり，キャリア形成とは，このようなキャリアの概念を前提として，個人が職業能力を作り上げていくこと，すなわち，「関連した職務経験の連鎖を通して職業能力を形成していくこと」ととらえることが適当と考えられると記されている。

このような職業経歴に着目したキャリアの捉え方は，組織心理学におけるD.T.ホールの次のような定義とも概ね重なる。「キャリアとは，ある人の生涯にわたる期間における，仕事関連の諸経験や諸活動と結びついた態度や行動における個人的に知覚された連続である」(The career is the individually perceived sequence of attitudes and behaviors associated with work-related experiences and activities over the span of the person's life)。

▷2 Hall, Douglas T., 1976, *Careers in Organizations*, Glenview, IL: Scott, Foresman and Company.

もちろん，人がたどった足跡には，仕事以外の経歴も含まれる。家庭，余暇，地域などでの経験もキャリアの概念に含まれている。D.E.スーパーは，このような職業に縛られないキャリアをライフキャリア（life career）と呼び，職業キャリア（professional/occupational/vocational career）と区別している。

▷3 Super, D.E., 1980, "A Life-span, life-space approach to career development," *Journal of Vocational Behavior*, 16: pp. 282-298.

（梅崎　修）

I 仕事とキャリア

 職業と社会階層

1 社会階層とは何か

　社会階層（social stratification）とは，本人の職業を中心に，所得，学歴，資産，親の職業，社会的威信などに共通性を持つそれぞれの社会集団が社会的序列を形成していることを意味する。英米語圏で権威を持つペンギン社の『社会学辞典（*Dictionary of Sociology*）第5版』(2006)では，class という用語に階層概念と階級概念のふたつの意味を含ませているが，日本では一般的に階級論はマルクス主義に立脚して社会の不平等を論じる立場をとり，階層論は職業移動（ないしは社会移動）に着目して階層間移動の可能性から社会の不平等を論じる機能主義的な立場をとる。

　職業移動の用語には「転職」という概念もあり，一般的には勤務先の会社を変更するといった水平的移動が中心であるが，階層論では社会的序列を意味するので職業をまたいだ階層移動に焦点が置かれる。この序列は連続的なものであるから移動が可能であると前提にされている。しかし社会的序列であるから，必ず上から下までゆるやかな順番が形成されている。所得階層ならば所得が数値で表現できるので上下関係は容易に判別できるが，社会階層は所得が基準ではなく，職業が基本的な基準となっているために所得階層より抽象的である。

　日本の階層研究の代表的調査である「社会階層と社会移動（SSM: Social Stratification and Mobility）調査」では，専門職，大企業／中小企業／自営業それぞれのホワイトカラーとブルーカラー，農業の8種類の大きな階層の枠組みを使用している。一方，イギリスの社会学者 J.H. ゴールドソープと R. エリクソンが整備した職業分類 **EGP分類** の場合は，ブルーカラーである労働者階級をマニュアル階級としてまとめ，技能レベルによって半熟練・不熟練労働者と熟練労働者とに分類している。日本では企業規模が賃金や雇用保障の程度に影響するのに対し，イギリスのブルーカラーでは，賃金も雇用機会も技能レベルで決定されるという経験的な労働市場での差異に応じた分類である。階層の国際比較研究は，職業分類基準を同一にしなければ厳密な比較は不可能であるが，国による差異も考慮されている。

　階層序列の存在を前提とする限り，底辺の仕事は必ず存在する。こうした底辺労働がとりわけ移民に集中してきていることが現代社会，特に先進諸国にとっての近年の課題である。

▷1　社会階層も社会階級も，いずれも社会の格差・不平等を論ずる際の概念である。しかし，前者は所得の大小などにより段階的に区分するが，マルクス主義に拠って立つ後者の場合，生産手段所有の有無によって資本家階級と労働者階級の二区分である点が異なる。

▷2　職業移動には，同一人物がキャリアの中で移動する世代内移動と，親と子との間で職業が変わる世代間移動があり，たとえ前者が不可能であっても，後者までを見れば階層移動の事例が広がると考える。そしてこの移動を階層間移動の流動性，ないしは開放性という用語で表す。

▷3　**EGP分類**
Erikson-Goldthorpe-Portocarero social class scheme の略。イギリスの階層研究における職業分類として使用されている。

2 近代社会と職業の位置づけ

「職業に貴賎はない」と「職業選択の自由を保障しなければならない」というふたつの命題は，職業に関する近代的理念を端的に示したものである。どのような職業も平等であり，また親の職業を身分として引き継ぐことを否定して，個人は自由に自分の職業を選択できることが社会の理想であるとした。職業の3つの要素のうち，「生計の維持」と並ぶ要素である「能力の発揮」と「社会的役割の分担」のふたつの要素はいずれも，職業選択の自由が可能であり，職業の平等が前提にされて，はじめて職業を説明する要素となるのである。選択のないところに個性・能力の発揮はあり得ず，平等のないところに役割分担という発想は生まれないからだ。

しかし，現実社会には社会階層が存在する。職場というミクロを見ても，マクロの社会階層が職場秩序として現実の職場生活の中に実現されてしまう。各職業間の賃金格差は，生計の維持という役割以上に，こうした職場秩序の序列を反映するために存在しているとさえいえる。

このように現実社会と理想とする理念との間に大きな落差があるために，高校段階や大学段階でのキャリア教育はひとつの矛盾を抱えてしまう。就職を控えた高校生や大学生にとって，現実には職業選択の可能性は経済的，家庭的，能力的（ないしは偏差値上）に限定されているにもかかわらず，教育内容においては職業選択の自由と職業上の平等が教えられているからである。

3 職業移動と階層の再生産

社会階層研究は，階層移動の存在を前提にその開放性について研究してきた。それは近代社会の理念のひとつである社会の平等が実現されるべきだという学問的前提があるからである。他方そうした立場とは別に，階層の再生産が存在することを指摘して，現代社会への批判を展開する立場もある。たとえば，イギリスの社会学者P.ウィリスは労働者階級が再生産されるのは，その子どもたちが学校教育を否定するという労働者階級特有の文化を身につけるためであるとし，階級差を解消するための義務教育を労働者自身が否定することによって肉体労働を賛美する労働者階級が再生産されるという事実を指摘した。またP.ブルデューは，「ハビトゥス」という概念を提出し，経済的な差異は乗り越え可能でも，個人が生育過程で身に付けたふるまい，考え方，使用する言語と話し方などの本人が統御できない習慣が階層区分の象徴となり，階層の再生産に寄与していると主張した。

職業と社会階層の問題を考える際には，「自由で平等な人間」を職業の中でどう実現していくかという問いがまず出発点になっているのである。

（上林千恵子）

▷4 ウィリス，P.E.，熊沢誠・山田潤訳，1985，『ハマータウンの野郎ども——学校への反抗・労働への順応』筑摩書房

▷5 ブルデュー，P.，石井洋二郎訳，1990，『ディスタンクシオン——社会的判断力批判（1・2）』藤原書店

参考文献

原純輔・盛山和夫，1999，『社会階層——豊かさの中の不平等』東京大学出版会

直井優・藤田英典編，2008，『講座社会学13 階層』東京大学出版会

佐藤嘉倫・尾嶋史章編，2011，『現代の階層社会1 格差と多様性』東京大学出版会

石田浩・近藤博之・中尾啓子編，2011，『現代の階層社会2 階層と移動の構造』東京大学出版会

斉藤友里子・三隅一人編，2011，『現代の階層社会3 流動化の中の社会意識』東京大学出版会

I 仕事とキャリア

産業構造と就業構造

I-2 では，職業分類と職業情報提供について説明した。ここでは，就業構造が歴史的にどのように変化してきたのかを官庁データから探りたい。

1 戦後日本の産業構造変化

はじめに，日本の産業構造は戦後の高度経済成長によって大きく変わったことを確認しよう。敗戦直後，多くの日本人は第一次産業に従事していた。第一次産業とは，農業，林業，漁業などの自然に働きかけて商品を生み出す産業であるが，主に農業が多かった。製造業や建設業などの第二次産業，サービスや流通などの第三次産業はまだまだ未発展であり，この時点では労働者も少なかった。その後，日本経済の再建を目的として**傾斜生産方式**が進められ，朝鮮戦争を契機に本格的な成長を開始し，1950年代から神武景気，岩戸景気を経て高度経済成長期に突入した。この経済成長は，主に製造業を中心に支えられており，欧米諸国より新技術を導入し，新しい経営手法を学ぶことで大量生産方式の成功が生み出された結果である。このような産業構造の変化は就業構造にも大きな影響を与えた。

図I-3-1は，『労働力調査』から産業分類別の就業者の歴史的推移を追ったものである。高度経済成長が始まる直前の1953年時点では，約40％であった第一次産業の従事者が，1960年以降には30％を下回り，60年代後半には20％を下回っている。その代わりに，第二次産業の伸びは大きく，1955年の24％から1970年の35％に上昇している。農業に従事していた人，もしくは農家の生まれの子どもたちが第二次産業で働き始めたのである。高度経済成長期，中卒の労働者は「金の卵」と呼ばれたが，彼ら／彼女らは農家を出て都会の工場や商店に雇用先を見つけた。

▷1 **傾斜生産方式**
基幹産業である石炭や鉄鋼に資材や資金を重点的に投入し，それを契機に経済全体の発展を図る政策である。

図I-3-1　産業別就業者構成の推移

出所：総務省統計局『労働力調査』（各年）

2 サービス経済化

高度経済成長以後の70年代80年代になると，第二次産業で働く労働者の割合は伸び止まり，90年代～2000年代には低下しはじめる。一方，第三次産業の従事者は上昇し

続けて90年代には60％を超える。

このような就業構造変化は，サービス産業の発展によって引き起こされたものである。サービス産業という用語は，第一次～三次産業という分類用語とは異なり，生み出される商品の違いによって分けられている。すなわち，財貨を生産する産業と，非財貨つまりサービスを提供する産業に分け，後者をサービス産業と定義している。サービス産業は第三次産業の範囲と重なる。サービスの需要が増加し，また新しいサービスが生まれることでサービス産業は拡大し，そこで働く人も増えたのである。

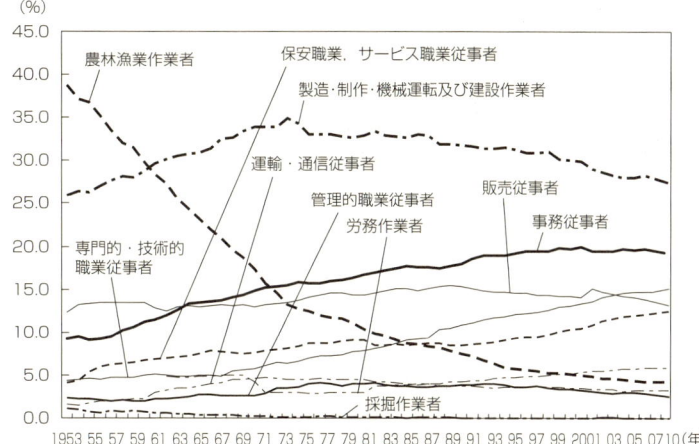

図Ⅰ-3-2　職業別就業者構成の推移

出所：総務省統計局『労働力調査』（各年）

戦後日本経済は，第一次産業から第二次産業，さらには第三次産業へと主要産業が変化し，労働者の産業別就業構成も変わった。このような産業構造の歴史的変化とそれに伴う就業構造の変化は他の先進国とも共通する特徴である。ただし，他の先進国と比較すると日本の場合はドイツと似て，第二次産業の労働者割合が減少したとはいえ比較的高い割合に止まるという特徴がある。

3　職業別構成比の変化

続けて，産業構造の変化が職業分布に与える影響を把握するために，職業別構成比の歴史的推移を探ろう。図Ⅰ-3-2から，第一次産業の衰退は，1953年時点では40％近くあった農林漁業作業者比率の大幅減少を招いたことがわかる。一方，高度経済成長期の第二次産業発展とともに，事務従事者や製造工程労務作業者の比率は増加している。

その後，70年代以降，サービス産業の伸びとともに，製造工程労務作業者の比率は減少しはじめ，そのかわりにサービス職業従事者や専門的・技術的職業従事者の比率は，1980年代，90年代，2000年代まで増加し続けている。製造工程労務作業者比率の減少は，サービス経済化だけでなく，技術革新によって同じ生産量であっても少ない労働力での生産が可能になったからであろう。一方，専門的・技術的職業従事者の増加は，企業においては研究開発や管理部門の技術者，あるいはコンピュータの普及による情報処理技術者，さらには高齢化によって福祉や医療保険関係の技術者が求められた結果と言えよう。

（梅崎　修）

参考文献

橋本寿朗，1995，『戦後の日本経済』岩波書店

八幡成美，2009，『職業とキャリア』法政大学出版局

Ⅰ 仕事とキャリア

職業の変化

Ⅰ-3では，第一次産業から第二次，三次産業への変化が就業構造に与える影響を説明した。ただし，第一次～三次の産業分類だけでは，職業の変化を説明することは難しい。ここでは，産業社会学で指摘されている職業概念を産業の変化と一緒に紹介しよう。

1 ブルーカラーとホワイトカラー

ブルーカラーとホワイトカラーは，一般的にも使われる用語であるが，その定義にはあいまいさが残る。そもそもホワイトカラーとは，白い襟（White-collar）を意味し，ブルーカラーは青い襟（Blue-collar）を意味し，背広と作業服の違いと対応している。仕事の特性を強調すれば，頭脳労働に従事するホワイトカラー（職員）と肉体労働に従事するブルーカラー（工員）という違いになる。なお，戦前日本においてそれらの違いは仕事以上に身分の違いであった。賃金制度も，前者の月給（サラリー）に対して後者は日給であり，食堂や門まで分けられている工場もあった。

しかし，戦後日本では労働組合運動の拡大とともに，職員と工員の身分的な格差は解消に向かった。また，コンピュータ導入などの技術革新によってルーティン作業を行う事務従事者が増加すると，ホワイトカラーの相対的地位は低下し，そのような仕事に従事する人たちはグレーカラーとも呼ばれるようになった。その一方で，技術革新によってブルーカラーにも生産技術やコンピュータに関する専門的知識が求められるようになった。現在では，社内においてブルーカラーとホワイトカラーの区別を強調することはなくなり，両者を含めてサラリーマン，会社員，勤労者などの用語が使われている。

ホワイトカラーを学術的に検討したC.W.ミルズの『ホワイト・カラー』[1]では，ホワイトカラーの仕事だけでなく階層性も指摘されていた。すなわち自営農や自営業者からなる旧中産階級にかわってホワイトカラーが新中間階層の主役となったことが指摘されたのである。ミルズによれば中間階層には，所得・資産などの経済的指標とそれ以外の生活観や仕事観などの文化的要因において固有の特質が存在する。しかし，ホワイトカラーを中間階層として位置づける分類は，戦後経済発展によって曖昧化している。

▷1 ミルズ，C.W.，杉正孝訳，1957,『ホワイト・カラー——中流階級の生活探究』創元社

2 シンボリックアナリスト

　就業先の産業分類やブルーカラーとホワイトカラーの分類を超えた新しい職業分類として，R.B.ライシュによる仕事分類があげられる。ライシュは，その著書の中で，大規模な標準化された製品を生産する時代に作られた職業分類ではなく，新しい経済環境，つまりグローバル経済下における仕事の機能と付加価値を考慮した3分類を提案した。その3つとは，ルーティン生産サービス，対人サービス，そしてシンボル分析的サービスである。

　ルーティン生産サービスとは，標準的な繰り返し作業の職種であり，最も基本的な能力は信頼性，忠誠心，対応能力である。ここで対応能力が強調されているのは，ルーティン生産と言っても単純な繰り返しだけではなく，変化に対応できる熟練が求められるからである。

　他方，対人サービスも繰り返し作業であるが，ルーティン生産サービスとの違いは，彼ら／彼女らの仕事が人間に対して直接的に供給される点にある。この職種も信頼性，忠誠心が求められるが，加えて相手に好感度を与えるふるまいが求められる。

　最後のシンボル分析的サービスとは，データ，言語，音声，映像表現などのシンボルの操作を取引する職業である。シンボルの分析者は，その高度な能力を使って問題を発見し，解決し，新しい戦略を立案する。

　ライシュによれば，アメリカにおいてルーティン生産サービスは減少傾向にあり，対人サービスは増加傾向にある。一方，シンボル分析的サービスは，1950年代以降増加してきて，1980年代には一部法律家や投資銀行業において新しい仕事が生まれたかに見えたが，しかしその増加速度は鈍化した。

3 定型から非定型へ

　ライシュが指摘したのは，経済発展や技術革新が高度かつ知的な作業を生み出すものの，その一方で相手に好感度を与えるふるまいが求められる類の職業である対人サービスも増加させるということである。なお，この「好感度を与えるふるまい」は「感情労働」と定義されている。感情労働は肉体労働と質的に異なったストレスを与えることが指摘されている。

　仕事の変化は，産業構造の変化だけではなく，技術革新の要因を考えないと説明しきれない。特に定型的な仕事（ルーティンワーク）の減少は，IT（information technology）化によって引き起こされたと言えよう。1990年代以降，コンピュータ機器が安くなり，ソフトウェアの開発によって操作性が高まると，定型的な仕事はコンピュータに代替され，代替されない作業や判断が人間に残された。仕事は，一方では創意工夫が求められる知的作業に，他方では対人サービスという作業に集中しはじめたのである。

(梅崎　修)

▷2　ライシュ，R.B.，中谷巌訳，1991，『ザ・ワーク・オブ・ネーションズ——21世紀資本主義のイメージ』ダイヤモンド社

▷3　具体的には，ソフトウェア技術者，専門会計士，法律家，経営コンサルタントなどさまざまな業界におけるコンサルタント，広告プランナー，建築家，映画監督，工業デザイナーなどの職業があげられる。

▷4　ホックシールド，A.R.，石川准・室伏亜希訳，2000，『管理される心——感情が商品になるとき』世界思想社

▷5　IV-3 参照。

Ⅰ 仕事とキャリア

 職業を調べるには

1 職業の名前

職業を具体的に考えると，その実態は実に多種多様であると言えよう。現在，日本の社会で使われている職業名は，独立行政法人労働政策研究・研修機構（JILPT）が行った調査によれば，2万8235件あると確認されている。▶1 だがこの職業名の収集も完璧なものではなく，職業とは，常に新しい名前が生まれ，古い名前が使われなくなるものである。

ここであえて名前と呼んだのは，名前は違っていても，同じ仕事内容の職業も存在するので，注意が必要だからである。わたしたちは，職業をその名前ではなく中身，つまり職業そのものの特性によって分類する必要がある。一般的には職務分析によって職業は分類される。ひとつひとつの職務を課業（作業のまとまり）とそれに伴う責務に分解しながら分析し，それら職務の集合体としての職業を把握するのである。

2 代表的な職業分類

最も一般的な職業分類として「日本標準職業分類（JSCO）」がある。この分類の原形は，大正9（1920）年の第一回国勢調査で用いられた職業分類に遡る。しかしこの時点では，職業分類と産業分類の概念が明確に区分されていないという問題があった。その後，国際連合が提唱した1950年世界センサスに日本も参加することになり，センサスの実行計画と基礎事業である各種分類の研究が進められた。1950年には国勢調査用の職業分類が完成したが，引き続き分類の改訂作業を続け，1958年に設定された国際労働機関（ILO）による国際標準職業分類（ISCO）に準拠するかたちで修正されている。その後もほぼ10年おきに改訂され，最新の職業分類は2009年の第五回改訂版である。

日本標準職業分類は，基本的には次の6つの基準で分類されている。①仕事の遂行に必要とされる知識又は技能，②事業所又はその他の組織の中で果たす役割，③生産される財・サービスの種類，④使用する道具，機械器具又は設備の種類，⑤仕事に従事する場所及び環境，⑥仕事に必要とされる資格または免許の種類，である。大分類（12）・中分類（74）・小分類（329）の3階層が存在する。図Ⅰ-5-1に示したのは，例として調理人とバーテンダーがどのように分類されているかを示す分類図である。

▶1 労働政策研究研修機構，2008，『新訂職業名索引』によれば，各種の情報源から収集した職業名の総数は5万9683であり，その中から職業名が同じもしくは類似性が高い場合を整理した結果，基本台帳が2万8235件になった。

図 I-5-1　標準職業分類の構造

一方，労働省編職業分類（ESCO）は，職業安定法第15条の規定に基づいて制定されている。基本的には日本標準職業分類の体系に準拠して設計されているが，日本標準職業分類との大きな違いは，この分類が職業指導・職業紹介の実務に用いるために作成されている点である。最新の厚生労働省編職業分類は，2011年に改訂されたものである。職業指導や官民双方の職業紹介に役立つように設計されている。大分類（11），中分類（73），小分類（369），細分類（892）に分類され，さらに約2万8000の職業名が収録されている

▷2　職業安定主管局長は，職業に関する調査研究の成果等に基づき，職業紹介事業，労働者の募集及び労働者供給事業に共通して使用されるべき標準職業名を定め，職業解説及び職業分類表を作成し，並びにそれらの普及に努めなければならない。

③ 職業を調べ，役立てる

専門的な職業分類はあまりにも詳細すぎるので，わたしたちが独力で職探ししたり，職業を調べたりする時には役立たないかもしれない。2011年までは，労働政策研究・研修機構が提供している「キャリアマトリックス」，独立行政法人雇用・能力開発機構が開設した「キャリア情報ナビ」が職業情報を提供していたが，残念なことに現在は閉鎖されている。

職業の分類だけでなく，資格，技能形成，経験談を知りたければ，職業ガイドの本が役に立つ。ぺりかん社が発行している『なるにはシリーズ』は，現在約150作品が刊行されており，量と質ともに充実している。「小学校教師になるには」という職種として想像しやすい作品もあるが，他にも「『運転』で働く」という，幅広く働く世界を学べる作品もある。このような職業ガイドの本は，職業を考える学生向けのものであるが，職業調査にも役立つ。これら以外にも，職業生活を取り扱ったノンフィクション作品は職業調査の貴重な資料である。さらに，具体的な知識に関しては間違った理解をしないように注意が必要であるが，フィクションの本，マンガ，映画も，職場の雰囲気などを理解するには適しているといえよう。

なお，就業経験のない若者にとっては，職業とは未知の経験であるので，インターネットや本を使って調べるだけでは不十分であろう。職業に関して深い情報を得るには，職場見学，職業人への直接的な接触，インターンシップなどの職場経験などが役立つといえよう。

（梅崎　修）

参考文献

梅澤正，2001，『職業とキャリア——人生の豊かさとは』学文社

労働政策研究・研修機構編集，2004，『職業レファレンスブック』

梅崎修，2011，『仕事マンガ！——52作品から学ぶキャリアデザイン』ナカニシヤ出版

I　仕事とキャリア

企業から求められる能力

1　新規学卒重視の採用

　日本の企業，特に大企業では中途採用よりも新規学卒者中心の採用を行っている。企業が新規学卒者を即戦力として評価しているとは考え難い。もし即戦力として新規学卒者を求めている会社があるならば，その会社内の仕事はきわめて簡単と言えるのではないか。

　「うちの会社は，入社後すぐに大きな仕事を任せます」という採用担当者の発言は，魅力的に聞こえてしまう。しかし，仕事を任せられるのは，そもそもその会社の事業には難しい判断能力が必要とされないからであろう。

　企業は，新規学卒者は仕事に関する具体的な知識や能力を身に付けていないことを十分に承知している。それでも企業が新規学卒者を積極的に採用するのは，入社後に新規学卒者を育成しようと思っているからであろう。育成という視点から考えると，新卒者の利点は大きい。若いということは訓練後の期間が長いのだから十分な能力が発揮できるし，その育成される能力も事業内容に合ったものにすることが容易である。

2　訓練可能性とコミュニケーション能力

　採用活動の目的を考えれば，新規学卒者に求められる能力の内実もよくわかってくる。すなわち，訓練後の能力（即戦力）よりも将来への訓練可能性を評価して採用活動は行われている。この訓練可能性は可塑性が高い能力と解釈できるが，その内実を具体的に把握することは難しい。そこで興味深いふたつの研究結果を紹介しよう。

　まず，矢野眞和は，大学卒業生のアンケート調査を分析し，「学び習慣」仮説を提示している。この仮説は，大学時代に得られた学習内容自体は現在の仕事に役立つことはないが，卒業後の社会人としての学習を効率化させる役割を果たしており，その卒業後の学習が現在の仕事で評価されていることを指摘したものである。すなわち，一見すると職業能力とは言えない一般的な知識や習慣も，この可塑性という観点からは評価されると言えよう。

　他方，成瀬政男は，旋盤加工技術を学ぶ高校生と大学生の技能習熟を比較した研究をしている。測定の開始時点では，高校生の方がすでに長時間の自習を終えており，大学生よりも技能レベルが高いが，大学生の習熟速度は高く，高

▶1　矢野眞和，2009，「教育と労働と社会——教育効果の視点から」『日本労働研究雑誌』588

▶2　成瀬政男，1973，「技能についての一考察」『経済研究』24(4)

校生の技能レベルを逆転してしまう。この事実を踏まえれば，企業は，現時点の技能レベルよりもこれからの習熟速度の方を高く評価すると考えられる。習熟速度を高める訓練可能性は，受験勉強や大学授業による基礎学力や学問体系の習得で得られると考えられる。

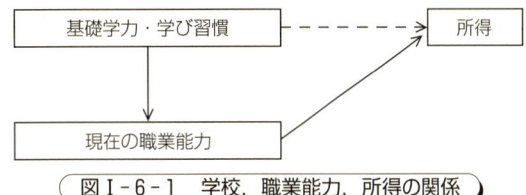

図Ⅰ-6-1　学校，職業能力，所得の関係

出所：矢野眞和，2009，「教育と労働と社会——教育効果の視点から」『日本労働研究雑誌』588を参考に筆者が作成。
注：実線は有効，点線は無効を意味する。

これらふたつの研究成果は，図Ⅰ-6-1のようにまとめられる。つまり，基礎学力や学び習慣は，現在の職業能力を介して現在の所得に影響を与えている。ただし，基礎学力や学び習慣などの訓練可能性に対する高い評価は，企業が従業員の育成コストを支払い，その成果を生産性の向上というかたちで受け取る場合，つまり長期雇用を前提とした世界で成り立つと言えよう。

他方，企業は採用時に新規学卒者の入社後の訓練可能性を重視する以外に，企業内で訓練しにくい能力の有無も判断基準としている。たとえば，抽象的な概念であるが「コミュニケーション能力」などが求められている。不動産鑑定士や簿記資格などの取得に必要とされる職業知識は入社後の短期間の座学でも身につけられる。しかし座学では習得できない能力もあり，企業はこうした能力をより評価する傾向にある。

③ 近年における能力評価の変化

ところで，コミュニケーション能力が重要であるという発言は企業の人事担当者からよく聞かれるが，実際その評価はどのように行われているのであろうか。2005年の「社会人基礎力に関する調査」（経済産業省）によれば，「採用基準が明確ではない」と回答した学生は61.0％にも達している。

基礎学力や学び習慣を測るだけならば，学歴や学校名を重視すればよい。実際，企業は，学歴や学校名を考慮した採用活動を行っている。しかし，企業が学歴や学校名だけで評価しているならば，同じ学校の在籍者で就職活動の結果に大きな差が付くことや数回の面接が行われることを説明できない。

採用基準の不明確化は，基礎学力や学び習慣の重要度が低下し，コミュニケーション能力などに代表される座学以外で習得する能力の重要性が高まったからと考えられる。本田由紀は，この変化を「近代型能力」から「ポスト近代型能力」への移行と主張した。すなわち，標準的で定型的な「能力」である「近代型能力」は基礎学力を基盤としているので，学力の代理指標である学歴や学校名を見ればおおよそわかるが，意欲などの情動的部分を多く含む「ポスト近代型能力」は一元的な尺度では測り難いのである。このような変化は，Ⅱ-3 で説明したサービス経済化による対人サービスの増加やⅤ-3，Ⅴ-4，Ⅴ-5 で説明した非定型的な仕事の増加によって促進したと考えられる。

▷3　本田由紀，2005，『多元化する「能力」と日本社会——ハイパー・メリトクラシー化のなかで』NTT出版

（梅崎　修）

I 仕事とキャリア

 キャリアとその形成方法

1 内部労働市場における訓練

I-6では，新卒採用時の能力評価について説明し，企業が即戦力ではなく「育成しやすい人材」を求めていることを確認した。それでは，新入社員の職業能力は企業内でどのように育成されるのであろうか。

企業内の人材育成は，大きく分けるとオン・ザ・ジョブ・トレーニング (on-the-job training, OJT)，オフ・ザ・ジョブ・トレーニング (off-the-job training, Off-JT)，自己啓発に分類される。OJTは働きながら行われる訓練であり，Off-JTは職場を離れて行われる訓練である。この中でも中心的な役割を果たすのは，OJTである。OJTが人材育成の基本であり，ときどき経験的に獲得された知識をまとめるためにOff-JTや自己啓発がなされる。

人材育成におけるOJTの重要性は，長い勤務時間がそのまま訓練時間となることからも明らかである。OJTとは，とても幅広い概念であることに注意したい。先輩や上司が指導員として付いて見守り，仕事をやってみせながら教えるというOJTもあるが，その一方で指導員が付かなくても仕事をすること自体がOJTなのである。

後者のOJTの場合，はじめはやさしい仕事から徐々に難しい仕事に挑戦するというキャリア形成，さらに徐々に関連する仕事へ経験の幅を拡げていくキャリア形成が重要である。言い換えれば，簡単で同じ仕事を続けていれば，職業能力を形成することは難しいのである。たとえば表I-7-1に示したのは，自動車会社の生産職場における技能形成を示した表である。横の欄は職場における仕事の数を，縦の欄は仕事の難易度を示している。担当する仕事の数も少なく，簡単な仕事しかできない状態から徐々に幅を拡げ，仕事の難易度を上げていく（I→Ⅳ）。

なお，徐々に難しい仕事に挑戦すること，または職位の階梯を昇進することをキャリアの「タテ」，関連する仕事へ幅を拡げることをキャリアの「ヨコ」と考えれば，よいキャリア形成とは「タテ」と「ヨコ」がうまく組み合わされることである。

企業内においてキャリアの「タテ」と「ヨコ」を組合せる仕組みは，内部労働市場 (internal labor markets) と定義されている。すなわち，不熟練の労働者を採用し，必要に合わせて仕事を配分し (OJT)，Off-JTを実施し，それら

訓練の成果を評価し，処遇する仕組みは，「外部」の市場と同じような機能を組織内に抱えていると考えられるのである。

2 転職しながらのキャリア形成

内部労働市場は，大企業で形成され易く，中小企業では形成され難いという特徴がある。配置転換や異動などを機能させるには，ある程度の規模，仕事の多様性，企業内専門化の進展が必要となる。もちろん，中小企業に内部キャリアがまったくないわけではなく，大企業と比べると，その「ヨコ」が狭く，「タテ」が短いのである。

では，一企業内キャリア形成ではなく，転職を伴うキャリア形成の場合，どのような転職が理想的なのであろうか。

第一に，Off-JTや自己啓発によってどんな企業でも通用する能力を身に付け，企業を渡り歩く労働者がいる。そのようなキャリア形成はバウンダリーレス・キャリア（Boundaryless Career），つまり境界なきキャリアと呼ばれている。しかし，どの企業でも汎用性がある能力は希少である。

第二に，同じ産業内，もしくは営業，経理など同じ職能内で通用する技能を身に付け，その経験を役立てる転職が考えられる。業界内知識や部門ごとの専門性があれば，前職での経験を活かすかたちで転職することも可能であろう。言い換えると，それ以外の転職では，前職のOJTで身に付けた能力が無効になる。すなわち，転職を伴うキャリア形成でもOJTが中心であり，それゆえキャリアの連続が成り立つように転職する方がよい。

3 キャリア形成の他律と自律

一企業内でキャリア形成をする場合，会社が育成計画を立ててくれる。内部労働市場は，OJTの効率性という観点から見ると利点を持っている。しかし会社には，他社でも通用する汎用性の高い技能を訓練するインセンティブはない。それゆえ，キャリア形成をすべて会社任せにすることは，労働者にとっては自由を失うリスクが伴うのである。一方，転職を伴うキャリア形成は自分で選択できる領域は大きいが，OJTの効率性という観点から見ると，その損失の危険性は高くなるのである。キャリア形成は，会社の計画（他律）と自己選択（自律）が絡み合ったものであり，そのバランスを考える必要がある。

（梅崎　修）

表 I-7-1　経験の幅と技能の深さ

	経験の幅			
	1つ	3～5	職場内10～15	となりの職場
おくれずに作業できる				
不良は異常に多くない	I		II	
安全面，怪我をしない				
品質不具合の検出		II		
設備不具合で各個操作				
品質不具合の原理推理			III	
設備不具合の原因推理				
生産準備ができる				IV
職場の範囲をこえて不具合の手直しができる				

出所：小池和男・中馬宏之・太田聡一，2001,『もの造りの技能——自動車産業の職場で』東洋経済新報社，p.18

▷1　ドーリンジャー，P.B.・ピオレ，M.J.，白木三秀監訳，2007,『内部労働市場とマンパワー分析』早稲田大学出版部によって指摘された概念である。

▷2　たとえば勇上和史は，転職時の賃金変化を分析し，特に30代において，部門が変わる転職よりも，営業部門や研究・技術系内を移動した転職の場合，とりわけ過去の経験が深いほど転職後の年収が上昇することを発見した（勇上和史，2001,「転職時の技能評価——過去の実務経験と転職後の賃金」猪木武徳・連合総合生活開発研究所編『「転職」の経済学——適職選択と人材育成』東洋経済新報社）。

参考文献

小池和男・中馬宏之・太田聡一，2001,『もの造りの技能——自動車産業の職場で』東洋経済新報社
小池和男，2005,『仕事の経済学（第3版）』東洋経済新報社

I 仕事とキャリア

学歴とキャリア

1 学歴格差

教育経験が職業キャリアの形成に与える影響は大きい。図 I-8-1 には、学歴別・年齢別の平均賃金が示されている。この図より学歴間の平均賃金は大きく異なることが確認できる。20代前半では学歴間の賃金格差は小さいが、その後、30代、40代になると賃金格差は広がる。この賃金格差の要因は、第一に高学歴者の方が生涯所得の大きい会社に就職できるという就職時点の格差、第二に同じ会社に就職してもその後の昇進速度における格差であろう。

2 進学の費用対効果

もちろん、賃金格差を検討するためには、進学のコストも考慮する必要があろう。小・中学校の義務教育を終えた後、高校や大学へ進学するには費用がかかる。また、進学すれば働かないことになるので、もし中学校卒業の時点から働いていたら得られたであろう賃金も費用として考えられる。学費などを直接費用と呼ぶのに対して、これらは機会費用と定義される。

たとえば、大学まで進学すれば、7年間（高校3年＋大学4年）の収入が機会費用であり、これに学費を加えたものが進学費用となる。人々は、これらの進学費用を差し引いたとしても、進学による生涯所得上昇に利益があれば進学する。現在の投資費用と将来の収益（ここでは所得上昇分）の現在価値とが等しくなるような収益率を内部収益率と呼ぶが、この内部収益率が大きければ、進学熱は高まるのである。

3 大学進学率の変遷

ここで戦後日本における大学進学率（短大を含まず）の変遷を確認しておく（図 I-8-2 参照）。1950年代まで10％以下であった大学進学率は高度経済成長とともに上昇し、70年代には20％を超える。80年代は微

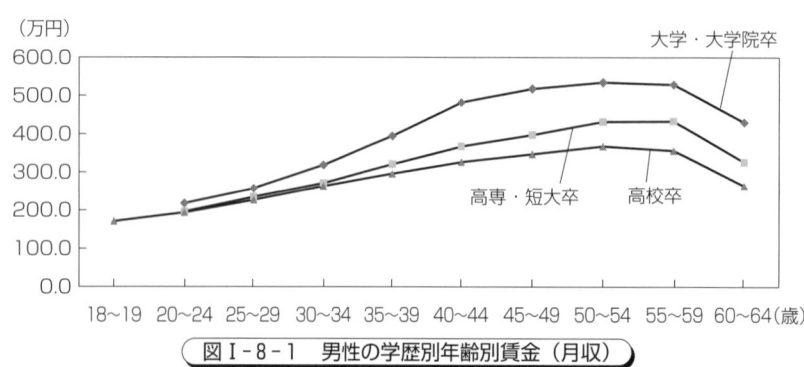

図 I-8-1　男性の学歴別年齢別賃金（月収）

出所：厚生労働省『賃金構造基本統計調査』（2007年）

減傾向にあるが，その後90年代に入ると再び上昇し，約50％まで到達している。

このような戦後急激に進んだ高学歴化は，進学（教育投資）による内部収益率という側面からも説明できる。しかし，それだけでは説明は不十分であろう。金銭以外の要因で進学熱を説明しないと，50～60年代と90年代に起こった進学率急上昇の理由を説明できないのである。まず，進学による利益は，所得の上昇だけ

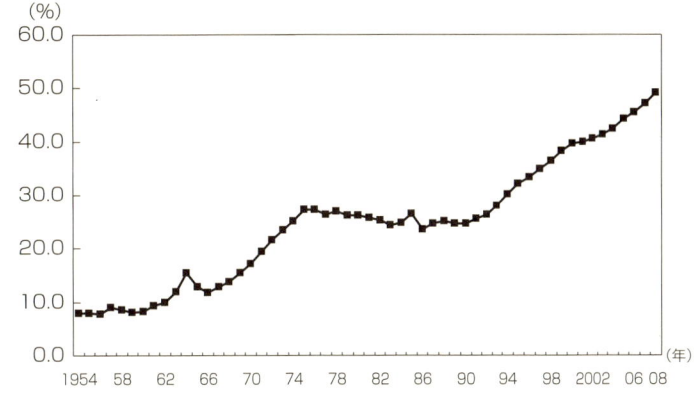

図Ⅰ-8-2　大学（学部）への進学率（過年度高卒者等を含む）

出所：文部科学省『学校基本調査』（各年）

でなく，社会的地位の獲得などの心理的満足感にもあることに留意すべきである。進学しなければ就けない仕事，そしてその仕事が与えてくれる満足感がある。また，学校生活自体が満足を与えてくれることも考慮すべきである。

4　人的資本か，選別か

ところで，生涯所得の学歴格差が生まれる理由は何であろうか。第一の理由として考えられるのが，教育による職業能力の向上である。教育はわたしたちの職業能力（生産性）を高め，学校卒業後のキャリア形成を大きく方向づけると考えられる。このような教育を投資と考え，投資の効果を生産性の向上と位置づける考えは，「人的資本理論」と言われる。

その一方で，まったく逆の理由も考えられる。教育自体は個人の生産性をまったく高めないが，学歴自体は優秀さのシグナルになっており，教育機関は優秀な労働力の選別として役立つという考えである。

このシグナリング理論は，以下のふたつの仮定から成り立っている。第一に，企業は労働者の生産性を客観的に観察することは難しく，労働者も自身の能力を使用者に対して正直に答える（正しい情報を伝える）ことはないという「情報の非対称性」である。第二に，教育経験が労働者の能力を高めることはまったくないが，もともと能力の高い人は，他よりも少ない費用で学歴を獲得することができるという仮定があげられる。

ここで学歴というシグナルに対して企業が高い評価していると仮定しよう。その上で，そのシグナルに対する労働者の利益は誰にとっても一定であるが，優秀な人は小さな費用で学歴を獲得できるがゆえに，結果的に進学を決めると考えられる。つまり，教育によって職業能力は向上しなかったとしても，優秀な人は費用対効果から考えて進学し，結果的に学歴が高い人は優秀という企業側の認識は成立してしまうのである。

（梅崎　修）

参考文献

荒井一博，1995，『教育の経済学——大学進学行動の分析』有斐閣

ベッカー，G.S., 佐野陽子訳，1976，『人的資本——教育を中心とした理論的・経験的分析（第2版）』東洋経済新報社

I　仕事とキャリア

勤め先を変える

1　データによる事実確認

　日本企業に特徴的な雇用慣行として年功序列，終身雇用，企業別労働組合があげられるが，なかでも終身雇用ほど人々の誤解を招くものはない。終身雇用というと，学校卒業後すぐに企業に就職し（新規学卒採用），そのままその企業に60歳の定年まで勤めるという意味である。

　しかし実際，ひとつの企業に勤め続ける労働者は少ない。表Ⅰ-9-1は，『賃金構造基本統計調査』（厚生労働省）から学歴別の年齢と勤続年数を比較したものである。この調査では，大学生と大学院生が一緒に分類されており，分析には限界があるが，雇用慣行の幻想を覆すには十分な証拠であろう。

　まず，高校卒業後ひとつの会社に勤め続けた55～59歳の男性労働者の勤続年数は，計算上37年（＝55－18）から41年（59－18）になるはずである。しかし，実態は平均22.7年である。また，同じように大学生の勤続年数を計算すると，浪人も留年もしていないと仮定して勤続年数は33年（＝55－22）から37年（＝59－22）になるが，実際は平均22.6年である。このような推定勤続年数と実際の勤続年数の差は多くの労働者が転職している結果であろう。

　では，転職者はいかなる理由で勤め先を変えたのであろうか。表Ⅰ-9-2は『就業構造基本調査』による離職理由の一覧である。この表から離職理由は年齢ごとに大きく異なることがわかる。55歳以上の中高年は，「定年のため」や「病気・高齢のため」という理由が多く，35歳から54歳までの中高年は，「人員整理・勧奨退職のため」「会社倒産・事業所閉鎖のため」の会社都合の離職が多く，34歳以下の若い人は，「労働条件が悪かった」「自分に向かない仕事だった」などの自己都合の離職が多い。

　自己都合の離職とは，このまま現在の会社に残るキャリアと転職した新しい会社のキャリアを比較して，後者が選ばれた結果であろう。現時点の収入や労働環境に不満があるだけでなく，若年者の場合，キャリアの将来性が比較される。

▷1　仮に修士卒と考えても31～35歳である。

表Ⅰ-9-1　年齢別勤続年数

男女合計

年齢（歳）	高校卒業		大学・大学院卒業	
	年齢（歳）	勤続年数（年）	年齢（歳）	勤続年数（年）
50 ～ 54	52.6	18.5	52.4	20.9
55 ～ 59	57.5	20.4	57.5	22.2
60 ～ 64	62.0	14.2	61.9	15.9
65歳～	68.3	15.5	68.9	15.2

男子

年齢（歳）	高校卒業		大学・大学院卒業	
	年齢（歳）	勤続年数（年）	年齢（歳）	勤続年数（年）
50 ～ 54	52.6	21.4	52.4	21.6
55 ～ 59	57.5	22.7	57.5	22.6
60 ～ 64	62.0	14.3	61.9	15.9
65歳～	68.2	14.4	68.9	14.8

出所：厚生労働省『賃金構造基本統計調査』（2007年）

2 転職活動を支える仕組み

たとえ転職を希望して離職したとしても、必ず次の就職先が見つかるとは限らない。労働市場において求人情報と求職情報は偏在しており、求職者が自分にあった仕事に出会う（言い換えれば、求人企業が求める人材に出会う）機会を増やす仕組みが必要であろう。

表I-9-2　離職の理由

	15～34歳		35～54歳		55歳以上	
	男性	女性	男性	女性	男性	女性
人員整理・勧奨退職のため	4.1%	1.9%	11.4%	4.9%	7.3%	4.8%
会社倒産・事業所閉鎖のため	4.2%	2.6%	9.5%	6.7%	4.9%	8.2%
事業不振や先行き不安	5.3%	1.4%	7.5%	2.1%	2.6%	1.9%
一時的についた仕事だから	8.4%	4.2%	4.3%	4.2%	2.1%	2.3%
収入が少なかった	7.2%	3.0%	6.4%	3.1%	1.0%	1.3%
労働条件が悪かった	18.2%	8.9%	12.7%	9.1%	2.0%	3.2%
自分に向かない仕事だった	13.2%	6.7%	6.3%	5.4%	1.1%	2.1%
家族の転職・転勤又は事業所の移転のため	0.4%	2.3%	0.5%	2.8%	0.2%	1.0%
定年のため	0.0%	0.0%	0.5%	0.1%	27.9%	15.2%
雇用契約の満了のため	6.4%	5.0%	5.3%	8.3%	12.3%	5.8%
病気・高齢のため	7.5%	5.2%	13.2%	12.3%	24.7%	27.5%
結婚のため	0.1%	15.1%	0.0%	3.1%	0.0%	0.1%
育児のため	0.2%	22.7%	0.0%	8.3%	0.0%	0.6%
家族の介護・看護のため	0.5%	0.9%	2.0%	6.9%	2.1%	9.5%
その他	24.4%	19.9%	20.1%	22.7%	11.0%	16.4%

出所：総務省統計局『就業構造基本調査』(2007年)

職業紹介や職業相談に関しては、現在国が行っているものと民間企業が行っているものがある。もともとは敗戦直後の1947年に成立した職業安定法によって、民間企業による職業斡旋（労働需給調整）は原則禁止され、無料で利用できる公共職業安定所（ハローワーク）が地域ごとに配置された。しかし90年代以降、規制緩和が進展した。1999年の職業安定法改正により民間の職業紹介・再就職（教育）支援が原則自由化され、さらに1996年から2004年にかけて4回にわたって行われた労働者派遣法改正によって幅広い職種への派遣事業が可能になったが、2012年の第五回改正では事業規正が加わった。

3 人的つながりの有効性

以上、職業斡旋事業について説明してきたが、実は転職において最も重要なのは縁故や家族や友人・知人である。「雇用動向調査」や「ワーキングパーソン調査」などの調査でも多くの人は人的なつながりを通じて転職をしていることが確認されている。

人的つながりの利用は、希少な求人情報を早くかつ優先的に入手できるということでもあり、人的つながりを通した情報は、公的機関や情報誌などを利用するよりもより詳細なものである。さらに、グラノヴェターに代表される経済社会学者は、家族や会社の同僚などのいつも会う人との強い紐帯（人的つながり）よりも、前職知り合いや同窓生などのたまにしか会わない人との弱い紐帯（人的つながり）の方が転職に有効であることを指摘している。この仮説は、いつも会う強い紐帯の人は自分と同じ集団に属し同じ情報を共有しているので、新しい情報を得ることは少ないが、たまに会う弱い紐帯の人は所属する集団が違うので新しく希少な情報を得やすいというものである。

（梅崎　修）

▷2　2008年現在、全国で592ヶ所である。民間企業の参入が禁止されていたのは、戦前に人身売買に近い行為を行うブローカーが発生したからである。

▷3　V-4 参照。

▷4　グラノヴェター, M., 渡辺深訳, 1998,『転職——ネットワークとキャリアの研究』ミネルヴァ書房

参考文献
渡辺深, 1999,『「転職」のすすめ』講談現代新書

Ⅰ　仕事とキャリア

 失業という不本意なキャリア

失業の定義

　失業とは，労働者にとって不本意なキャリアイベントである。それでは，失業者とは，どのように定義され，なぜ失業は生まれてしまうのか。ここでは，失業状態と失業を生み出す要因について説明しよう。

　まず，仕事をしていないことがそのまま失業状態を意味しないことに注意しよう。失業者を正確に言えば，仕事を探しているが就業できない労働者である。したがってもともと仕事を探していない人は失業者とは呼ばれないのである。完全失業者とは，以下の3条件によって定義される。

　　（1）「仕事に就いていない」
　　（2）「仕事があればすぐ就くことができる」
　　（3）「仕事を探す活動をしていた」。

　以下に示したのは，『労働力調査』（総務省）における労働力の定義である（図Ⅰ-10-1）。義務教育終了後の15歳以上の人を労働可能人口と定義し，その中でも就業しておらず，なおかつ就業の意思のない者を非労働力人口と定義する。非労働力人口には，専業主婦，学生，引退後の高齢者などが含まれる。

2 失業にいたる経緯

　労働者が失業状態にいたる経緯はさまざまである。学生が初職の就職活動で仕事を得られず，卒業後も職探しを続けるならば，完全失業者になる。非労働力人口から完全失業者へという移動である。非労働力であった専業主婦や高齢者が就職活動をはじめたものの仕事が見つからない場合も，同様の失業過程と言えよう。

　一方，就業者であったが，倒産や解雇によって失業者になってしまう場合もある。企業業績の悪化は総人件費の削減に向かうので，雇用調整によって失業してしまう労働者も多いのである。企業の都合によって発生するこのような失業を非自発的失業と呼ぶ。また，解雇という会社側の都合で失業者になる人がいる一方で，自己都合退職による自己都合失業者もいる。転職を希望して退職しても，次の就業先が見つからなければ，失業者になる。

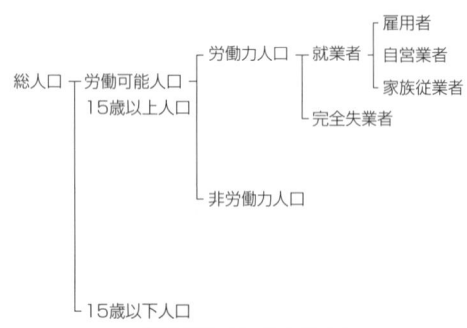

図Ⅰ-10-1　労働力の定義

出所：総務省『労働力調査』

3 失業を生み出す要因

失業率（＝失業者÷労働力人口）は，景気の影響を受ける。図Ⅰ-10-2は，1983年以降の完全失業率と有効求人倍率の変遷であるが，この図を見ると，バブ

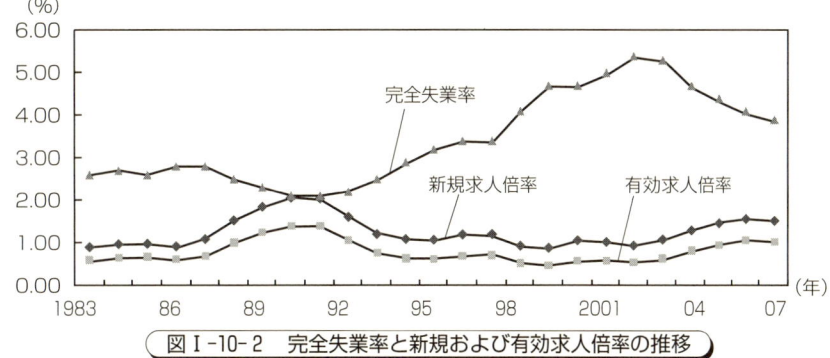

図Ⅰ-10-2　完全失業率と新規および有効求人倍率の推移

出所：総務省『労働力調査』（各年），『職業安定業務統計』（2009年）より作成。

ル経済の80年代後半とその崩壊後の不況期では，失業率と求人倍率の傾向は大きく変化することがわかる。景気の変動にわたしたちの職業キャリアの形成は大きな影響を受けている。特に学校卒業時に不景気であった世代は，職業キャリアの最初の一歩で不利な状況にある。

さて，有効求人倍率とは，公共職業安定所で扱った有効求人数を有効求職者で割った数値であるが，不景気によって労働力の需要が急激に減少すれば，有効求人倍率は低下し，完全失業率は高まる。また労働供給側の要因，つまり労働力人口が増加しても有効求人倍率は低下する。具体的には，人口の増加，進学率の低下，および女性や高齢者の労働力化などが労働力人口の増加を生み出す。

労働需要の不足によって発生する失業は「需要不足失業」と定義されるが，それ以外に労働需要が一定であっても発生する失業もある。仮にある離れた地域の企業が求人を増やしたとしても，その求人に対する正確な情報を得られなければ応募者が来ず，失業は発生する。つまり，情報の不完全性の下では失業が生まれる。また，仮に求人情報を得たとしても移動コストが掛かれば応募者が来ず失業は発生する。移動コストとは，単に地理的な移動に伴う費用だけでなく，産業間移動や職種転換を伴う転職の場合，新たな技能を身に付ける費用が考えられる。このような失業を「摩擦的失業」と呼ぶ。

4 失業対策の多様性

失業発生要因が多様であるならば，失業に対する対策も，失業要因別に使い分ける必要がある。まず，需要不足失業に対する最も効果的な対策は，財政政策や金融政策などの景気対策である。労働需要とは，生産の派生需要なのである。需要の絶対量を拡大しなければ，完全失業者を減らすことは難しい。一方，摩擦的失業に対しては，情報の不完全性をなくし，移動コストを減らすことが求められる。情報不完全性には公的な職業紹介事業の充実などが効果を持つ。また，移動コスト削減には，完全失業者に対する能力開発支援などが考えられる。

（梅崎　修）

参考文献

松繁寿和，2008，『労働経済』放送大学教育振興会

I　仕事とキャリア

 **仕事を辞めるとき**

1　引退のタイミング

多くの労働者は，長い仕事人生の後，労働市場や会社から引退をする。引退とは，労働力から非労働力への移行である。本人の都合や会社側の都合によって仕事から引退し，その後の人生を設計する。現在の日本の平均寿命を考えると，人生80年である。何歳で引退するかは大きなキャリア選択である。

ところで，日本では定年制を設けている企業が多い。役員を除く一般労働者に対して，ある年齢になると一律で強制的に退職させるのが定年制である。戦前から一部の企業では導入されていた制度であるが，戦後の高度経済成長期から大企業に普及し，徐々に中小企業まで拡がった。戦後の長い期間，50〜55歳が定年であったが，徐々に延長され，現在では60歳とするところが多い。公的年金の支給開始年齢が60歳であること，そして平均寿命が延びて引退後の生活が長くなったことが影響して定年延長が社会的に求められたのである。特に1986年に「高年齢者雇用安定法」が執行され，定年を60歳とすることが企業の努力義務となった。◁1

多くの労働者は，役員に昇進する以外は定年を目安に引退を考えていると言えるが，定年制があったとしても60歳まで同じ会社で働けるとは限らない。不景気になれば解雇もあり得るし，中高年の早期離職制度もあり得る。早期離職制度とは，単なる定年前の早期解雇ではなく，退職金の上積みなどによって自発的な早期退職を促す制度である。

2　なぜ，定年制が存在するのか

引退のタイミングを考える際，定年制の存在が重要であることは理解できる。それでは，なぜ定年制は存在するのであろうか。それは，生産性と賃金の関係性を考察することで説明が可能である。

一般的に企業内の賃金構造は，年齢に対して右肩上がりで，年齢とともに格差は広がるので，ラッパ型である。右肩上がりの理由は，人的資本理論によれば，年齢とともに個人の生産性が高まったからと説明することができる。しかし，実際には若い時期には生産性に対して低めの賃金を受け取り，中高年になって生産性に対して高めの賃金を受け取っていると考える方が自然である。図Ⅰ-11-1は，そのような生産性と賃金の関係を表したものである。ここで

◁1　Ⅸ-3 参照。

◁2　Ⅰ-8 参照。

ABCの面積とCDEの面積が同じことに注目して欲しい。たとえて言えば、前者は預金であり、後者は返金であり、このふたつが同じであるからこそ、企業側にも従業員側にも損得は発生しないのである。

後半に生産性以上の賃金を受け取るということは、後半まで働き続ける方が労働者にとって得ということである。途中で離職することは、後半に受け取るべき生産性以上の賃金を失うことになる。一方、企業にも、この後払い方式の賃金制度を利用する利点がある。企業は従業員の怠業を恐れているが、怠業の有無を測り続けることには膨大なコストが発生する。それゆえ、後払いにしておけば、怠業が定年前に発覚すれば預金を失うという圧力によって、いつも観察しなくても怠業を辞めさせることができるのである。

しかし、このような後払いの賃金構造があるがゆえに、定年を延長することは難しい。定年を延長すれば、預金以上の支払いが発生するからである。すなわち、ABCの面積＜CDEの面積が成り立つので、企業側に定年制を延長する利点はなくなる。

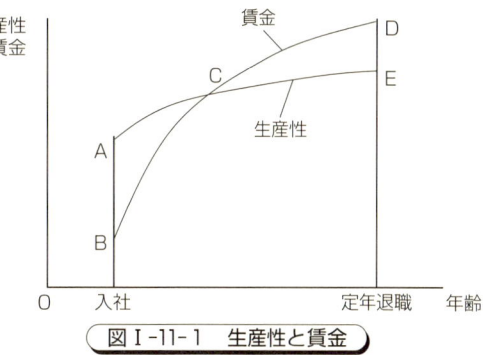

図Ⅰ-11-1　生産性と賃金

▷3　Ⅻ-5参照。

3　引退後の生活

ここで個人の引退選択を別の側面から考えてみよう。引退のタイミングで考慮されるのは、引退後の生活設計であろう。引退後には労働所得がなくなるのだから、引退時点でどの程度の資産を形成し、引退後の支出がどの程度あるのかを同時に考えねばならない。

まず、公的年金や企業年金などの収入を考慮すべきである。次に引退時点の貯蓄を考えるべきである。貯蓄は、土地や家屋などの実物資産と預貯金や有価証券などの金融商品に分けられる。土地や家屋を保有していれば、引退後も家賃を払うことなく生活できる。また、銀行に預金すれば金利を得られるし、リスクは高くなるが有価証券を購入すれば配当を得ることができる。

一方、引退後の支出に関しては、生活費はもちろんであるが、健康に関する支出も考慮すべきであろう。個人差はあるが、高齢期になると医療費が高くなるのは明らかである。保険に入ることは、そのような健康リスクに対する対処である。長期に患う病気にかかる可能性もある。また、逆の見方をすると、病気をせずに健康で長生きできれば、その分だけ生活費がかかることも事実である。病気だけでなく、長生きに対する準備も必要である。引退後の支出が予測不可能であればあるほど、わたしたちは、長く働きたいと考えるのである。

（梅崎　修）

参考文献

清家篤, 1998,『生涯現役社会の条件——働く自由と引退の自由と』中公新書

橘木俊詔, 1997,『ライフサイクルの経済学』ちくま新書

Ⅱ　企業組織の性格

1　企業の誕生
起業，起業家・経営者の役割

1　起業・起業家の役割

　産業社会を構成する最も主要な活動のひとつは，数多くの企業などによって繰り広げられる事業活動である。新たにつくられた企業などの組織によって事業活動の展開が始められることを「起業（創業，新規開業とも言う）」，起業の担い手を「起業家」と呼ぶ。経済学者のJ.A.シュンペーターは，新たな製品・サービスの生産や新たな生産方式・組織の導入といった「イノベーション」を実行する者として起業家を位置づけた。また，1960年代後半の起業現象を調査分析した清成忠男は，都市部で起業され，研究開発力やデザイン開発力などを基に創造的・独創的な事業活動を行う企業群を「ベンチャー・ビジネス（ベンチャー企業）」と定義した。

　起業にはシュンペーターや清成が指摘する，①新たな製品・サービスや創造的・革新的な事業活動のあり方を生み出すといった社会的機能に加えて，②経済社会全体の新陳代謝を促す，③国・地域の経済発展の原動力となる，④新たな雇用機会を創出する，⑤社会的問題の解決を促す，といった機能がある。③の事例としてよく取り上げられるのが，数多くの半導体関連企業の起業により経済発展を遂げたアメリカ・カリフォルニア州のシリコンバレーである。また，⑤は近年その活動に注目が集まるようになった「**社会起業家**」，「**社会的企業**」などによって担われている。

2　わが国における起業の状況

　起業に以上のようなさまざまな機能があることは広く認識されており，現在わが国では，各省庁や地方自治体が起業を支援するための数々の政策メニュー（起業のための資金や起業後の資金の融資，研修・セミナーなどによる起業に必要なノウハウの提供，技術開発のための施設の貸出など）を用意している。しかし，こうした起業支援策は目覚ましい成果を上げているとは言い難い。総務省『事業所・企業統計調査』の結果をもとにわが国の非農林漁業における年平均の起業率（＝前回調査時点から調査時点までの間の年平均起業数÷前回調査時点の総企業数×100）を算出してみると，1970年代後半から80年代初頭にかけては約6％で推移し，20年経った1990年代後半から2000年代前半には3％台中盤にまで低下している。このように年々起業が減少していく要因としては，①製造業

▷1　シュンペーター，J.A.，塩野谷祐一・中山伊知郎・東畑精一訳，1977，『経済発展の理論』岩波文庫

▷2　清成忠男・中村秀一郎・平尾光司，1971，『ベンチャー・ビジネス──頭脳を売る小さな大企業』日本経済新聞社

▷3　**社会起業家・社会的企業**
貧困や少子高齢化といった社会問題の解決をめざして事業を始める起業家およびそうした事業を行う企業

などではアジア地域などの企業との競争が激しくなっており，起業後事業を存続していくには起業する時点でかなりの設備やノウハウが必要であること，②景気の低迷や少子高齢化などにより製品やサービスの売上が伸びにくい状況が続いていること，などが考えられる。

3 起業家のプロフィール

では厳しい経営・経済環境の下で起業をしている起業家とはどのような人々なのか。中小企業を主な融資先とする日本政策金融公庫が毎年実施している『新規開業調査』の結果から見ていくこととしよう。この調査に回答しているのは日本政策金融公庫から融資をうけている，起業してからおおよそ2年以内の経営者である。2010年8月の調査では，回答した起業家のうち84.5％が男性で，平均年齢は42.6歳，年齢層では30歳代が35.6％で最も多かった。医療・福祉（15.6％），小売店（13.9％），個人向けサービス業（13.8％）といった業種で起業する回答者が比較的多く，9割近くが起業した業種で働いた経験を持つ。起業直前の職種は，一定のマネジメント経験を積む機会があったと考えられる「会社や団体の常勤役員」および「管理職の正社員」であったという人が6割近くを占めていた。起業の動機は，「仕事の経験・知識や資格を活かしたかったから」（25.2％），「自由に仕事がしたかったから」（14.7％），「事業経営という仕事に興味があったから」（12.8％）などである。

起業にかかった費用の平均は1289万円だが，金額別の分布をみると500万円未満（38.1％）という回答者が最も多くなっている。回答者の起業費用の調達状況を概観すると，約半分を金融機関等から，約4分の1を貯金や退職金など自分で用意した資金（自己資金）から，残りは家族や友人等からまかなっている。費用の調達や事業拠点の確保，企業経営に必要なノウハウの習得といった起業準備にかかった期間は平均で10.6ヶ月であった。起業家を除く従業員数は，起業時の平均4.4名，調査時点では平均5.6名で，雇用創出には一定の貢献をしているといえる。ただ，企業の経営状況については，調査時点で黒字基調であるという回答者は6割で，4割は赤字基調を余儀なくされている。

将来，事業規模を拡大したいという回答者は61.1％で，37.5％の回答者は現状維持でよいとしている。起業家は，①利益を稼ぎ出す事業を生み出すために起業し，その事業の拡大をめざして活動するタイプ，②自分や自分の家族などが生計を立てるための仕事（生業）を行うために起業するタイプ，③趣味やいきがい，自己実現を主な理由として起業するタイプの3つにわけることができる。上述した社会的機能の実現に結びつく可能性が高いのは，①のタイプの起業家の活動であるが，将来の事業規模に関する回答結果は，事業の拡大を目的としない②や③のタイプの起業家が少なくないことを示している。

（藤本　真）

▶4　日本政策金融公庫総合研究所編『新規開業白書』中小企業リサーチセンター（各年度）

Ⅱ 企業組織の性格

企業の衰退と消滅

1 わが国における廃業の実態

　製品やサービスに対する顧客のニーズを失い，収益があがらない状態が続く企業は，やがて事業に必要なさまざまな資源が不足し，活動を続けることが難しくなってくる。また，経営者の意向に左右されやすい中小企業では，体力的，精神的理由で経営者の活動が停滞すると，それに伴って事業活動が縮小していくというケースもよく見られる。企業は継続し発展する組織（ゴーイング・コンサーン）としてとらえられることもあるが，実際には以上のような理由で衰えていき，遂には事業活動を停止して消滅する企業が数多く存在する。

　企業が事業活動を停止し，消滅することを「廃業」と呼ぶ。総務省『事業所・企業統計調査』によると，2004年6月から2006年10月のあいだのわが国の非農林漁業における年平均の廃業数は27万3282社，廃業率（＝前回調査時点から調査時点までの間の年平均廃業数÷前回調査時点の総企業数×100）は6.2％であり，年間でみるとおよそ16社に1社のペースで企業が消滅していることとなる。またこの間の年平均の廃業数は起業数を6万社近く上回っており，しかも年平均の廃業数が起業数を上回る事態は1987年からずっと続いている。

　川喜多喬は，商業・サービス業における事例調査を基に，廃業には，①特に大きな問題もなく事業活動を停止することができる「円滑型廃業」，②経営上，または経営者の家族生活上，課題が発生するもののこれらを調整しながら事業活動を停止していった「摩擦型廃業」，③倒産に追い込まれるかたちで事業を停止する「倒産型廃業」，④何らかの事情で突然事業活動が停止してしまう（いわゆる「夜逃げ」のケースなど）「突発型廃業」の4タイプがあることを指摘する。その上で，できるだけトラブルを引き起こさずに廃業にいたるための条件として，事業を冷静に見極めることができる，廃業のタイミングを逃さないといった経営者の資質や，従業員とのコミュニケーション・合意形成，負債の整理など廃業方法を調整するための社外関係先との協議，外部機関・専門家の積極的な活用などを挙げている。

▶1　川喜多喬，1989，「小規模企業の転業・兼業・縮小・廃業の実情と課題」『国民金融公庫調査季報』10

2 再生・発展のきっかけとなることも

　ところで廃業の中には倒産によって事業活動を停止するタイプがあるものの，必ずしも「倒産＝廃業」とは限らない。マスコミなどで「事実上倒産」と報道

された会社でも事業活動を停止することなく継続するケースがある（たとえば近年であれば日本航空など）。企業の倒産とは，企業が，①(a)会社更生法による会社更生手続，(b)民事再生法による民事再生手続，(c)破産法に基づく破産手続，(d)会社法が規定している特別清算手続，といった法律に基づく手続の開始を裁判所に申請すること（開始を申請できるのは(a)〜(d)の手続のうちどれかひとつ），②法律に基づく手続によらずに，債権者とのあいだでの負債の整理についての話し合いを始めること，③銀行取引停止処分（＝資金のやり取りに用いる手形の発行に必要な預金を用意することができない「不渡り」という事態を半年間で2回起こし，ほとんどの金融機関との取引が2年間できないという処分）を受けることのいずれかを指す。このうち　①の(c)，(d)にあたるケースでは事業活動が停止し，企業は廃業することになるが，(a)，(b)のケースでは事業活動の継続・再生に向けたさまざまな取組みが進められる。また②，③のケースでは話し合いや処分停止後の事業活動によって，企業が廃業することもあれば存続することもありうる。

　民間調査機関である東京商工リサーチの調査によれば，2010年1年間の負債総額1000万円以上の企業倒産件数は1万3321件，ここ数年は1万3000〜1万6000件前後で推移している。民事再生法が制定された2000年以降は，事業継続を目的とした法的手続の活用が従来よりも容易になったことから，倒産をきっかけにこれまでの事業内容や，従業員を含めた経営資源の活用状況を見直し，組織としての活力を取り戻すための「事業再生」と呼ばれる取組みが広がってきている。大半の事業再生の事例では，企業が行う事業を収益の見込めるもののみに絞り込んだり，収益が順調にあがるようになるまでのあいだ，新たな負債が生じるのを防いだりするため，従業員の解雇や賃金の切り下げと言った労使の紛争につながるような措置が行われる。しかし，事業再生の過程で，長年抱えていた組織運営上の問題が解消されたり，労使のコミュニケーションが倒産前よりも円滑になったりして，企業業績の回復につながるというケースも見られる。◀2

　企業が廃業しようとする局面も，さらなる発展のきっかけとしてとらえることが可能である。廃業しようとする企業に勤めていた従業員が持つノウハウやスキルの中には，別の企業で大いに活用できるものがありうる。また，廃業しようとする企業の施設や設備を例えば新たに起業しようと考えている起業家に円滑に譲り渡すことができれば，廃業が企業の促進に結び付くことになる。わが国では企業の衰退や消滅を発展につなげていこうという意識からの取組みや実態把握がまだあまり目立たないが，衰退や消滅が珍しくなくなるなかでは，今後焦点があたるようになるものと思われる。

(藤本　真)

▶2　労働政策研究・研修機構編，2007，『事業再生過程における経営・人事管理と労使コミュニケーション』

参考文献
中小企業庁編「倒産の状況」（各年），中小企業庁のホームページにて集計の閲覧が可能。

Ⅱ　企業組織の性格

3　産業構造の変化
サービス経済化

① サービス経済化と働き方の変化

　一般にある国や地域の経済発展に伴い，生産や就業機会の中心は，農林漁業などの第一次産業から製造業，建設業などの第二次産業へ，さらには商業，運輸・通信，金融，医療・福祉などの第三次産業へと移っていく。こうしたトレンドは17世紀にイギリスの経済学者W.ペティにより指摘され，20世紀に入り同じくイギリスの経済学者C.クラークなどによってデータに基づく検証がなされたため，「ペティ＝クラークの法則」とも呼ばれる。わが国においてもこのペティ＝クラークの法則があてはまり，2008年の国内総生産における第三次産業の比率は72.4％（内閣府「国民経済計算」参照），就業者全体に占める比率は68.2％（総務省「労働力調査」参照）で，1970年に比べるといずれも2割近く上昇している。第三次産業の比重が高まることは，形あるモノとは異なる，便利さや快適さといったもの＝「サービス」のやり取りが経済活動の中心になること，つまり「サービス経済化」が進むことを意味する。

　便利さや快適さの源としてまず挙げることができるのは，仕事や生活をしていく上で役に立つ専門的な知識・技術だろう。サービス経済化の進展はこうした専門的知識や技術を提供する人々の比重を高める。1975年に全就業者の7.6％であった専門職・技術的職業従事者の割合は2009年には2倍以上の15.4％にまで伸びている（総務省「労働力調査」参照）。

　いまひとつ，サービスに対する満足度を左右する要素として考えられるのは，サービスがやり取りされる過程でサービスの受け手（消費者）が，サービスを受ける際に親近感や心地よさを感じ取ることができるかどうかという点だろう。親近感や心地よさを消費者に感じさせるため，実際にサービス提供を担う労働者は，常に礼儀正しく明朗快活にふるまい，時に理不尽や非礼とも思えるような消費者の言い分もじっくり聞いた上で的確に対応することが求められる。こうしたふるまいはサービス提供を担う労働者の感情面に大きな負担を与えるため，「感情労働」と呼ばれる。サービス経済化はこの感情労働の必要性を高めていく。

　またサービスのやり取りには，供給と消費が同時に行われるという，モノのやり取りには見られない特徴がある。言い換えると，サービスを提供する企業などは，ニーズがあればいつでもサービスを供給できる態勢を求められており，

▷1　ペティ，W., 大内兵衛・松川七郎訳，1955,『政治算術』岩波文庫；クラーク，C., 大川一司ほか訳，1953,『経済進歩の諸条件』勁草書房

▷2　Ⅳ-8 参照。

あらかじめ用意していた在庫によってニーズに応えることができない。したがって，営利事業として効率的にサービスを提供しようとするならば，サービスの提供を担う労働力をニーズに合わせて細かく調整していくことが必要となる。以上の経緯から，サービスの提供を営む企業においてはパートタイマーや契約社員，派遣労働者など，労働力の調整を行うにあたって好都合な就業形態の活用が増えていく。

需要に対し労働力の供給を細かく調整しなければならないこと，サービス分野で求められる知識や技術の多くはある特定の企業に勤務しないと身に付けられないわけではないこと，サービス業に従事する労働者の間では離転職がより頻繁になる傾向にある。2010年における入職率（＝ある期間内に新たに企業に入社した労働者数を期間の初めにいた全労働者数で割ったもの），離職率（＝ある期間内に企業を退職した労働者数を期間の初めにいた全労働者数で割ったもの）を業種別に見ていくと（表Ⅱ-3-1），情報通信業や学術研究，専門・技術サービス業のような例外はあるが，サービス分野にあたる業種の入職率・離職率はいずれも製造業，建設業よりも高い。

表Ⅱ-3-1 業種別の年間入職・離職率（2010年，単位：％）

業種	入職率	離職率
製造	14.5	14.6
建設	17.4	18.9
電気・ガス・熱供給・水道	14.7	15.0
運輸・郵便	19.7	20.7
卸売・小売	21.7	22.9
不動産・物品賃貸	22.1	22.9
金融・保険	22.4	22.0
情報通信	16.5	17.7
学術研究，専門・技術サービス	18.6	18.0
宿泊，飲食サービス	45.4	46.9
生活関連サービス，娯楽	35.1	35.7
教育・学習支援	27.0	26.7
医療・福祉	23.1	20.6

出所：厚生労働省「毎月勤労統計調査」より算出。

② サービス経済化と女性の就業機会

ここまで述べてきたサービス経済化に伴う変化は，いずれも女性労働者の増加へと結び付く。2010年のわが国の女性就業者は2641万人で，1970年に比べて約640万人増加し，就業者に占める割合も上昇（39.3％→42.2％）している（総務省「労働力調査」参照）。

専門職・技術職の比重が増加することは高学歴化した女性労働者の受け皿が大きくなることを意味し，専門的な知識や技術に対するニーズを基礎とした企業横断的な労働市場が広がっていくことは結婚や出産に伴い退職することが多く，長期勤続を前提としたキャリア形成が難しい女性労働者に新たなキャリア形成の道を開くこととなるからである。

また，フルタイム労働者以外の多様な就業・雇用形態の活用が増えることは，仕事に主要な関心を置かない主婦などの女性に，事情・関心に合った就業の場を提供することにつながり，消費者が感じる親近感・心地よさと言ったものの重要性が高まることは，男性労働者よりもこうした感情を消費者に抱かせやすいと見なされがちな女性労働者へのニーズを高める。

（藤本　真）

参考文献

労働政策研究・研修機構編，2010，『中小サービス業における人材育成・能力開発』

Ⅱ　企業組織の性格

4　大企業と中小企業
企業規模の規定力

1　企業の大規模化と組織の変化

　市場競争の中で収益を上げ，活動の量・範囲や所属する人員の規模を拡大していくに伴い，企業にはさまざまな変化が生じる。まず多くの活動と人員をコントロールし，目標を達成していくために高度な管理が求められるようになる。この高度な管理を実現していくために，企業は官僚制化を進めていく。M.ウェーバーは官僚制化を進めた組織が，①規則に基づく職務・権限の明確化，②専門分化された職務，③権限に基づく階層化，④人ではなく規則や職務への服従，⑤文書による命令・伝達・職務遂行，などによって特徴づけられるとした。

　ただ，目標に向けて組織を機能的・合理的に運営することを意図して進められる官僚制化は，しばしば意図とは反対の非能率・非合理をもたらす。たとえば規則や文書といった形式へのこだわりから業務の処理がなかなか進まなくなる，職務の専門分化に基づいて編成された組織内の各部門が自分の部門の権限拡大に走り，組織全体の目的や利益をかえりみなくなる，といったことである。R.マートンやA.グールドナーはこれらの現象を「官僚制の逆機能」と指摘する。

　組織の専門分化や階層化が進み複雑になると，企業の運営に必要な資本の提供者（＝企業のオーナー）であることよりも複雑な組織を運営できる高度な専門性やさまざまな知識を持っていることが，経営者に求められる資質として重視されるようになり，企業のオーナーとは別の専門経営者というべき層が台頭する。A.バーリとG.ミーンズはこうした「所有と経営の分離」と，専門経営者による会社の支配が，企業の大規模化が進むアメリカで生じていることを明らかにした。

　また，事業活動の拡大を図ろうとするとより多くの資本が必要となる。より多くの資本を得ようとすれば，資本の提供者を少数に限定するよりは広く募ったほうがよい。株式会社の場合，資本の提供者には会社が発行する株式が渡されるため，企業の大規模化に伴う資本提供者の増加は株式所有の分散を意味する。この株式所有の分散は，一方で専門経営者による会社支配をより促進するとともに，他方で経営者や従業員以外に企業の行く末に関心を持つ主体が増えることにつながり，会社経営の主導権をめぐるコーポレート・ガバナンスの議

▶1　ウェーバー, M., 世良晃志郎訳, 1960・1962, 『支配の社会学Ⅰ・Ⅱ』創文社

▶2　マートン, R.K., 森東吾訳, 1949, 『社会理論と社会構造』みすず書房；グールドナー, A., 岡本秀明訳, 1963, 『産業における官僚制』ダイヤモンド社

▶3　バーリ, A.・ミーンズ, G., 北島忠男訳, 1957, 『近代株式会社と私有財産』分雅堂銀行研究社

論を引き起こす要因ともなっている。

❷ 働く場としての中小企業

　もっともわが国において一般に大企業として扱われる常用雇用者300人以上の企業は全体のわずか0.8％，常用雇用者1000人以上の企業となると0.2％と500社に1社の割合でしか存在していない。言い換えるとわが国に存在している企業のほとんどが中小企業ということになる。

▷4　総務省，2006，『事業所・企業統計調査』

　中小企業の事業活動に必要な資本は広く社会から募るほど大きなものではない。多くの中小企業では，資本の提供者と経営者が一致している。そのため経営者が企業内で発揮できる権限や裁量は大企業に比べて大きい。また，人数が少ないため，経営者の意向が組織全体に浸透するのが速い。こうした経営組織としての中小企業の特徴は，企業を取り巻く経済・社会環境の変化に対し，大企業よりも迅速かつ適切に対応することを可能としている。

　もっとも中小企業は，大量の製品やサービスを提供することにより市場で優位な立場にある大企業のようには収益をあげることができない。このことは企業で働く従業員の賃金に反映される。1000人以上の企業に勤める従業員のひと月あたりの給与を100とすると，10～99人の企業で働く従業員の給与水準は73.3となる。また，従業員数が少ないため，さまざまな人事管理施策を制度として整備する必要性が組織内で感じられにくい。そのため評価・処遇制度や仕事と家庭の両立を可能にするような勤務時間制度といった諸制度の普及は大企業に比べて進んでいない。そもそも企業の存続自体が大企業よりも揺らぎやすく，廃業や倒産によって従業員の雇用機会が喪失する可能性が中小企業では高い。

▷5　厚生労働省『2009年賃金構造基本調査』

　では賃金が相対的に低く，人事管理による働く環境の整備も遅れ，雇用機会を確保し続けると言う点からはリスクが高い中小企業の従業員が，大企業の従業員に比べて低いモチベーションで働いているかと言えば，必ずしもそうとは言えない。仕事のやりがいや自分らしく生きることについては，自分のほうが大企業で働く従業員よりもいいという意見が，中小企業の従業員の中では多数（7～8割）を占めることは以前から指摘されてきたし，近年の調査でも今の勤務先を，腕を磨き，自分を鍛える場であるとみる従業員は6～7割，会社のために自分の私生活を多少犠牲にすることもやむを得ないと考える従業員が約半数と，中小企業で働くことに高い意義を見出している従業員は少なくない。①組織が小さいため，自分の働きがどの程度組織に貢献しているかがわかりやすい，②大企業のように専門分化が進んでいないため，自分の意欲次第で組織の中でさまざまな仕事を経験できる，③将来的に自分で企業を経営しようという人にとっては，中小企業での就業経験が格好のノウハウ習得の場になる，といった要因が，労働条件や雇用機会のもろさからは説明できない高いモチベーションにつながっている。

（藤本　真）

▷6　稲上毅，1989，「スモールビジネスの労働世界と人材形成」『転換期の労働世界』有信堂，pp. 89-138

▷7　労働政策研究・研修機構編，2010，『中小サービス業における人材育成・能力開発──企業・従業員アンケート調査』；労働政策研究・研修機構編，2011，『中小製造業（機械・金属関連産業）における人材育成・能力開発──アンケート調査・インタビュー調査』

Ⅱ　企業組織の性格

5 雇用組織の形態
企業・行政組織・NPO

① 企業組織と行政組織

　企業は組織の外からさまざまな資源を集めてそれを組織内部で製品やサービスに換えて販売し収益を上げることで，組織の維持拡大を図る。このとき組織外から集めた資源をより効率的に製品やサービスに換えていくための活動が「管理」であり，企業で働く従業員は企業の立場からは「ヒト」という，管理の対象となる資源と見なされる。「ヒト」の管理（人事労務管理，人的資源管理）の目的は，第一に企業が必要とする労働力を確保すること，第二に確保した労働力である「ヒト」に，仕事をする中で十分に能力を発揮させること，第三に確保した「ヒト」の能力をさらに伸ばすこと，であり，これらの達成に向けて，採用，配置，評価・処遇，教育訓練と言ったさまざまな取組みが行われる。

　以上の人事労務管理の取組みは，①企業がその時々に達成しようとしている経営目標（売上高1000億円以上や利益率5％以上など）や，経営目標を実現するために設けられた経営計画，経営方針，②経営目標，経営計画，経営方針がどの程度実現できているかを評価し，実現に向けてさらに必要な活動について検討する「業績管理」によって左右される。また，企業の人事労務管理においては，「カネ」や「モノ」など他の資源の管理と同様，より小さな費用でより大きな業績を上げること（費用対効果の最大化）や，自社の経営を取り巻く環境の変化に的確に対応し，長期にわたって業績を維持・拡大していくことがとりわけ重視される。

　人々を雇用し，活用する組織としては，企業のほかに公益を目的とする行政機関がある。わが国では，2010年時点で約349万5000人（うち国家公務員が約64万人，地方公務員が約285万5000人）が行政機関で公務員として働いている。行政機関も目的達成のために企業と同様に人事労務管理を行うが，その仕組みや内容はいくつかの点で企業におけるものとは大きく異なる。まず，行政機関の人数は法律や政府の計画によって制限が課せられている。わが国の国家公務員については1967年に総定員法が施行されて以降，幾度かに渡って定員削減計画が実施され，各省庁では新たな部署を設ける際には既存の部署を廃止するという「スクラップ・アンド・ビルド」の慣行が定着した。

　今ひとつの企業との大きな相違は，公務員の労働条件の決定に関わる点であ

る。そもそも公務員の処遇は組織の経済的実績によっては決められない。また，「勤務条件法定主義（＝公務員の労働条件は法律によって定められるべきという考え）」，「財政民主主義（＝公務員の給与も含めて政府の費用は，国民を代表する議会の議決によるべきとする考え）」などを根拠に，公務員が労働条件について使用者（＝国や地方自治体など）と交渉する権利（団体交渉権）は，企業の従業員に比べて制限されている。わが国の場合，公務員の処遇は，中央人事機関である人事院が企業における給与の動向などを踏まえて行う「人事院給与勧告」や，各地方自治体に設けられた人事委員会による勧告の内容に基づいて決まる。しかし，近年では行政機関における人事労務管理のあり方を見直す動きが顕著になりつつある。たとえば，企業でよく用いられる目標管理制度に基づいて公務員の業績を評価し，処遇に反映させる地方自治体が現れたり，国家公務員の処遇に関しても2008年6月に制定された国家公務員制度改革基本法のなかで能力および実績に応じた処遇の徹底が謳われたりしている。

❷ 広がるNPO法人

　行政機関ではないが，行政機関と同様に非営利で公益目的の活動を担う組織もある。その組織形態は学校法人，社会福祉法人，財団法人，社団法人など多岐にわたる。こうした組織のうち，個人，企業などの有志が集まり，社会貢献活動を行っているものをNPO（Nonprofit Organization），NPOの中でも1998年に施行された「特定非営利活動促進法」により法人格を取得した組織を「NPO法人」と呼ぶ。

　2010年8月末時点でわが国には4万689のNPO法人が存在し，主に保健・医療・福祉や社会教育，まちづくり，学術・文化・スポーツの振興と言った分野で活動している。内閣府によると，NPO法人の半数以上は職員数20人未満の小規模組織であり，1法人あたりの年間事業収入の平均値は1765万円，中央値は542万円である。主な活動分野で行っている事業以外からの収入（寄付金，補助金・助成金など）を得ている法人はわずかで，多くの法人では安定した財政基盤をいかに築くかを模索している。

　NPO法人で活動する人々は，①有給役職員，②NPOから経費や謝金の支給を受ける「有償ボランティア」，③金銭の支給は受けない「無償ボランティア」に分類される。このうちNPOに雇用される有給役職員数は法人数が2万弱であった2004年時点で約10万人と推計されており，その後の法人数の推移からさらに増加しているものと予想される。しかし賃金水準は，フルタイムの正規職員で平均年収が約220万円，企業であれば管理職にあたる事務局長でも300万円弱と，労働市場における一般的な水準に比べるとかなり低い。NPOを雇用の場として確立していく上で，社会的な取組みが必要な課題であると言える。

（藤本　真）

▷1　内閣府，2009，『平成21年度特定非営利法人の実態及び認定特定非営利法人制度の利用状況に関する調査報告書』

▷2　小野晶子，2004，『「有償ボランティア」という働き方──その考え方と実態』労働政策研究・研修機構政策レポート

▷3　経済産業研究所，2004，『NPO法人アンケート調査結果報告（2004年調査）』

▷4　労働政策研究・研修機構編，2006，『NPOの有給職員とボランティア──その働き方と意識』

参考文献
稲継裕昭，1996，『日本の官僚人事システム』東洋経済新報社
稲継裕昭，2006，『自治体の人事システム改革──ひとは「自学」で育つ』ぎょうせい
佐藤博樹・藤村博之・八代充史，2007，『新しい人事労務管理（第3版）』有斐閣
人事院編『公務員白書』（各年度）
原田順子・奥林康司，2009，『官民の人的資源論』放送大学教育振興会

Ⅲ　企業内キャリアと人事管理

1　企業の人事管理と働く人のキャリア

1　雇用社会におけるキャリアと人事管理

　今の日本社会は雇用社会と呼ばれる。多くの働く人が，企業に雇用されて仕事に従事している。多くの人の仕事やキャリア，働き方にとって，雇用される企業での出来事が大きな影響を与えている。とりわけ，企業が雇用する人材に対して行う人事管理の活動は，人々の仕事やキャリア，働き方を大きく左右する。したがって，働く人の職業生活を考えるにあたっては，それに大きな影響を与える人事管理の現状や課題についての理解が欠かせない。

　人事管理に関しては，多くの研究の蓄積がある。人材を効果的に活用することが，企業の安定的な成長や競争力の向上などに貢献するからである。人事管理に関する論点は多い。つづくいくつかの項目では，そのうちとくに，働く人のキャリアに関わるような人事管理の諸分野について，考えることとしたい。詳しくは，各項目にゆずるとして，ここでは，各項目のテーマと働く人のキャリアとの関係を示すとともに，各項目の主な論点について紹介しておきたい。

　Ⅲ-2では，人事管理をめぐる人事部門と，部や課などの各職場の管理者との関係について考える。一見，働く人のキャリアと関係がないように思えるかもしれないが，決してそうではない。たとえば，アメリカの企業と比べた日本企業の特徴として，本社人事部門が，社員の評価や昇進，配置について，大きく関わっていることが指摘されている。そして，評価や昇進，配置は，人々が企業内でどのような役職や仕事を経験できるかに関わる。これらの仕事経験が働く人のキャリアをかたちづくるといえる。評価や昇進，配置について人事部は口出しせずに，もっと部門管理者に任せるべきだという意見もある。はたしてそうだろうか。

2　人事管理の諸分野と論点

　Ⅲ-3では，人事制度の骨格となる社員格付け制度について考える。多くの企業は，一定の基準にしたがって社員の等級を設け，各社員をいずれかの等級に格付けしている。そして，企業が，どのような格付けの基準を用いるかは，さまざまである。たとえば，社員各人の仕事に関わる能力（技能）を基準とする企業もあれば，担当する仕事の企業における価値を基準とする企業もある。働く人にとって，格付けの変更は，キャリアの重要な要素といえる。企業は，

▷1　菅野和夫, 2004,『新・雇用社会の法』有斐閣

どのような基準の社員格付け制度を取り入れようとしているだろうか。

Ⅲ-4 では，日本企業における採用の変化について考える。採用は，いうまでもなく，働く人にとっては，企業でのキャリアの出発点となる。そして，採用のあり方は，変化のなかにある。たとえば，企業の採用において，新卒採用に対する中途採用の比重が高まってきている。働く人から見れば，転職を通じたキャリア形成の機会が広がりつつあるといえる。その背景は何か。また，採用基準の高さと採用後の雇用保障の手厚さには関連がある。すなわち，採用後の解雇が容易でないため，企業はどうしても厳選して人を採用したくなる。それでも，人材を見極めるのは難しい。企業としては，採用に関するどのような工夫をしているだろうか。

もちろん，企業が人材を得る手段が，採用だけではない。企業は，教育訓練を通じて人材を育成することによっても，人材を得ることができる。Ⅲ-5 では，そうした教育訓練について考える。働く人にとり，教育訓練を通じて技能を高めることは，キャリア形成の機会を広げることにつながる。教育訓練の方法はさまざまである。また，教育訓練には一定のコストがかかる。企業は，教育訓練をどう設計しているのだろうか。

Ⅲ-6 と Ⅲ-7 はそれぞれ企業内での配置転換と昇進をあつかう。いずれも，企業内で経験する役職や仕事の範囲など，働く人のキャリアに直接的な影響をあたえる。配置転換は，人事管理上どのような役割をはたすか。配置転換の範囲はどの程度にすべきか。配置転換において働く人の希望を反映させるべきか。昇進のタイミングはどうしたらよいか。管理職にならない昇進ルートをどう設計すべきか，などの論点について考える。

Ⅲ-8 と Ⅲ-9 では，それぞれ，人事評価と賃金管理について考える。人事評価の結果は，昇進や配置に反映され，働く人のキャリアに影響をあたえる。また，得られる賃金の水準は，キャリアを評価する重要なモノサシのひとつであろう。人事評価の役割や評価の基準はどのようなものか。個人業績への評価をどう賃金に反映させるか。賃金はどのような役割をはたすか。賃金の管理はどうしたらよい，といった論点について考える。

日本企業の多くは，「正社員」や「非正社員」など，雇用する人材を呼称の異なるいくつかの区分に分け，それぞれに異なるキャリア（仕事経験や昇進の機会）を用意している。こうした人事管理のあり方は，当然ながら，働く人のキャリアに影響をあたえる。企業が，多様な雇用区分を設ける理由は何か。とりわけ，パートタイマーや契約社員など，非正社員として人材を活用する目的はどのようなものか。Ⅲ-10 および Ⅲ-11 では，これらの論点について検討してみたい。

（佐野嘉秀）

Ⅲ 企業内キャリアと人事管理

2 人事管理における職場管理者と人事部門

1 人事管理の担い手としての職場管理者

　人事管理の担い手はさまざまである。企業の経営者は人事管理の基本的な方針を定めるであろうし，人事管理を専門に担当するスタッフである人事部門の担当者も，人事制度の設計等を通じて，人事管理に深く関わる。また，部長や課長といった職場管理者も，管理する職場のメンバーに対して，評価，教育訓練，コミュニケーションを通じた仕事意欲の管理（モラール管理）などの人事管理を広く行う。このほか，管理者でない社員も，たとえば後輩の社員に対する仕事の指導やアドバイスなどを通じて人事管理の一端を担っている。

　これらの当事者のうち，特に職場管理者は，評価や教育訓練，モラール管理など，職場における人事管理の機能を広く担う。職場のメンバーの仕事ぶりや技能，意欲，成果等について，最もよく知りうるのは，各職場の管理を担う職場管理者であろう。また，職場管理者は，担当する職場における業務上の目標や仕事の内容もよく把握している。このように，各職場におけるメンバーと仕事について豊富な情報を持つ職場管理者が人事管理を行うことには，一定の合理性があると考えられる。

2 人事部門の役割：人事部門はなぜ必要か

　しかしもちろん，人事管理は職場管理者に任せきりではない。とりわけ日本においては，大手企業を中心に，本社人事部が，人事管理に関して強い権限を持っている。日米比較研究によると，日本企業では，アメリカ企業と比べて，本社人事部が人材の採用や配置転換，昇進や昇格に関して，より強い権限を持つ傾向にある。この点，採用や配置転換，昇進・昇格が，各事業所や部門などの分権的なレベルに任されることの多いアメリカの企業とは対照的といえる。また，日本企業では，本社人事部の代表者が取締役会のメンバーとなり，会社全体の経営に強い影響力を持つことも特徴的とされる。[1]

　もちろん，日本においても，本社人事部が，採用や配置転換，昇進・昇格に関する意思決定を独断的に行っているわけではない。たとえば，正社員の採用については，本社人事部が大きな権限を持つ。しかし，非正社員の採用においては，採用人数の決定・募集・人選などの採用活動に関して，事業所の人事担当者や職場管理者などに多くが任されていることが多い。また，正社員の昇

▷1　ジャコビィ，S.M.，鈴木良治・伊藤健市・堀龍二訳，2005，『日本の人事部・アメリカの人事部』東洋経済新報社

進・昇格の判断においても，職場管理者の意向が重視される。事業所内での配置転換も，事業所内での調整を通じて行われることが多い。他方で，事業所間の配置転換については，本社人事部門が強い権限を持つ傾向にある。[2]

したがって，とりわけ正社員の採用や事業所間の配置転換に関して本社人事部が強い権限を持つ点が，事業所ごとの採用や，社内公募制度に基づく本人の希望を前提とした異動が，一般的なアメリカ企業などと比べた場合の日本企業の人事部門の特徴といえるだろう。

日本企業の本社人事部が持つこうした強い権限に対しては批判的な意見もみられる。たとえば，配置転換は社内公募制度に基づき各部門と社員のあいだの調整を通じて行うべきであり，人事部門は，研修の企画や社内の求人・求職情報の提供・斡旋，苦情処理，福利厚生等に役割を限定すべきという意見がみられる。[3]また，今後は職務をより重視して人事管理を行い，各部門が主導して職務・職種別の採用と配置転換の管理を行うべきとの意見もある。[4]このほか，部門別の業績管理が強化されるなか，業績実現に関わる人事管理については各部門に広く権限を与え，人事部門は全社の人材情報の管理や部門の人材ニーズへの対応といった役割を中心に担うべきとの見方もある。[5]

実態としても，1990年代以降，人事部門の人員は縮小する傾向にある。[6]これは，給与計算や福利厚生サービスなど人事部門の機能のアウトソーシング化や，人事部門の権限の見直しを反映しているとも解釈できる。

しかし，たとえば配置転換に関する権限を各部門にまったく任せてしまうことの問題も指摘されている。とりわけ各部門の業績管理が強化され，職場管理者の成績評価において部門業績の達成が厳しく求められるなかでは，職場管理者は，部門の業績向上に貢献する優秀な部下を抱え込んで，自部門でできるだけ長く活用したいと考えがちとなろう。そうしたなかで，配置転換を職場管理者に任せきりにすると，部下の「抱え込み」により部門間の人材の異動が滞ることになりかねない。そうなると，職場や仕事を広く経験することによる人材育成や経営戦略・事業再編等にあわせた部門間の柔軟な人材の配置が難しくなろう。このような事態をさける上で，今後も，日本の本社人事部には，事業所や部門をこえた配置転換について一定の権限を持ち，人材育成と適所適材をはかることが期待されるものと考えられる。

このほか，非正社員の活用がすすむなかで，正社員と比べた非正社員の賃金水準の低さなど，非正社員の処遇の公平性が問題視されるようになっている。こうした問題の要因のひとつとして，これまで非正社員の賃金の設定など処遇の管理が，各事業所や職場に任され，企業レベルで正社員の処遇と整合性のある非正社員の処遇制度が整備されてこなかったことがあげられる。今後は，本社人事部が中心となって公平性の高い非正社員の処遇制度を整備し，非正社員の定着化や仕事意欲の向上をはかることが重要な課題となろう。（佐野嘉秀）

[2] 山下充，2008，「人事部」仁田道夫・久本憲夫編『日本的雇用システム』ナカニシヤ出版

[3] 八代尚弘，1998，『人事部はもういらない』講談社

[4] 樋口美雄，2001，『人事経済学』生産性出版

[5] 守島基博編，2002，『21世紀の"戦略型"人事部』日本労働研究機構

[6] 山下充，2008，「人事部」仁田道夫・久本憲夫編『日本的雇用システム』ナカニシヤ出版

Ⅲ 企業内キャリアと人事管理

3 社員格付け制度の変化
年功制と職能資格制度

1 社員格付け制度の役割：「偉さ」の基準

　企業の人事制度の骨格となるのは，社員をいくつかの等級のなかに格付ける社員格付け制度である。社員格付け制度は，企業内における「偉さ」の秩序を明確にするほか，現金給与の多くを占める基本給をきめる基準ともなる。このような格付け制度を格付けの基準により分類すると，年齢ないし勤続年数に基づく年功制度，社員が保有する「職務遂行能力」に基づく職能資格制度，職務の企業における価値に基づく職務等級制度などがある。

　いずれの制度にも共通して，格付けの基準となる要素は，①社員の企業に対する貢献度に関わること，②働く人の努力に応じて変化すること，③ただし，ある程度，安定的であること，といった条件を満たす必要がある。[1]

　このうち，①企業への貢献度に関連するという条件は，「企業に貢献している人が高く評価され，高い威信や給与水準を得るべきだ」という，社員の素朴な公平観に関わるといえる。たとえば，年功制度の基準となる年齢や勤続年数は，一見，企業への貢献と無関係にみえる。しかし，年齢が高い人や勤続年数が長い人は，その分，仕事の経験を積むことで高い技能を持つため，企業への貢献度も高い可能性がある。このような関係が成り立てば，①の条件を満たすことになる。職務遂行能力や職務の価値といった他の要素については，企業への貢献度との関係がより明確であろう。

　②努力に応じて変化するという格付け基準の条件は，社員に対して，高い格付けを目指して仕事に取り組もうとするインセンティブを与える上で，重要な条件となろう。年功制度の基準となる要素のうち，勤続年数は，転職せずに働きつづけるという努力に応じて伸びる。そして，勤続に応じて年齢も高くなるので，勤続年数や年齢といった基準も，②の条件も満たすことになる。職務遂行能力や職務の価値についても，それぞれ技能の向上をはかったり，より高度な仕事に取り組んだりする努力に応じて，高めることができよう。

　③安定的であることは，組織の秩序の安定にとり重要となる。短期的に格付けが変動し，毎月，組織内での「偉さ」の秩序や，格付けに対応する基本給の水準が上下するようでは，安心して上位者の指示に従ったり，安定的な収入により生計を立てたりすることが困難になろう。そのため，たとえば売上目標の達成度など，短期的な個人業績に応じた社員格付け制度は，あまり一般的では

▷1　今野浩一郎，1998，『勝ち抜く賃金改革――日本型仕事給のすすめ』日本経済新聞社

ないといえる。

2 社員格付け制度の多様性と変化

どのような格付け基準，したがってどのような格付け制度が普及しているかは，国ごとにもちがう。たとえば，アメリカやイギリスでは，職務等級制度にあたるジョブ・グレード（Job Grade）制が一般的である。ジョブ・グレード制のもとでは，通常，職務分析を行い，職務内容を記述した職務記述書を作成する。それをもとに職務の価値を評価する職務評価を行い，各職務を格付けるべき等級（グレード）を決定する。

これに対し，日本企業において，現在，最も普及している格付け制度は，職能資格制度である。すでに述べたように，職能資格制度は，社員が持つ「職務遂行能力」に基づき社員を格付けする制度である。「職務遂行能力」は「体力・適性・知識・経験・性格・意欲の要素からなりたつ」とされる。仕事に関して働く人が保有する幅広い「能力」が職務遂行能力を構成するという見方といえる。

職能資格制度が普及し始めた1960年代以前に日本企業で一般的だったのは，年功制度であった。学歴別に，年齢・勤続に基づく格付け制度が用意され，人事評価の結果を加味して社員の格付けが決まっていた。しかし，その後，技術革新がすすむなかで，ベテラン技能者が仕事経験を通じて身につけていた技能の価値が低下する。他方，当時，高学歴化に伴い中卒者に代わって生産の現場に配属されるようになった高卒者の理論的な思考力や知識が重視されるようになる。つまり年齢が高く勤続年数が長ければその分，企業への貢献度も高いという関係が希薄になってきたといえる。こうしたなか，学歴や年齢，勤続年数ではなく，「職務遂行能力」という統一的な基準に基づく職能資格制度の導入がはかられるようになった。

職能資格制度は，職務等級制度とは異なり，職務と賃金とが切り離されているため，賃金水準を変えることなく組織改変や人材育成のための配置転換を柔軟に行えることや，管理的ポストの数に制約される役職昇進の機会とは別に資格制度上の昇格機会を与えることで社員に対して長期的に仕事への動機づけを与えられるなどの利点がある。しかし，他方で，職務の構成にかかわらず高資格者が増加することにより，人件費負担が過剰になりがちとなる欠点も指摘されている。近年では，こうした過大な人件費負担を避けるため，主に管理職層を対象として職務等級制度を導入し，役職の価値に応じた処遇をはかろうとする企業もみられる。

（佐野嘉秀）

▷2　笹島芳雄，2008，『最新アメリカの賃金・評価制度――日米比較から学ぶもの』日本経団連出版

▷3　日本経営者団体連盟編，1969，『能力主義管理――その理論と実践』日本経営者団体連盟弘報部

▷4　日本経営者団体連盟編，1969，『能力主義管理――その理論と実践』日本経営者団体連盟弘報部

▷5　中村圭介・石田光男編，2005，『ホワイトカラーの仕事と成果――人事管理のフロンティア』東洋経済新報社

III 企業内キャリアと人事管理

4 変化のなかの採用

① 新規学卒一括採用と中途採用

　採用とは，企業が自社で雇用して働く人を募集・選考し，雇用契約を結ぶ活動である。日本における採用の主な形態としては，大学・高校等の新規学卒者（当該年に最終の学校を卒業した者）を採用する新規学卒一括採用と，学校を卒業後，他企業で働くなど，一定の期間経た人を採用する中途採用とがある。[1]

　学生時のアルバイト経験等を除いては職業経験のない新規学卒者を正社員として採用する慣行があることは，日本の特徴でもある。新卒採用者は，基本的に職業経験を通じて得られる職業能力を持たない。したがって，自社で教育訓練をほどこし，一から育成していく対象として採用される。そのため，採用時の選抜の評価基準としては，実務上の知識等よりも，将来的に企業内での教育訓練を通じて伸びる人材かどうかについての評価（教育訓練の対象としての評価）が重視される。

　他方，中途採用の場合，企業は通常，一定の職業経験を持つ人材を採用する。したがって採用時の評価基準としては，職業経験を通じて習得された技能が重視される傾向にある。中途採用では，新規学卒一括採用の場合と比べて，採用する人材を配置する職場や仕事が事前に具体的に想定されていることも多い。そのため，採用の評価基準としては，担当させようとする仕事に対応した技能を持つかどうかが重視されることになる。もちろん，中途採用者の場合でも，長期の雇用関係を予定し，教育訓練を通じて育成していく必要性が企業側にある限り，教育訓練の対象としての評価も重視される。

　近年，日本企業の採用において，新規学卒採用に対する中途採用の量的な比重が高まりつつある。とはいえ，大企業を中心として，中途採用を行いながらも，新卒採用を正社員採用の中心に位置づける企業は依然として多い。[2] 新規学卒採用の慣行が広く普及している現状において，新規学卒採用は質の高い人材を安定的かつ数多く採用できるルートとしての利点を持つ。また，企業の競争の優位性を支える企業特有の知識や能力，仕事や顧客についての考え方，企業文化等を社員に身につけてもらう上で，仕事のあり方や価値観が異なる他社での就業経験を持たない新卒者を採用し，長期間かけて育成していくことの利点も小さくないと考えられる。これらの利点が失われない限り，新規学卒一括採用は今後も正社員の主な採用ルートとして重視されていくものと考えられる。

▷1　近年では，大学・高校等を卒業してから数年程度以内の若年層を「第二新卒」として，新規学卒者に準じた採用対象とする企業も見られる。

▷2　永野仁，2007，「企業の人材採用の変化」『日本労働研究雑誌』567

2 正社員の雇用保障と採用

　日本企業のなかには，正社員の雇用保障を重視し，正社員としてひとたび雇い入れた人材についてはできるだけ解雇せずに長期の雇用関係を維持しようとする方針をとるところが多い。また，法律および裁判所の判例を通じて，期間の定めのない雇用契約をむすんで雇用する社員を解雇することについては強い規制が存在している。そのため，企業にとって正社員の解雇を行うことは実質的にも難しい場合が多いといえる。[3]

　正社員の解雇がこのように難しい結果，日本企業は，正社員の採用において，採用する人材についての評価基準を高く設定し，長期にわたり企業に貢献してくれる人材を慎重に人選しなくてはならない。企業の期待に沿わない人材を採用した場合に，解雇により人材を入れ替えることは容易でないからである。

　また，人事部等に所属する採用担当者にとって，正社員の採用活動は，同じ企業で長くともに働く企業コミュニティのメンバーを選抜することでもある。そのため，採用時の評価基準においては，技能や訓練可能性のほか，人柄・性格といった人格的な要素が重視されることにもなる。

　他方，日本企業は，契約社員やパート社員，アルバイト社員など，必ずしも長期の雇用関係を予定しない非正社員については，正社員の場合と同程度の高い基準による慎重な選抜は行われないことが多いといえる。そのため，自社で雇用している非正社員の中から正社員への登用を行う際には，正社員を採用するときに準じた高い基準による慎重な選抜をあらためて行う企業がみられる。

▶3　菅野和夫，2004，『新・雇用社会の法（補訂版）』有斐閣

3 採用プロセスと募集ルート

　採用の一般的なプロセスは，①求人情報誌や新聞広告・チラシ，自社ホームページなどの媒体や縁故などを通じて求職者をつのる募集活動を行う，②筆記試験や面接を通じて選考を行う，③採用する人と雇用契約を結ぶ，というものである。①および②のプロセスの一部に，政府が運営する公共職業安定所（ハローワーク）や，特に近年では民間の職業紹介サービスなどが利用されることも多い。また，③に関して，新規学卒採用者の場合には，実際の採用前に，学校卒業後の採用を約束する採用内定を出すことが一般的である。

　①の募集活動のルートに関して，特に中途採用では，現在でも知人の紹介による縁故採用の比重が小さくない。採用面接の際の限られた情報で企業側の人材ニーズに即した質の高い人材を確実に選抜することは必ずしも容易ではない。そうしたなか，仕事上の取引関係等を通じて知り合った信頼のおける知人から，本人の技能や人柄等を保証された人材の紹介をうけることは，採用選抜時の不確実性を軽減することにつながっていると考えられる。

（佐野嘉秀）

Ⅲ 企業内キャリアと人事管理

5 企業における教育訓練
OJT と Off-JT

1 教育訓練の意義と種類

　仕事に関わる知識や能力としての技能は，時間の経過とともに変化する性質を持っている。すなわち，教育訓練を通じて，技能の向上や内容の転換をはかることができる一方で，仕事から離れたり，適切な教育訓練が継続的に行われなかったりすると，技能は低下してしまう。このほか，技能の内容や水準は変わらなくても，経営戦略の変化や技術革新の結果，企業内あるいは労働市場における技能の価値が低下してしまうこともある。したがって，企業としては，働く人の技能の価値を維持したり向上させたりするため，継続的な教育訓練が欠かせないといえる。

　教育訓練の内容を大きく分けると，①仕事を通じて行われる訓練であるOJT（On-the-Job Training）と，②企業の指示に基づき，仕事から離れて行われる研修などの訓練にあたる Off-JT（Off-the-Job Training），③読書や通信教育受講などの方法で仕事に関わる事柄を働く人が自発的に勉強する自己啓発への支援，の3つに分けることができる。社外の研修などの受講も，それが上司など企業の指示によらず，本人の自発的な選択に基づくものであれば，Off-JT ではなく，自己啓発とみなされる。

　日本企業だけでなく，欧米の企業においても，企業が提供する教育訓練の中心は OJT である。OJT は，職場の上司や先輩などが，部下や後輩などに対して，技能向上に役立つよう仕事を割り振ったり，技能を評価したり，目標を示したり，指導やアドバイスを行ったりすることを通じて行われる。

　OJT は，このように実際に職場で仕事をするなかで行われるため，職場や担当する仕事のニーズに即応した技能を習得するのにすぐれている。また，働く人の技能水準に合わせて個別に訓練機会を提供することが可能である。さらに働く人にとっては，担当する仕事に直接関わる技能を身につける機会であるため，教育訓練を受ける意義が明らかであり，学習への動機づけを得やすい。このほか，上司や先輩が仕事の仕方を見せたり，本人に実際に仕事を経験させたりすることで，文書や口頭での説明だけでは身につかない技能を習得させることが可能である。このようなメリットのため，OJT は多くの企業で有効な教育訓練の方法として重視され，実施されている。

　他方で Off-JT も，OJT とは異なるメリットを持つ。すなわち，企業内の特

▶1　小池和男・猪木武徳編著，2002，『ホワイトカラーの人材形成――日米英独の比較』東洋経済新報社

定の階層（新入社員や管理職等）や職種，部門別に研修を実施することで，集団ごとに必要とされる知識を効率的に習得することができる。また，教室などでの研修を通じて，言葉にできる知識が整理したかたちで提供されるため，受講者にとっては短期的な知識の整理や習得に役立つ。さらに，仕事経験を通じて積み重ねてきた断片的な知識を体系化したり，理論的な知識として整理したりする機会にもなる。社内や社外の専門家を講師とすることで，普段の仕事の中で得がたい知識を得ることもできる。このほか，日頃，接することの少ない職場外の社員との交流の機会にもなっている。そのため，多くの企業は，OJTを中心に，Off-JT，さらには自己啓発への支援を組み合わせて，社員に対する教育訓練を行っている。

▶2 今野浩一郎・佐藤博樹，2009，『人事管理入門（第2版）』日本経済新聞社

　これらの方法を通じて企業が教育訓練を提供することは，企業にとって，①事業運営に必要な技能を持つ人材を確保するための手段となる。このほか，②教育訓練を通じて技能を高めることが働く人の満足度や仕事意欲を高め，人材の定着や生産性の向上を促す効果や，③技能の向上に関心を持つ人材の採用を容易にし，採用力を高める効果など，多様な役割を果たしている。

2　教育訓練コストと訓練投資

　しかし他方で，教育訓練の提供は企業にとってコストを伴う。OJTにおいては，上司が部下の指導のため担当の仕事から離れたり，本人が技能の向上のため未経験の仕事にチャレンジしたりすることで，一時的に生産性が低下することになる。それにより失われる企業の利益分が，企業が負担する費用となる。Off-JTでは，受講のため本人が仕事から離れた時間分の機会費用のほか，研修のための会場等の設備利用費や教材費，講師への謝金など，直接的にも費用がかかることになる。

　企業は，教育訓練を行う際に，まずこのような費用を負担する。しかし，教育訓練を受けることで，働く人の技能が向上し，生産性が高まることで，企業はやがて負担した費用以上の利益を得ることができる。企業としては，そのような見通しをもって教育訓練を実施することになる。したがって，教育訓練は，費用をかけてそれ以上の見返りとしての利益を期待する投資としての性格を持つといえる。

▶3　大木栄一・田中萬年編，2007，『働く人の「学習」論（第2版）』学文社

　このような教育訓練への投資の規模，すなわち提供する訓練機会の大きさは，期待する効果が大きいほど，また効果を得られる期間（投資の回収期間）が長いほど，大きくできる。したがって，企業内での長期のキャリアを通じて高度な仕事を経験することになる正社員と比べ，期待される勤続期間が短い契約社員やパート・アルバイト等の非正社員に対する教育訓練の機会は，限定される傾向にある。しかし，近年では，非正社員の活用がすすむなか，非正社員の戦力化のための教育訓練に力を入れる企業も増えてきている。
　　　　　　　　　　　　　　　　　　　　　　　　　　（佐野嘉秀）

Ⅲ 企業内キャリアと人事管理

6 日本企業における配置転換とその変化

1 配置転換の目的

　配置転換とは,広い意味では,企業が職務への人の配置を変更することをいう。したがって,役職昇進に伴い職務がかわることも含む。ただし,一般に使われる狭い意味では,事業所の変更や職場の変更,職場内での担当する職務の変更など,役職昇進を伴わない配置の変更のことを指す。また事業所間の配置転換のうち,転居を伴うものを転勤という。職場内での配置転換をローテーションと呼ぶこともある。

　企業が配置転換を行う目的のうち,主なものとしては業務変動への対応と人材育成のふたつがある。第一の業務変動への対応とは,業務量に対して要員が過剰となる職務や職場から,業務量に対して要員が不足する職務や職場へと配置転換を行うことにより,業務量の変動に合わせた要員調整を行うことである。[1]

　第二の目的である人材育成とは,配置転換を通じて幅広い仕事を経験させることで本人の適性をみきわめるとともに,技能の幅を広げ高めることである。働く人にとり,さまざまな職場での経験は,企業内の仕事の全体像への理解を促す。また,社内で人脈を広げることにもつながる。その結果,部門間の連携や各部門に偏在する情報の活用が促されよう。

　しかし,配置転換の範囲が無限定に広がることで,社員がさまざまな仕事を浅く広く経験するようになると,特定の分野の仕事を長く経験するなかで習得されるような専門的な技能の形成が阻害されるリスクもある。また,社員が配置転換に伴い未経験の仕事を経験するたびに,企業としては社員への教育訓練のための費用を負担することになる。それゆえ,配置転換が頻繁であればあるほど,企業として負担する教育訓練の費用は大きくなる。

　企業としては,配置転換を通じた柔軟な要員調整や人材育成の効果と,こうした配置転換のもたらす負の影響をともに考慮に入れて,配置転換の範囲や頻度を選択していく必要がある。配置転換の範囲に関して,日本の大企業のホワイトカラーが配置転換を通じて経験する仕事は,人事や経理,営業,研究開発などひとつの職能分野を中心に広がっていることが一般的であるとのデータもある。このように一定の範囲のなかで配置転換が行われることが多いという実態は,実際にも,企業が配置転換に伴う正の効果と負の影響とのバランスをはかっていることを反映していると解釈することもできる。[2]

▷1　白井泰四郎,1992,『現代日本の労務管理(第2版)』東洋経済新報社

▷2　小池和男編,1991,『大卒ホワイトカラーの人材開発』東洋経済新報社

2 配置転換の新しい仕組み

　米英の企業と比べた日本企業の配置転換の特徴として，企業側が配置転換に関する強い権限を持つことがあげられる。すなわち，日本企業では誰をどの職場に配置するかについて，人事担当者やライン管理者が大きな裁量を持つのが一般的である。複数の事業所を持つ企業の正社員であれば，ときに転居を伴う事業所間の配置転換の指示にも従わなくてはいけない。

　この点，人を配置したい仕事の情報を社内に示し，その仕事を担当したい人材を社内から募集する社内公募制度が配置転換の主な仕組みとなっている英米の企業とは対照的といえる。社内公募制度のもとでは，異動を希望する社内の応募者に対して人事担当者や受け入れ部門の担当者が面接等を行い，実際に異動する人を選考する。配置転換は本人の希望を踏まえて行われている。

　これまで日本では，企業が社員の雇用を長期にわたり保障するかわりに，解雇を避けつつ要員調整を行えるよう，企業に対して，上述のような配置転換に関する強い権限がみとめられてきた。しかし，1990年代半ば以降の不況下での度重なる人員削減を経験して，企業による雇用保障の約束に対する社員の信頼は揺らぎつつある。そうしたなか，社内だけでなく他社でも評価されるような，労働市場で高く評価される技能を自らの選択で身につけていきたいと考える人も増えている。

　さらに，賃金の「成果主義化」のなかで，所属する部門や本人の個人業績が社員各人の賃金に短期的に大きく反映されるようになってきた。そうしたなか，成果をあげやすい自分の適性にあった職場や仕事を選択したいという社員の要望が強まるかもしれない。また，企業が従来通り一方的に決めた職場に社員を配置しておきながら，「成果主義」の方針に基づき部門の業績低下を理由に賞与の額などを減らすようなことがあっては，社員の不満が高まることになろう。

　このように配置転換をめぐる人事管理が変化するなかで，日本企業においても，働く人の側が自分の仕事やキャリアについての希望を上司に申告して会社に伝える自己申告制度や，社内公募制度など，配置転換において，働く側の希望をより反映させることができる仕組みを用意する企業も増えてきている。

　また，働く人のなかには，現在暮らしている地域での生活や家族との生活を重視して，転勤を望まない人も多い。そうしたニーズに対応して，勤務地限定社員など，原則として転居を伴う配置転換がない正社員の区分を設ける企業もある。また，非正社員の多くも，転勤がないのが一般的である。ただし，これらの区分は，転勤を伴う正社員の区分と比べ，昇進できる役職の上限が低く設定されていることが多い。管理的な仕事を行う上では，幅広い職場での経験が必要という企業の見方を反映していよう。

(佐野嘉秀)

▷3　ジャコビィ，S.M.，鈴木良治・伊藤健市・堀龍二訳，2005，『日本の人事部・アメリカの人事部』東洋経済新報社

▷4　Ⅲ-8 参照。

▷5　今野浩一郎・佐藤博樹，2009，『人事管理入門（第2版）』日本経済新聞社；平野光俊，2006，『日本型人事管理――進化型の発生プロセスと機能性』中央経済社

▷6　佐藤博樹・佐野嘉秀・原ひろみ，2003，「雇用区分の多様化と人事管理の課題」『日本労働研究雑誌』518

Ⅲ　企業内キャリアと人事管理

7 昇進・昇格の変化と企業内キャリア

1 昇進・昇格と選抜の機能

　昇進とは，役職や社内での格付け（資格）が，下位の等級から上位の等級へと移行することをいう。このうち組織内の役職がより上位のものへと移行することを，役職昇進と呼ぶ。狭義の昇進は，この役職昇進を指す。他方，社内の格付けがより上位のものとなることを昇格と呼ぶ。広義の昇進は，役職昇進のほか，昇格を含む。日本の格付け制度としては，社員の保有する職務遂行能力に基づき社員を格付けする職能資格制度が一般的である。

▷1　Ⅲ-3 参照。

　昇進に伴い，社員は組織内においてより大きな権限を持ち，より高い威信を持ち，より高水準の賃金を支払われる。権限や権威，高い賃金は，容易には得がたい希少な資源であり，社会的地位を構成する重要な要素でもある。社員は，昇進を通じてこれら希少な資源を同時に得ることができる。それゆえ，昇進は社員にとって魅力のある報酬といえる。そのため企業は，社員に対して，その働きぶりや技能，業績等に応じて昇進の機会を与えることで，仕事へのインセンティブを与えることができる。

2 「遅い」選抜と昇進管理の課題

　日本における昇進の特徴としては，英米と比べて，非管理職にとどまるか，課長職層などの中間管理職にとどまるか，あるいは部長職層以上の経営幹部層に昇進するかといったキャリアを分ける決定的な選抜が，入社後のかなり遅い時期に行われることが指摘されている。

▷2　佐藤博樹，2002，「キャリア形成と能力開発の日独米比較」小池和男・猪木武徳編著『ホワイトカラーの人材形成』東洋経済新報社

　このような昇進のあり方は，①より多くの社員に長い間，昇進をめざして努力するインセンティブを与えることや，②多くの社員に昇進を前提とした教育訓練を行うことにより，技能の底上げがはかられること，③昇進における決定的選抜の時期までに長期にわたり複数の評価者による評価が積み重ねられることから，昇進にかかわる評価の公平性を確保しやすいなどの利点がある。とりわけ，①の長期にわたるインセンティブ付与の効果は，長期の雇用保障を重視する日本企業に適した仕組みと考えられる。

▷3　小池和男，2005，『仕事の経済学（第3版）』東洋経済新報社

　日本においては，すでに指摘したように，英米のように職務の価値ではなく職務遂行能力に基づく職能資格制度が普及している。そのため，昇進の機会としては，役職昇進（狭義の昇進）のほかに，職能資格上の昇格という昇進（広

義の昇進）の機会がある。管理職ポスト数に制約があることから役職昇進の機会が限定されるなか，日本企業の多くでは，役職昇進の可能性がない社員に対しても長期的に「管理職層」（管理職と位置づけられる職能資格等級上の地位）への昇格の機会を用意してきた。それにより，多くの社員に対してキャリアへの長期にわたるインセンティブを付与してきたといえる。

しかし他方で，このように昇進をめぐる決定的な選抜の時期が遅いことについては，①有能な人材を早期に抜擢し重要な役職で活用することで経営トップのリーダー層を効率的に育成することが難しくなること，②役職昇進しない社員に対しても管理者育成に関わる教育訓練を広く行うので，過度な費用負担が発生すること，③キャリアの後期になってようやく昇進の可能性がないことがわかった後に，社員が失望して仕事意欲を大きく減退させること，④社員がキャリアの早い段階で昇進に見切りをつけ，転職により他社でキャリアを伸ばす機会を阻害してしまうこと，などの問題点が指摘されている。

また，職能資格制度上の昇格の機会をキャリアの後期まで維持することに伴い，上述のように長期のインセンティブ付与の効果が期待できる半面で，多くの企業では，役職につかない管理職層が増えて人件費負担が増大した[4]。とりわけ社歴の長い大手企業においては，社員の勤続年数が延びた結果，管理職層の人件費負担が重くなってきた。

そうしたなか，企業は，①役職昇進や昇格の差をつけるタイミングを早くすることで有能な人材の早期の活用と効率的な育成をはかること，②職能資格制度上の昇格基準を明確にし，昇格における選抜を厳格化すること，③管理職層に対しては役職に応じた格付け制度（役割等級等）を導入して役職昇進を伴わない昇格の機会をなくすこと，などの制度改定を実施し，管理職層の人件費負担の軽減を試みる例が増えている[5]。

役職につかない管理職層への対応としては，役職昇進とは別に，専門職としてのキャリア・ルートを設ける企業も多い[6]。そして，役職昇進の場合と同様，こうした専門職制度における昇格についても，昇格基準をより明確にし，厳格に昇格の管理を行う傾向がみられる。それにより，上位資格者の増大による人件費負担の増加を防いだり，制度のフォーマルな趣旨通り，専門的な人材の育成や活躍を促したりすることがはかられている。

このような動きのほか，低成長や経営のスリム化，定年延長に伴う勤続の長期化，迅速な意思決定等をめざした組織のフラット化（管理階層の縮小）などが進んで，社員にとって昇進の機会は限定されつつある。今後は，早いうちに昇進の可能性が判明し，昇進への機会に期待をもてなくなる多くの社員の仕事意欲をいかに維持し，活用していくかが人事管理上の大きな課題となろう。

（佐野嘉秀）

▷4 八代充史，2002，『管理職層の人的資源管理』有斐閣

▷5 石田光男，2006，「賃金制度改革の着地点」『日本労働研究雑誌』55

▷6 八代充史，2002，『管理職層の人的資源管理』有斐閣

Ⅲ　企業内キャリアと人事管理

8　人事評価と「成果主義」

1　人事評価の機能

　企業が人事管理を行う上で，人事評価は重要な役割を果たしている。人事評価とは，働く人について，各人の能力や意欲，仕事や成果などを評価し，その結果を賃金や昇進，配置転換，能力開発などのさまざまな決定に役立てるための手続きのことを指す。人事考課や査定とも呼ばれる。

　ホワイトカラーだけでなくブルーカラーの労働者に対しても人事評価が広く普及していることは，欧米諸国と比べた場合の日本の特徴でもある。日本企業において，人事評価の結果は，社員の昇進や昇格に大きな影響を与える。また，人事評価の結果を賃金に大きく反映させるような処遇制度を持つ企業も少なくない。そのため，社員の多くは自分への人事評価の結果に大きな関心を持ち，よりよい評価結果をめざして仕事に取り組んでいる。人事評価の存在が仕事へのインセンティブとして機能しているのである。

　しかし反面，人事評価の結果が，社員にとって納得のいかないものであると，かえって社員の不満を高めたり，仕事への意欲を失わせたりする結果にもなりかねない。そのため，人事評価を行う上では，人事評価の仕組みや運用のあり方，評価結果に対する社員の納得度を高める取り組みが重要となる。

　社員にとっての納得度を確保しながら，適切な成績の差をつける評価を実現する上での問題として，①被評価者に特にすぐれた特性や特に劣った特性があると，それにより総合的な評価が大きく左右されてしまう「ハロー効果」や，②評価者が自分の評価に自信が持てないため，寛大な評価をつけてしまう「寛大化傾向」，③差をつける評価をさけた結果，評価結果が中位に集中してしまう「中心化傾向」などが指摘されている。評価者に対して適切な人事評価の仕方を教える考課者訓練は，こうした問題の発生を抑え，公正な評価を実現するための重要な取り組みのひとつといえる。

　このほか，日本企業においては，ある社員の人事評価を直接の上司だけでなく，さらにその上の上司も行うというかたちで，多段階の評価を実施することが多い。たとえば，課長が1次評価を行い，さらに部長が2次評価を行う。それによって課長による評価の誤りを修正したり，異なる課のあいだの評価基準の「厳しさ」や「甘さ」を調整して一致させたりする。こうした多段階の評価は，組織の広い範囲で評価基準を統一し，公正な評価を実現するための取り組

▷1　石田光男, 1990,『賃金の社会科学——日本とイギリス』中央経済社

みといえる。

2 人事評価基準と目標管理制度

　人事評価において用いられる評価のための基準はさまざまである。評価の基準とされる要素に着目して人事評価のあり方を大きく分けると，働く人の仕事に関わる能力（技能）を評価する能力評価，仕事への取り組み姿勢や意欲を評価する情意評価，仕事の価値を評価する職務評価，業績を評価する業績評価などがある。多くの企業は，これらの評価基準のいくつかを組み合わせて人事評価を行っている。また，同じ企業のなかでも，社内でのポジションや仕事内容などのちがいに応じて異なる評価基準が用いられることも多い。

　いずれにせよ，企業は，評価基準およびその組み合わせの選択を通じて，社員に企業として期待する行動の指針を示すことになる。たとえば，企業が管理者の評価において部下育成に対する評価の比重を高く設定する場合，そうした評価基準の内容から，管理者は企業が自分に対して部下育成の役割を期待していることを読み取る。そして，実際に部下の育成に積極的に取り組むようになることが期待できよう。このように，企業にとって評価基準の設計は，社員に行動の指針を示し，その行動に影響を与える効果を持つと考えられる。

　ところで，日本企業では，近年，主としてホワイトカラーの業績評価の手段として目標管理制度が用いられることが多くなっている。目標管理制度とは，評価期間（通常は1年間）の初め（期初）に，上司と部下とのあいだで話し合い，評価期間における業績目標を決める。そして，評価期間の終わり（期末）に，そうした業績目標の達成度（「成果」）を評価し，人事評価に反映させる仕組みである。こうした目標管理制度は，社員の「成果」を短期的に処遇に反映させようとする「成果主義」のもとでの評価の仕組みとして広く普及しつつある。

　とはいえ，目標管理制度による業績評価の結果（「成果」）をどの程度，賃金等の処遇に短期的に反映させるかについては，企業により大きなちがいがある。なぜならば，①個人の成果は，技能や意欲，行動だけでなく，配属された職場や仕事，市場環境などにより大きく左右されうる。そのため成果重視の評価や処遇は，たとえば成果のあげにくい職場に配置された人の不公平感を高め，仕事意欲を低下させることにもなりかねない。また，②短期的な成果を重視しすぎると，目先の業績達成のため，すぐには成果をあげにくい未経験の仕事にチャレンジし技能を伸ばしたり，すぐには売上に結びつきにくい顧客開拓のための営業活動を行ったりといった，将来のために投資する行動を社員がとりづらくなる。その結果，長期的にみると高い成果をあげられなくなってしまう可能性もある。それゆえ，このような負の影響を考慮して，人事評価に占める成果による評価の比重をあえて小さく抑えたり，賃金への短期的な反映を行わなかったりする企業も少なくない。

（佐野嘉秀）

▷2　今野浩一郎・佐藤博樹，2009，『人事管理入門（第2版）』日本経済新聞社

▷3　中村圭介，2006，『成果主義の真実』東洋経済新報社

▷4　守島基博，2009，「人材育成の未来」佐藤博樹編『人事マネジメント』ミネルヴァ書房

III 企業内キャリアと人事管理

9 企業の賃金管理と「年功賃金」

① 「報酬」としての賃金と「コスト」としての賃金

　賃金は，働く人にとって労働の対価として受け取る重要な報酬であり，賃金のあり方は働く人の仕事への意欲に影響を与える。また，働く人の企業への定着度合いにも影響を与える。さらに，入社や転職を考える人にとって，企業の提示する賃金水準や賃金の仕組みがどのようになっているかは，企業を選択する上で大事な判断基準となろう。したがって，賃金のあり方は企業の採用状況にも影響を与える。

　しかし，社会が豊かになると，仕事上のやりがいや職場での人間関係，上司や同僚などからの評価，さらには仕事とそれ以外の生活（家庭生活や地域社会での生活等）とを両立させやすいような労働時間の短さなど，賃金以外の要因が働く意欲に大きな影響を与えるようになる。多くの人にとって，賃金は，これらの多様な動機づけ要因のなかのひとつにすぎない。

　とはいえ，多くの人が雇われて働く雇用社会において，賃金は働く人の生活の基盤となる。そのため，多くの人にとり，賃金は依然として大きな関心事である。また，賃金の額は，通常，企業による働く人への評価を反映している。それゆえ，働く人にとって賃金は，企業による自分への評価を読み取るシグナルとしても重要な意味を持つ。ときとして，生計に関わる賃金の額自体よりも，このように評価の反映として賃金が持つ意味のほうが，働く人の意欲に影響を与える。たとえば，パート・アルバイトとして働く人が自分の賃金の水準を不満に思うのは，賃金額の低さ自体よりも，同様の仕事を行う正社員と比べて自らの賃金が低いことによる場合が多い。非正社員は，こうした賃金の比較を通じて，自分の企業への貢献が正社員と比べて公正に評価されていないことを読み取り，不満を感じているのだと考えられる。

　企業にとり，賃金は労働費用という金銭的なコストでもある。企業にとっては，働く人の仕事意欲や定着，採用などに関わる人事管理上の効果と，賃金支払いに伴うコスト負担とのバランスを考えながら賃金管理を行うことが課題となる。労働費用には，定期的に現金で支払われる現金給与と，退職金や福利厚生費などが含まれる。このうち，特に現金給与の企業による管理のことを賃金管理と呼ぶ。現金給与はさらに，毎月決まって支払われる給与と，賞与・期末手当とに分けられる。毎月決まって支払われる給与はさらに，会社が定めた通

▷1　島貫智行, 2007, 「パートタイマーの基幹労働力化が賃金満足度に与える影響」『日本労働研究雑誌』568

▷2　今野浩一郎, 2009, 「労働費用と個別賃金管理」佐藤博樹編『人事マネジメント』ミネルヴァ書房

常の勤務時間にあたる所定労働時間に対応して支払われる所定内給与と、それを超えた労働時間に対して支払われる所定外給与（残業手当等）に分かれる。所定内給与はさらに、基本給と諸手当から構成される（表Ⅲ-9-1参照）。

表Ⅲ-9-1　給与の内訳

現金給与	毎月決まって支払われる給与	所定内給与	基本給
			諸手当
		所定外給与（残業手当等）	
	賞与・期末手当		

　企業が行う賃金管理は、企業における賃金の総額をどう決めるかに関わる総額賃金管理と、社員各人の賃金にあたる個別賃金をどう設定するかに関わる個別賃金管理とに分けられる。このうち、個別賃金は賃金総額をどう各社員に配分するかに関するルールである賃金制度によって決まる。したがって、個別賃金管理においては、賃金制度の設計や運用が重要な位置を占める。

　賃金制度のうち、現金給与の多くを占める基本給についての制度は、通常、社員格付け制度と密接に結びついている。たとえば、日本で広く普及している職能資格制度のもとで社員はそれぞれの職務遂行能力の程度にしたがって対応する等級（資格）に格付けされる。そして、労働市場における賃金の相場を参考にしながら等級ごとに賃金額を対応づけることで、社員各人の基本給のおおよそが決まってくる。このように職務遂行能力に応じて賃金が決まる仕組みを職能給と呼ぶ。他方、米英の企業では、格付け制度として職務の価値に応じて働く人を格付ける職務等級制度が普及しており、基本給の仕組みとしては職務の価値に応じて賃金が決まる職務給が一般的である。

2　「年功賃金」の合理性

　ところで、日本企業における社員の賃金は、年齢や勤続年数に従って上昇する傾向がみられる。こうした年功賃金は、日本だけでなく、たとえば職務給が一般的な米英のホワイトカラーなどでも確認されている。

　年功賃金については、①企業が社員の生活の安定をはかることを重視し、年齢とともに増加する生計費の水準に合わせて、賃金額を決めているからという説明（生活保障仮説）や、②年齢や勤続年数に応じて社員は技能を向上させ、それに合わせてより価値の高い仕事についたり、仕事の能率やサービスの質、個人業績といった企業への貢献度が高まったりする。このような貢献度の伸びに応じて企業が賃金額を決めているという説明（能力反映仮説）、③とりわけ日本については、企業が、社員の長期の定着をはかるため、働き盛りの年齢層のときには企業への貢献度からみて低めに賃金を支払い、キャリアの後期において貢献度からみて高めに賃金を支払う「後払い」の賃金体系を用意しているからだという説明（賃金後払い仮説）、などが行われている。③の「後払い」の賃金体系のもとでは、社員は低めに支払われていた分の企業に対する賃金の「貸し」を定年まで勤めることで取り返そうとするため、長期の勤続が促されると考えられる。

（佐野嘉秀）

▷3　小野旭, 1989,『日本的雇用慣行と労働市場』東洋経済新報社

▷4　小池和男, 2005,『仕事の経済学（第3版）』東洋経済新報社

▷5　ラジアー, E.P., 樋口美雄・清家篤訳, 1998,『人事と組織の経済学』日本経済新聞社。Ⅰ-11参照。

Ⅲ 企業内キャリアと人事管理

10 多様化する雇用区分の管理

1 雇用区分とは何か

　日本企業においては，自社が雇用する人材を呼称の異なるいくつかの区分に分け，それぞれに異なるキャリアや人事制度を適用する慣行がみられる。その際，期間の定めのない雇用関係を結び，長期雇用を前提とした活用をはかる区分を正社員として位置づける。他方，有期の雇用関係を結ぶなどして，必ずしも長期の活用を想定しない区分を非正社員として位置づけることが多い。

　また，正社員の区分のなかでも，「総合職」と「一般職」とを分けたり，非正社員についても「パート」や「アルバイト」，「契約社員」などとして，さらに細かい区分を設けたりすることもある。このように，自社が雇用する人材についての呼称の異なる区分が，雇用区分である。また，特に正社員の雇用区分のことを社員区分ということもある。

　企業が複数の雇用区分を設ける主な目的は，仕事内容やキャリアが異なる人材を複数の区分に分けて管理することにある。通常，企業は，正社員に区分される人材に対しては企業内での長期的なキャリア形成の機会を用意し，配置転換や役職への昇進等を通じて，勤続に応じてより高度な仕事を担当させていく。他方，非正社員と区分される人材には，より限定された範囲の仕事を担当させることが多い。

　正社員のなかでも，基幹的な仕事を担う「総合職」と，より補助的ないし定型的な仕事を担当する「一般職」の区分を分ける企業は多い。このうち，「総合職」に対しては転勤を伴う事業所間の配置転換の指示に従う義務を課す一方で，上位の役職への昇進の機会を開いている。これに対し，「一般職」には事業所間の配置転換を行わなかったり，転居を伴わない範囲に限り，配置転換の指示に従う義務を課す企業が多い。他方で，制度上，「一般職」の昇進の上限は「総合職」よりも低く設定される傾向にある。

　なお，「総合職」と「一般職」の区分は，1985年制定の男女雇用機会均等法への対策として企業が取り入れてきた経緯を持つ。男女間でみられる昇進機会などのちがいを，性別に基づく取り扱いのちがいではなく，雇用区分のちがいに対応するものとして整理したといえる。法律上は「一般職」として女性のみを採用することは禁止されている。しかし，雇用区分設定時の経緯もあって，「一般職」への求職が女性に偏り，「一般職」のほとんどが女性である企業も多

▶1　佐藤博樹・佐野嘉秀・原ひろみ，2003，「雇用区分の多様化と人事管理の課題」『日本労働研究雑誌』518

い。

　これに対し，近年では，正社員の雇用区分を転勤の範囲により整理し，全国各地へと転勤する社員（「ナショナル社員」など）と転居を伴わない範囲のみで転勤する勤務地限定社員（「エリア社員」など）というかたちで雇用区分を設ける企業も増えつつある。こうした勤務地限定社員も，全国への転勤がある正社員と比べて，昇進できる役職の上限は低く設定されることが多いようである（事業所長までなど）。

❷ 雇用区分を分ける目的

　企業としては，このように仕事内容や企業内でのキャリアのちがいに応じて雇用区分を分けることで，第一に，仕事内容やキャリアのちがいに応じた教育訓練の体系を用意したり，処遇の仕組みを適用したりすることができる。たとえば，正社員の区分の人材に対しては，技能向上を促すため，職務遂行能力に基づく賃金制度を設ける一方で，非正社員の区分には仕事内容に応じた賃金制度を適用することなどがその例である。

　第二に，働く人の自分の今後のキャリアについての希望（キャリア志向）のちがいに応じるかたちで，企業内でのキャリア形成の機会を提供することができる。それにより，働く人にとっての企業の魅力を高め，よい人材を採用しやすくしたり，働く人の仕事意欲を高めたり，定着化を促したりすることが期待できる。たとえば，介護の都合などで親の住む地域を離れることが難しい人にとって，勤務地限定型の雇用区分が選択できることは，企業での勤続を容易にするはずである。

　このほか企業は，労働時間の長短など，働き方のちがいに応じて複数の雇用区分を設けることもある。短時間勤務が可能な働き方として，パート社員やアルバイト社員の区分を設けることなどがその例にあたる。そうすることで，働く人の働き方についてのニーズに対応し，企業としての魅力を高めることが期待できよう。

　もちろん，企業の選択肢としては，複数の雇用区分を設けるのではなく，働く人それぞれのキャリアや働き方についての希望に対応するかたちで，個別にキャリア形成や教育訓練の機会，処遇や労働時間などの労働条件の設定を行うことも考えられる。しかし，そのために必要とされる社員各人のニーズの把握や，キャリア・労働条件の設定のための社員との個別的な交渉・調整には，多くの手間がかかろう。それゆえ，企業としては，こうした管理コストの増大を抑える上で複数の雇用区分を設け，同じ雇用区分の人材については，ある程度，均質に管理することが効率的なのだと考えられる。

　　　　　　　　　　　　　　　　　　　　　　　　　　　　（佐野嘉秀）

▶2　佐野嘉秀，2009，「非典型雇用の人材活用」佐藤博樹編『人事マネジメント』ミネルヴァ書房

▶3　奥西好夫，2007，「雇用形態の多様化と人材開発」奥西好夫編『雇用形態の多様化と人材開発』ナカニシヤ出版

Ⅲ　企業内キャリアと人事管理

11 非正社員の活用と人事管理

1 「正社員」と「非正社員」のちがい

　日本企業において，自社が雇用する人材をいくつかの区分に分けて活用する人事管理が広がっている点はⅢ-10で示した通りである。そうしたなか，近年では，多くの企業が特に「非正社員」として活用する人材の比率を高めるようになっている。

　そもそも「正社員」と「非正社員」とで，法律上，明確な区別の基準があるわけではない。基本的には，企業が「正社員」として位置づける人材が「正社員」となり，「非正社員」と位置づける人材が「非正社員」となる。有期の雇用契約で「正社員」を雇用しても，法的に問題があるわけではない。また，反対に，期間の定めのない雇用契約で「非正社員」を雇っている企業も，実は小さな企業を中心として少なくない。

　とはいえ，現状においては，正社員や非正社員としての働き方に，多くの企業で共通の「相場」がそれぞれできていることも事実である。実際，正社員の働き方としては，期間の定めのない雇用契約のもと企業と長期的な雇用関係をむすび，勤務時間が長いフルタイム勤務であることが多い。他方，非正社員の場合，1ヶ月，3ヶ月，半年などの有期の雇用契約のもとで企業に雇われることが多く，勤務時間も短いパートタイム勤務であることが少なくない。

2 非正社員を企業が活用する目的

　それでは，なぜ，企業はこうした非正社員を多く活用するようになっているのだろうか。企業が非正社員を活用する目的に関しては，「数量的フレキシビリティー（numerical flexibility）」を確保するためと説明する議論がある[1]。ここでいう数量的フレキシビリティーとは，労働需要の変化にあわせて要員数を迅速かつ容易に調整することを指す。たとえば，非正社員の勤務時間を業務の集中する時間帯にあわせて短く設定したり，業務量が多い期間だけ有期雇用で非正社員を雇えば，業務量に必要十分なだけの労働力を利用することができる。

　パート社員やアルバイトといった呼称で人を雇う場合に短い勤務時間で雇用契約を結んだり，契約社員などとして人を雇う場合に期間の限りのある雇用契約をむすんだりするのは，こうした数量的フレキシビリティーを充足するためと考えることができる。企業は，非正社員の活用により数量的フレキシビリ

▷1　Atkinson, J., 1985, "Flexibility, Uncertainty and Manpower Management", IMS Report No89, Institute of ManpowerStudies.

ティーを得ることで，余分な人件費を支払わずにすむのである。

この点に関して，表Ⅲ-11-1は，パート社員と契約社員を雇用する主な理由について事業所に尋ねた結果である。これをみると，パート社員については，「1日，週の中の仕事の繁閑に対応するため」や「長い営業（操業）時間に対応するため」，「景気変動に応じて雇用量を調整するため」といった理由が上位にあげられている。こうした結果は，企業が変化する労働需要にあわせて要員数を迅速かつ容易に調節するため非正社員を雇用しているとする上記の議論を支持しているといえよう。

表Ⅲ-11-1 非正社員を活用する理由（複数回答）

	短時間のパート	契約社員
第1位	賃金の節約のため（47.2%）	専門的業務に対応するため（41.7%）
第2位	1日，週の中の仕事の繁閑に対応するため（41.2%）	即戦力・能力のある人材を確保するため（37.3%）
第3位	賃金以外の労務コストの節約のため（30.8%）	賃金の節約のため（30.2%）
第4位	長い営業（操業）時間に対応するため（23.8%）	正社員を確保できないため（17.1%）
第5位	景気変動に応じて雇用量を調整するため（23.2%）	正社員を重要業務に特化させるため（15.1%）

出所：厚生労働省，2011，『平成22年就業形態の多様化に関する総合実態調査報告』

このほか，日本において，パート社員や契約社員等の非正社員の賃金は，正社員の賃金と比べ低い傾向にある。それを利用して要員あたりの人件費を低くし，「賃金の節約」をはかることも，企業が非正社員を雇用する目的となっている。また，「専門的業務に対応するため」や「即戦力・能力のある人材を確保するため」といった契約社員活用の理由に見られるように，自社で時間をかけて人材を育成するのでなく，すでに一定の技能を身につけた人材を社外から採用して活用しようという目的も大きい。

総じて，業務量に合わせた要員の調整による人件費の抑制，教育訓練にかけるコストの低減など，人材活用に関わるコストを抑えることが，企業の非正社員活用の重要な目的となっていることがわかる。

3 非正社員の活用と人事制度上の工夫

いずれの目的で非正社員を活用するにせよ，非正社員として働く人に仕事への意欲を持ってもらうことは，企業にとって重要な課題となる。特に，非正社員を幅広い仕事で活用したり，非正社員の活用数が多いなど，仕事の運営において非正社員への依存度が大きい場合には，その重要性は高い。

そこで，企業のなかには，人事制度上の工夫を通じて，非正社員の仕事への意欲を高めようとする企業も多い。そのような制度としては，①技能や仕事内容を評価する評価・賃金制度，②働く側が勤務の時間帯や曜日，労働時間を選べるような労働時間の仕組み，③正社員への登用制度などがあげられる。非正社員を活用する企業にとって，このような人事制度上の工夫のほか，任せる仕事内容に対応した教育訓練の充実等を通じて，仕事の質や能率を向上させることが大きな課題となっている。

（佐野嘉秀）

▶2 本田一成，2007，『チェーンストアのパートタイマー——基幹化と新しい労使関係』白桃書房

Ⅳ　職場の中での生活

1 コミュニティとしての企業

1 コミュニティとしての性格が強い日本企業

R.マッキーバーは，特定の類似した関心や目的を持つ人々がそれらを達成するために形成した人為的集団を「アソシエーション」と定義し，営利を目的とする集団である企業もこの類型に該当するとした[1]。しかし，現実の企業のあり方，特に日本企業の集団としてのあり方は，「コミュニティ」的なものとしてしばしばとらえられてきている。

日本企業の人事労務管理を調査研究した松島静雄は，企業のさまざまな取り組みとその背景にある意図から，日本の企業が持つ家族主義的なコミュニティとしての性格を明らかにした[2]。また，日英の比較研究を行ったR.ドーア[3]，間宏は，共に日本の企業 – 従業員関係におけるコミュニティ的性格の強さを指摘する[4]。彼らが「コミュニティ的性格の強い」日本企業から見出したのは，①企業と従業員の間の雇用関係が従業員側の企業への忠誠と企業側の従業員の生活を守るための努力との交換を内容とする，心理的でかつ長期的な関係へと変化する，②「わが社」の一員であるという意識が労使の区別なく共有されている，といった集団としての特徴であった。

稲上毅は[5]，コミュニティとしての性格の強い日本企業を支えているのが日本型の雇用システムであり，このシステムが，①従業員（正社員）の長期的な生活保障と，②従業員の長期的な能力開発を最重要の目的として編成されているととらえる。そして長期的な生活保障は，新卒採用者または若年の中途採用者を定年まで雇用し続けなければならないとする，規範的な意味合いまで含んだ長期安定雇用の慣行と，従業員のライフサイクルに見合った標準的な生計費を提供する年功賃金制度により現実化する。また，従業員の長期的な生活保障を実現する上で不可欠な，長期にわたる従業員の能力開発は，日々の仕事の中でのOJTと[6]，年功的な昇進管理，および昇進をめぐる従業員間の長期的な競争関係が持つ動機づけ機能によっている。

2 「コミュニティとしての日本企業」の変化

労働政策研究・研修機構編によれば，中堅・大企業の約8割は今後もできるだけ多くの従業員を対象に，長期安定雇用を維持していきたいと考えている[7]。一方，実際の従業員の勤続期間に目を向けると，大卒・大学院卒の50歳代前半

▷1　マッキーバー, R.M., 中久郎・松本通晴訳, 1975,『コミュニティ』ミネルヴァ書房

▷2　松島静雄, 1962,『労務管理の日本的特質と変遷』ダイヤモンド社

▷3　ドーア, R., 山之内靖・永易浩一訳, 1990,『イギリスの工場・日本の工場』ちくま文庫

▷4　間宏, 1974,『イギリスの社会と労使関係』日本労働協会

▷5　稲上毅, 1999,「日本の産業社会と労働」稲上毅・川喜多喬編『講座社会学6　労働』東京大学出版会

▷6　Ⅲ-5 参照。

▷7　労働政策研究・研修機構編, 2010,『企業における人事機能の現状と課題に関する調査』

の男性従業員の平均勤続年数は，大企業で緩やかにではあるが短くなる傾向にある（図Ⅳ-1-1）。この背景には中高年従業員の企業からの退出につながる，他社への出向・転籍慣行や，早期退職制度の普及などがある。

年齢・勤続年数の増加に伴い賃金が上昇していくという賃金カーブは，2000年以降も日本企業の間で維持されてきているが，2005年以降，こうした賃金カーブのあり方を修正していこうとする動きが顕著になっている（図Ⅳ-1-2）。厚生労働省の「2010年就労条件総合調査」によると，34.6％の企業が過去3年で賃金制度の改訂を行っており，その内容は，仕事上の業績や従事している仕事の内容を，賃金により反映していこうとするものが多い。

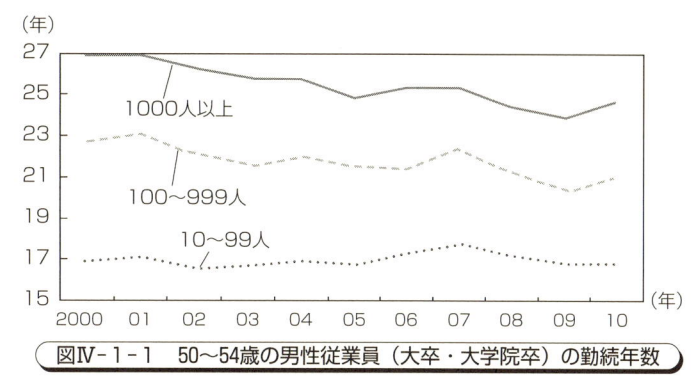

日本企業のコミュニティ性の強さを支える慣行は，徐々に変更を加えられているものの，基本的には維持されているといってよい。ただ，こうしたコミュニティ性の強さが今後さらに弱まっていく可能性を予想させる現象もまた生じつつある。そのひとつは，正社員の意識に関わる現象である。国際競争の激化や国内の高齢化，人口減少に伴い，企業は成長の見通しを描きにくくなっており，多くの従業員に一定の役職までのキャリアを保障できる組織体制を維持することが難しくなりつつある。実際，大卒・大学院卒の従業員のうち，40歳代前半で課長職についている者の割合は1990年の32.3％から2008年には22.1％にまで低下している。[8] こうした中で今の勤務先に定着し，強くコミットメントしようと言う従業員は大企業でも少数派になりつつある。[9]

いまひとつの現象は，日本企業のコーポレート・ガバナンスにおける変化である。大半が長期勤続の従業員から選抜された日本企業の経営陣は「株主の代理人」[10]としてふるまうことはあまりなかった。しかし金融のグローバル化や，メインバンク制の衰退などを背景として1990年代後半になると「株主重視」経営の重要性が叫ばれるようになり，大企業を中心に社外の株主の意見をより積極的に取り入れようとする動きが広がった。こうした動きは，経営陣の雇用慣行に対する考え方の変化などを通じて，企業のコミュニティ性に影響を与える可能性をはらんでいる。

（藤本　真）

図Ⅳ-1-1　50～54歳の男性従業員（大卒・大学院卒）の勤続年数

出所：厚生労働省「賃金構造基本調査」より作成。

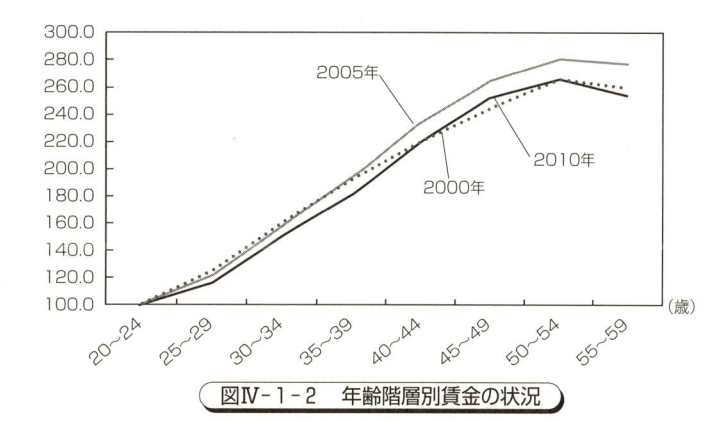

図Ⅳ-1-2　年齢階層別賃金の状況

出所：厚生労働省「賃金構造基本調査」より作成。
注：1000人以上企業に勤務する男性・大学，大学院卒従業員，20～24歳＝100

▷8　労働政策研究・研修機構編，2010，『ユースフル労働統計2010』

▷9　佐藤厚，2011，『キャリア社会学序説』泉文堂

▷10　ドーア，R., 2006，『誰のための会社にするか』岩波新書

Ⅳ 職場の中での生活

2 職場集団と職場秩序
企業内秩序を構成する原理

1 職場集団とその機能

「職場」とは仕事が行われる場所であり,「職場集団」とは仕事を中心に構成されている社会集団である。職場集団は,組織内ではたらく個々人に対し,組織のより上位の単位から細分化されてきた到達目標を踏まえつつ,担当するべき具体的な仕事を配分する場となる。さらに,任せられた仕事を個々人がどの程度達成しえたかが最初に評価されるのも職場集団においてであり,この評価が個々人の処遇に大きな影響を与える。以上の仕事の割り振りから評価にいたるまでの一連の流れは日々の「就業管理」と呼ぶことができ,範囲が明確な「職務」の組み合わせによって構成されている欧米の事業組織に比べて個人が担当する仕事の範囲があいまいな日本の事業組織では,組織において就業管理の持つ意味合いがとりわけ大きい。

事業組織の運営上重要な職場集団の機能としてはもうひとつ,仕事を進めていくなかでの教育訓練(On the Job Training,以下「OJT」と記載)の主要な場となり,事業組織で働く個々人にとって仕事上必要となる能力の育成・開発を行っているという点を挙げることができる。就業管理において個々人の能力向上を促す目的で仕事を配分することも,職場集団による育成・能力開発の一側面と言える。

以上のように職場集団は事業組織の運営にあたって大きな役割を持つことから,**QCサークル**[1]や**カイゼン運動**[2]といった事業の見直しを目的とする活動は,多くの場合,職場内での取り組みを中核としている。また,職場集団における状況がそこで働く個々人の労働条件や職業能力の向上,キャリア形成を大きく左右しているため,労働組合が使用者とのコミュニケーションを進める際には,職場委員などを通じて職場の実態を把握し,使用者側への要求や提言に織り込んでいくことが基本となる。

職場集団は,事業組織の運営の単位としての側面・機能を持つフォーマル・グループであると同時に,集団を構成する個人間の私的な交流が展開されるインフォーマル・グループともなりうる。そしてインフォーマル・グループとしての性格がフォーマル・グループとしての生産性を左右しうることはE.メイヨーやF.レスリスバーガーが実施したホーソン実験(1927~1932)[3]における重要な知見(この知見に基づく議論・研究を「人間関係論」という)であり,そ

▷1 QCサークル
職場内で小グループにより自主的に行われる品質管理活動。

▷2 カイゼン運動
工場の作業者などが職場で自主的に行う,生産性向上や安全確保などに向けた活動。

▷3 Ⅻ-6 参照。

の後の産業社会学の本格的な発展へとつながっていく。

　こうしたインフォーマル・グループの性格が反映される職場集団の機能として，事業組織で働く個々人が感じる苦情や不満を解消する機能がある。厚生労働省の『労使コミュニケーション調査』（2004年）によると，過去1年間に不平・不満を申し立てた従業員のうち77.8％は職場の上司に申し立てており，労働組合（15.1％）や苦情処理委員会等の機関（1.3％）に申し立てた人よりもはるかに多い。

❷ 職場集団の機能低下

　いくつもの重要な役割を果たしている職場集団であるが，近年その機能が低下していることをうかがわせる事実がさまざまな統計などに現れている。たとえば，厚生労働省『能力開発基本調査』の2008年度の結果を見ると，回答事業所の実に7割が自事業所での人材育成には問題があると考えており，具体的な問題点として，約半数の事業所が指導する人材の不足や人材育成を行う時間の不足など事業所内において人材育成のための人や時間をやりくりできないと言った点を挙げている。

　また，個々の労働者と事業主との間での雇用・労働条件に関する紛争（個別紛争）に関わる相談の件数は，2001年度の約10万3000件から2010年度には約24万6900件と2倍以上に増加している。相談件数の増加要因としては，相談できる仕組みの定着や景気の悪化なども考えられるが，職場集団の苦情処理機能が低下し，処理しきれなくなった個々人の不平・不満が社外に噴出しているためと見ることもできる。

　機能低下の要因としてまず挙げられるのは，人件費管理の進行に伴う職場人数の減少である。1990年代後半以降，多くの日本企業が業績に見合った適正な人件費水準を模索し，採用の抑制や早期退職募集といった人員削減策を行った。その結果，従来果たしてきた機能を維持していくのに必要な人数が職場で確保できなくなった。また，パート，契約社員や派遣社員といったいわゆる非正社員の活用が多くの職場で進み，職場で働く個々人の間でのコミュニケーションを円滑に行っていくことが難しくなったことも機能低下の要因と考えられる。

　1990年代に進んだ評価・処遇における「成果主義」の導入も職場集団の果たしうる機能に影響したとみられる。「成果主義」の導入とは，従業員個々人の仕事上の目標とその達成度をより明確にする「人事管理の個別化」でもあった。個々人の仕事上の目標がより意識されるようになる一方で，個々人の仕事における目標としては意識されにくい後輩の育成や，不満や相談への対応は職場において取り組まれにくくなる。また，人事管理を個別にした結果，職場のリーダーである中間管理職層が自らの仕事上の成果をより強く問われるようになったことも，職場集団の機能低下をもたらす要因と考えられる。　　（藤本　真）

参考文献
津田真澂，1995，『新・人事労務管理』有斐閣
河合太介・高橋克徳・永田稔・渡部幹，2007，『不機嫌な職場──なぜ社員同士で協力できないのか』講談社現代新書

Ⅳ　職場の中での生活

3　技術革新と職場・仕事の変化

1　オートメーション化・ME化の職場・仕事への影響

　事業運営や仕事の遂行にあたって新しい技術を導入するという意味での技術革新（innovation）は，働く人々の仕事の内容や，仕事が行われる職場のあり方にとりわけ大きな影響をもたらす。新たな技術の導入による仕事や職場の変化としてしばしば想定されるのは，人間の行ってきた仕事を機械が代行することで生じる仕事内容の「単純化・単調化」や，技術を用いての事業運営や組織管理を指揮する知識労働者とその指揮のもとで働く単純労働者との「二極化」である。あるいは新たな技術の導入により，人間が仕事をする中で培ってきた経験はあまり価値を持たなくなり，同じ組織で長期間働いてきた人を高く処遇する年功的な賃金制度は技術革新に伴いなくなるとも言われてきた。

　ではわが国の仕事や職場には技術革新の影響がどのようなかたちで現れてきたのだろうか。第二次大戦後にわが国も含めて世界的な規模で生じた技術革新としてまず挙げることができるのは，操作やコントロールを自動的に行うことができる機械・装置システムの導入，いわゆる「オートメーション化」である。間宏はオートメーション化を進める1960年代のわが国の工場を調査・分析し，次のようにまとめている。すなわち，オートメーションの導入当初は，手先の器用さや経験に基礎をおく技能労働よりも機械・装置に関する一般的知識やそれらを駆使した知能労働が重視され，大学卒の技術者による現場管理が強まる。しかしオートメーションが職場に定着してくると，日常の作業内容や不具合が起こった時の対処方法なども定まっていき，仕事の中でこれらを身につけた技能者を中心に作業が進められていく。オートメーション化が進められる中で，勤続とは関係なく仕事に必要な知識や能力（「職務遂行能力」）に基づいて賃金を支払う制度が作られるが，技術の定着段階にこの制度のもとで高く評価されるのは，長く勤続してより多くの知識・能力を身に付けた経験豊富な従業員であり，結果として年功的賃金が維持されることとなる。

　1970年代後半からは，パソコンや産業ロボットなどマイクロエレクトロニクス（ME）技術を活用した情報機器や生産設備の導入（「ME化」）がわが国の多くの職場で進んだ。小池和男はME化が進んだわが国の製造現場において，単純作業と高度な知的作業の担当者がはっきりと分けられていることは少なく，このふたつのタイプの作業がひとりの労働者の中ではキャリアとして連続して

▶1　間宏，1963，「オートメーションと労務管理」『日本労働協会雑誌』52

いることが多いと指摘し，こうしたキャリアの中で労働者は「知的熟練」を形成していると指摘した。「知的熟練」とは，製品や生産プロセスに問題が生じた場合に迅速かつ的確に対処することができる熟練であり，製品や生産プロセスに関する正確な知識，長年の作業経験，これらを基に問題が発生した原因を突き止めていく推理力によって支えられている。

　オートメーション化やME化に伴いわが国の職場や仕事に生じた変化を見ていくと，技術革新が仕事の単調化・単純化，あるいは労働者の二極化を必ずしも生じさせないこと，また長年の仕事の経験がむしろ重要性を高める場合もあることがわかる。わが国の職場や仕事においてこのようなかたちで技術革新の影響が現れる要因としては，長期雇用制度のもとで組織内の労働力を有効に活用することが日本企業の労務管理の基本であったことや，日本の職場が互いに切磋琢磨し，学習していく社員による集団として設計されてきたことなどが考えられる。

2　IT化に伴う変化

　ただ，近年，これまでとは異なるかたちで技術革新の影響がわが国の職場や仕事に現れつつある。たとえば，1990年代以降のわが国における情報技術の目覚ましい進展（「IT化」）は，より多くの事務作業を一定のやり方で容易に処理していくことを可能とした。こうした容易にできる仕事は，かつては正社員がキャリアの初期に担当するものとして位置づけられていたが，近年では人件費削減などの目的で非正社員が担当したり，社外にアウトソーシングされたりすることが増えている。非正社員やアウトソーシングの活用が増加する中で，容易に処理することができない，柔軟な対応力や論理的思考力などを求められる仕事を担うことが正社員には期待されており，オートメーション化やME化の際には目立たなかった「二極化」の傾向が，正社員と非正社員などとの間で生じていると言える。同様に1990年代後半以降，派遣・請負労働者が増加している製造現場でも，派遣・請負社員は短期間で習得できる現場作業を担当し，製品や設備に問題が生じた場合の技術面での対応は専ら正社員が行うという役割の固定化が見られる。

　また，IT化に伴いとりわけ明らかになったのは人々の働き方への影響である。インターネットやeメールなどにより，場所の制約をあまり受けることなく大量の情報を収集・伝達することが可能になったことで，サテライト・オフィスや自宅などでの勤務（「テレワーク」）のように新たな働き方の選択肢が生まれた。しかし，同時にIT化によって仕事の場と生活の場の間の垣根が低くなり，過重労働やそれに伴うさまざまな問題が生じうることも忘れてはならないだろう。

（藤　本　　　真）

▷2　小池和男・中馬宏之・太田聰一，2001，『もの造りの技能――自動車産業の職場で』東洋経済新報社

▷3　中馬宏之，2001，「イノベーションと熟練」一橋大学イノベーション研究センター編『イノベーション・マネジメント入門』日本経済新聞社

▷4　八幡成美，1985，「FA化と職務内容の変化」『季刊労働法』135

▷5　津田眞澂，1985，「現代の技術革新と人事労務」岡本康男・若杉敬明編『技術革新と企業行動』東京大学出版会

▷6　V-4 参照。

▷7　電機連合総合研究企画室，2004，『電機産業における業務請負適正化と改正派遣法への対応の課題――「電機産業における請負活用の実態に関する報告書」』

▷8　V-1 参照。

▷9　森岡孝二，2005，『働き過ぎの時代』岩波新書

参考文献

日本労働研究機構編，1999，『リーディングス日本の労働11　技術革新』日本労働研究機構

Ⅳ　職場の中での生活

4 労働時間制度と残業規制

1 労働時間制度のあゆみ

　18世紀後半から19世紀初頭にかけて産業革命が進展したイギリスでは，工場制機械工業が拡大し，それに伴い工場で働き賃金を受け取って生計を立てる賃金労働者が増加した。工場の経営者はできるだけ安い賃金でより長時間にわたって賃金労働者を働かせるほうがより多く自らの収益が増すため，イギリスの労働者の労働時間は産業革命の進展とともに急速に長くなっていき，1日12時間以上の労働や，30〜40時間連続で働く労働者も頻繁に見られるようになった。長時間労働は年齢や性別を問わずに強いられ，その結果，重病にかかったり，事故や災害で死亡したりする労働者や，年少の頃から長時間労働を続け肉体的・知的成長を著しく阻害された労働者などが数多く現れた。こうした事態の中からやがて長時間労働を規制し，労働者の保護を図るべきであるという社会運動が起こり，1833年に労働時間の上限に関する規定を盛り込んだ法律が制定されることとなる。同様の規制を設ける動きは19世紀中盤以降，他の欧米諸国でも進んだ。

　日本でも明治維新以降工業化が進み，先に工業化を経験した欧米諸国と同じく，長時間労働をはじめとする賃金労働者の劣悪な労働環境が社会問題として取り上げられるようになった。1911年には「工場法」が制定され，労働時間が規制されることとなったが，規制の対象は女性と16歳未満の労働者に限定され，また労働時間の上限も12時間であった。こうした労働時間規制は第二次大戦後に見直され，1947年に制定された労働基準法で，当時国際的な基準としてすでに確立していた「1日8時間労働制」が，原則としてすべての労働者を対象に導入されることとなった。

2 法定労働時間と残業規制

　現在の労働基準法では，1日8時間，週40時間を「法定労働時間」とし，法律上許される最長の労働時間と規定している。会社など労働者を使用して事業活動を行う使用者が法定労働時間を超えて労働者を働かせる場合（「法定時間外労働」という）には，法定時間外労働の時間に対して，通常の1時間当たり賃金の1.25倍の賃金を支払う必要がある。また，夜間の労働に関しても規制が設けられており，深夜（午後10時から翌日の午前5時まで）に従業員を働かせ

▶1　エンゲルス, F., 一條和生・杉山忠平訳, 1990, 『イギリスにおける労働者階級の状態──19世紀のロンドンとマンチェスター』岩波文庫

▶2　横山源之助, 1899, 『日本の下層社会』岩波文庫；農商務省編（犬丸義一校訂), 1903, 『職工事情』岩波文庫

表Ⅳ-4-1　継続勤務期間と取得できる年休の日数（フルタイム労働者）

継続勤務期間	6ヶ月	1年6ヶ月	2年6ヶ月	3年6ヶ月	4年6ヶ月	5年6ヶ月	6年6ヶ月以上
取得できる年休の日数	10	11	12	14	16	18	20

ると，通常の1時間当たり賃金の1.35倍の賃金を支払わなくてはならない。さらに2010年4月からは，労働者の1ヶ月の労働時間が法定労働時間＋60時間を上回る場合に，会社は60時間を超える労働時間に対して通常の1時間当たり賃金の1.5倍の賃金を支払うことが義務づけられた。なお，労働者が法定労働時間を超えて働いているにもかかわらず，使用者から法定労働時間を超えた時間に対して賃金が支払われない事態が，いわゆる「サービス残業」である。

使用者が労働者に法定時間外労働をさせようとする場合には賃金を割増して払うことが求められるほか，労働者と話し合った上で，①誰が，②どの程度，③どういう理由で，法定時間を越えて働くのかを決めた「労使協定」を結び，労働基準監督署に届けなければならない。この規制は労働基準法36条に定められているため，法定外労働時間に関する労使協定のことを「三六（さぶろく）協定」と呼ぶ。

もっとも上述のような日単位あるいは週単位の労働時間規制のみでは，時期や季節により業務量が大きく異なる会社などの場合には，割増賃金の算出などに手間がかかり，かえってサービス残業が広がる恐れがある。そこで，使用者が柔軟な労働時間管理をしやすくするための規制も設けられている。1週間，1ヶ月あるいは1年間の平均労働時間が法定労働時間以下であれば，特定の期間は割増賃金を払わずに法定労働時間より多く労働者を働かせることを企業に認める「変形労働時間制度」や，一定の時間幅で始業・終業時刻を変動させることができる「フレックスタイム制」，あるいは労働者の実際の労働時間に関係なく一定時間働いたものと見なすことができる「裁量労働制」などがこうした規制にあたる。

▷3　Ⅳ-5　参照。

休日についても労働基準法に規定があり，使用者は，毎週少なくとも1日以上の休日を設定しなければならないとされている。この休日に労働者を働かせた場合，使用者は通常の1時間当たり賃金の1.35倍を支払わなければならない。また，労働者は6ヶ月間継続して勤続し，その間8割以上出勤していれば，1年間に10日の年次有給休暇，いわゆる年休（給料が支払われる休日）をとる権利が与えられ，その後勤続が長くなるにつれて取得できる年休の日数は増えていく（表Ⅳ-4-1）。この年休に関する規定は，正社員，契約社員，パートタイム労働者と言った就業形態の違いに関わりなく適用される。ただし取得できる日数などは就業形態によって異なる。

（藤本　真）

参考文献

菅野和夫，2004，『新・雇用社会の法』有斐閣

Ⅳ 職場の中での生活

5 多様な勤務形態
フレックスタイム制・裁量労働制・テレワーク

1 「柔軟な」労働時間管理の導入

　企業による柔軟な労働時間管理を可能とし，さらには労働者自身による労働時間の配分を認めているのが「フレックスタイム制度」である。この制度のもとでは，ある一定期間の労働時間が法定労働時間を超えない限り，特定の１日または１週間で法定労働時間を超えて働いても，法定時間外労働として扱われない。実際の運用にあたっては，事業所で，①法定労働時間以下になるべき１ヶ月以内の一定期間，③コアタイム（労働者が必ず出勤しなければならない時間帯）・フレキシブルタイム（自由に出退勤できる時間帯）の開始終了時刻，などを定める必要がある。

　また，わが国の労働基準法には，「労働時間のみなし制」と呼ばれる，労働者が実際に何時間働いたかを使用者が把握していなくても，一定時間働いたこととみなして労働時間管理を進めることができるとする規定がある。労働時間のみなしが認められるのは，第一に，新聞記者や外勤の営業社員などのように，事業所の外で労働をしていることが多く，使用者が労働時間を算定することが困難な場合である。第二は労働時間の算定が可能であっても，労働時間の配分は労働者に任せ，労働の成果によって管理するほうが適切であると考えられる業務について労働時間管理を進める場合で，この場合に適用される制度を「裁量労働制」と呼ぶ。

　フレックスタイム制や裁量労働制といった柔軟な勤務形態を認める法律がわが国の労働基準法に設けられたのは1980年代後半である。柔軟な勤務形態が求められるようになったのは，第一に時差のある海外諸国の人々との連絡など国際的な就業行動が増え，またコンビニエンスストアのように夜間も事業を行ったりする組織が増えるなどした結果，変則的な勤務時間で働かなければならない労働者が数多く現れるようになったためである。第二の理由としては，産業構造の変化に伴い，労働の成果が必ずしも労働時間数に左右されないため，労働時間によって働きぶりを管理することが適切ではない仕事，たとえば研究者，デザイナーなどといった仕事に従事する人が増えたことが挙げられる。第三に，勤務する組織と一定の距離を置くことや，仕事と家庭の両立を望む労働者が年々増加してきたことも，柔軟な勤務形態の導入を後押しした。2009年に厚生労働省が実施した『就労条件総合調査』によると，フレックスタイム制，裁量

▶1　NHK放送文化研究所編，2000，『現代日本人の意識構造（第５版）』日本放送出版協会

労働制を導入する企業の割合はそれぞれ6.1%，3.1%で，適用対象となる労働者の割合はフレックスタイム制が8.5%，裁量労働制が1.5%である。ただし，従業員1000人以上の企業に限定すると，フレックスタイム制は31.9%，裁量労働制は15.6%の企業で導入されており，柔軟な勤務形態は大企業から広がりつつある。

フレックスタイム制や裁量労働制は職場での労働時間に関して労働者の意思をこれまで以上に反映できるようにした勤務形態であるが，情報通信機器やネットワーク等を活用すれば，就業場所の決定も労働者にゆだねることが可能になる。こうした勤務形態を「テレワーク」と呼ぶ。また，自宅を主な勤務場所とするテレワークは，「在宅勤務」と呼ばれることが多い。テレワークを導入している組織に導入目的をたずねてみると，作業内容があまり変化することがなく，仕事を進める上で職場での話し合いなどが求められないような業務を効率的に実施できることや，勤務者の通勤時間の短縮などの回答が比較的多く挙げられる。

▶2 総務省，2006，『通信利用動向調査』

2 導入に伴う課題

就業時間や就業場所を柔軟に設定することができる多様な勤務形態の導入は，一方で新たな課題を労使双方に投げかけている。労働政策研究・研修機構によれば，裁量労働制・みなし労働制が適用されている回答者の平均労働時間は1ヶ月で208.9時間と回答者全体の平均に比べ9時間近く長い。この結果は，労働者の意思を反映しやすい勤務形態が導入されても，職場で働く人員の管理や仕事量の管理なども併せて行われないと，仕事と家庭の両立という労働者のニーズがむしろ充たされにくい状態になることを示している。

▶3 労働政策研究・研修機構編，2006，『働き方の現状と意識に関するアンケート調査』

一方，テレワークでは，インターネットなどの情報通信インフラを通じて，使用者と労働者との間で適宜，業務に関する指示・連絡・報告がなされるため，使用者により管理されている多くの情報が，社外へと流出する危険性が避けられない。社外に持ち出された情報によって組織にさまざまな不利益が生じるのを防ぐためには，社員がテレワークを行っている時に利用できる情報を制限したり，持ち出した情報の取り扱いに関するルールを策定したりという施策が必要となる。また，テレワークが実施される場合，使用者側が労働者の実際の働きぶりを目の当たりにしないため，適切な就業環境で働いているかどうかのチェックをどのように進めるかも大きな課題となる。

フレックスタイム制度や裁量労働制度，テレワークの適用対象となることは，労働者にとっては，就業時間や就業場所の選択が自らの意思にある程度ゆだねられることと同時に，仕事上の成果も求められているということを意味する。そうした状況の下で成果を上げようとすると，労働者自身が，仕事の進行や仕事に対するやる気を適切にコントロールする必要性が高まる。　　（藤本　真）

参考文献
国土交通省『テレワーク人口実態調査』（各年度）
佐藤博樹・佐野嘉秀・藤本真・木村琢磨，2008，『パート・契約・派遣・請負の人材活用（第2版）』日本経済新聞社

Ⅳ 職場の中での生活

6 日本の労働時間の実態
日本は長時間労働か

1 日本人の労働時間

　2009年の日本の雇用者1人当たりの平均年間総実労働時間数は1714時間で，1990年の2064時間に比べると300時間以上減っている。欧米諸国に比べて労働時間が長すぎるとの批判などを受けて，平均年間総実労働時間数を1800時間程度にまで減らすことが1980年代後半に政策目標として掲げられるようになり，1988年の改正労働基準法の施行により法定労働時間が週48時間から週40時間となったことが労働時間減少の契機となった。集計対象が各国間で異なるため厳密な比較は難しいが，日本の労働者の労働時間は，韓国よりは短く，アメリカ，カナダと同程度，ヨーロッパ諸国よりは長いレベルにあると見ることができる（表Ⅳ-6-1）。

　日本の労働時間の実態をさらに細かくみていくと，通常フルタイムで勤務している正社員に限定してみても，年齢層や性別，従事する仕事などによってかなり状況が異なることがわかる。労働政策研究・研修機構が正社員を対象に実施したアンケート調査によると，男性回答者の月間平均労働時間は206.3時間なのに対し，女性回答者の平均は184.4時間と20時間以上短い。年齢層別に月間平均労働時間を集計したところ，30～40歳代の労働時間が長くなっている。また，月に240～300時間働く（週休2日制で働く場合にはほぼ毎日5時間以上の残業をしている状態）回答者の割合は男性，および30歳代で20％を超えており，いわゆる「働き盛り」の男性労働者が，過度の長時間労働になりやすい現状を見てとることができる（表Ⅳ-6-2）。職種別の状況を見ると，輸送・運転（225.7時間），現場管理・監督（213.3時間），営業・販売（211.3時間）といった業務に従事する人の労働時間が相対的に長くなっている。

　労働時間は勤務先の規模によっても異なってくる。厚生労働省が賃金や労働時間の実態を把握する目的で事業所を対象に実施している『毎月勤労統計調

▶1　労働政策研究・研修機構編，2006，『働き方の現状と意識に関するアンケート調査』

表Ⅳ-6-1　各国雇用者の1人当たり平均年間総実労働時間数（2008年）

日本	アメリカ	カナダ	イギリス	ドイツ	フランス	オランダ	韓国
1,792	1,797	1,725	1,638	1,353	1,475	1,301	2,057

出所：労働政策研究・研修機構編，2011，『データブック国際労働比較』p.189
　　元データは，OECD Database (http://stats.oecd.org/) "Average annual hours actually worked per worker"（2010年7月）および，OECD, 2010, "Employment Outlook 2010"．

表Ⅳ-6-2　月間労働時間の分布と平均月間労働時間（性別・年齢層別）

	月間労働時間の分布（％）				平均労働時間
	120～160時間	161～200時間未満	200～240時間未満	240～300時間	
【性別】					
男性	9.1	35.0	33.3	22.5	206.3
女性	22.4	52.3	19.2	6.1	184.4
【年齢層別】					
20歳代	13.5	43.6	30.8	12.2	193.9
30歳代	11.7	37.4	29.8	21.1	203.9
40歳代	13.0	40.6	29.0	17.4	199.8
50歳代	16.5	43.0	26.5	14.0	194.3

出所：小倉一哉，2011，『過働社会ニッポン――長時間労働大国の実態に迫る』日経ビジネス人文庫
元データは，労働政策研究・研修機構編，2006，『働き方の現状と意識に関するアンケート調査』

査』によると，従業員1000人以上の事業所に勤務する一般労働者（パートタイムではないフルタイムの労働者）の年間総実労働時間の平均は1958時間であるのに対し，従業員30～99人の事業所に勤務する一般労働者では2022時間，5～29人の事業所に勤務する一般労働者では2032時間と，勤務先が小規模になるほど労働時間は長くなる傾向にある。

2　長時間労働の原因

労働時間が長くなる最大の要因は長時間にわたる残業である。上記のアンケート調査で残業をする理由をたずねたところ，最も回答が多かったのは「そもそも所定労働時間内では片付かない仕事だから」（59.6％）という理由だが，次いで回答が多かったのは「自分の仕事をきちんと仕上げたいから」（41.5％）であり，自分の意志で残業をしているという労働者も少なくないことがわかる。日本の労働者が残業する理由としてよく指摘される「定時で帰るより働いているほうが楽しいから」（1.1％），「残業手当や休日手当を増やしたいから」（4.3％）という回答はごくわずかである。また，勤務先の従業員規模が小さいほど，「取引先との関係で，納期を間に合わせないといけないから」という回答の割合が増えており，取引関係における立場の弱さが規模の小さい企業・事業所における労働時間を延ばす一因になっていることがうかがえる。

労働時間が長くなるもうひとつの要因として，年次有給休暇（年休）取得日数の少なさが挙げられる。厚生労働省の『就労条件総合調査』によると2010年の日本の労働者の平均年休取得日数は年間8.5日で，平均で20～30日は年休を取得するヨーロッパ諸国の労働者に比べるとかなり少ない。こうした年休取得を控えると言う行動の背景には，①余暇活動に対する消極的な姿勢，②人事・処遇に悪影響が出ることに対する懸念，③職場が要員管理・業務量管理上の問題を抱えているという認識，④急な用事や突然の健康状態の悪化などに備えたいという意識，がある。

（藤本　真）

▶2　小倉一哉，2003，『日本人の年休取得行動』労働政策研究・研修機構

参考文献

小倉一哉，2011，『過働社会ニッポン――長時間労働大国の実態に迫る』日経ビジネス人文庫

Ⅳ　職場の中での生活

7　「こころ」を壊す職場
メンタルヘルス不全とハラスメント

1　多くの労働者が不安・ストレスを抱えている

　精神的な負担を感じながら働く労働者は多い。厚生労働省『平成19年・労働者健康状況』によると，仕事や職業生活に関する強い不安，悩み，ストレスを感じる労働者の割合は58.0％に上る。この強い不安，悩み，ストレスにより，仕事をすることや職場に通うことなどが困難になるほどの状態になることを，「メンタルヘルス不全」と呼ぶ。2010年に日本生産性本部が実施した「第5回『メンタルヘルスの取り組み』に関する企業アンケート調査」では，44.6％の回答企業が最近3年間で職場におけるメンタルヘルス不全が増加傾向にあると答えている。また，業務上の労働災害として認定される精神障害等の件数も，2010年度には1061件と初めて1000件を超えた（厚生労働省「平成22年度脳・心臓疾患および精神障害などの労災補償状況まとめ」）。

　では，仕事や職業生活に関する強い不安，悩み，ストレスは何に由来するのだろうか。『平成19年・労働者健康状況』でこれらを感じると答えた労働者にたずねたところ，①職場の人間関係の問題（38.4％），②仕事の質の問題（34.8％），③仕事の量の問題（30.6％），などが原因であるとする回答が比較的多かった。このうち，仕事の量の問題については，労働政策研究・研修機構が，月総労働時間200時間以上の労働者は，何をするのも面倒と感じる，物事に集中できない，気分が晴れないと言った抑うつ状態が強い傾向にあり，特に女性労働者はこの傾向が顕著であることを明らかにしている。また，仕事の質との関連については，達成感や時間的な裁量が大きい仕事に従事する労働者は，量的な負担が大きくてもストレスを感じにくいことが指摘されている。

　職場における人間関係とストレスやメンタルヘルス不全との関連はどうか。日本生産性本部の調査によると，職場でのコミュニケーションが減少している，組織・職場とのつながりを従業員が感じにくくなっている，あるいは人を育てる余裕が職場になくなってきていると感じる企業は，そのように感じていない企業に比べて，職場でのこころの病が増加していると認識する割合が高い。人件費管理の進行に伴う職場人数の減少や非正社員の活用，評価・処遇における「成果主義」の導入などにより進んだと見られる職場集団の機能低下が，働く従業員のストレスやメンタルヘルス不全の増加をもたらしている可能性を，上記の調査結果から見てとることができる。

▷1　労働政策研究・研修機構編，2006，『働き方の現状と意識に関するアンケート調査』

▷2　松崎一葉，2007，『会社で心を病むということ』東洋経済新報社

▷3　日本生産性本部，2006，「第3回『メンタルヘルスの取り組み』に関する企業アンケート調査」；日本生産性本部，2008，「第4回『メンタルヘルスの取り組み』に関する企業アンケート調査」

2 職場におけるハラスメントの実態

　従業員の精神的コンディションを左右する職場の人間関係に関わる問題のなかで，とりわけ深刻なものは職場の成員間で繰り広げられる「ハラスメント」（嫌がらせ）であろう。職場におけるハラスメントのうち代表的なものとしては，組織における地位や職権を利用して嫌がらせをする「パワー・ハラスメント（パワハラ）」と，性的な言動によって相手を不快・不安な状態に追い込む「セクシャル・ハラスメント（セクハラ）」を挙げることができる。セクハラはさらに，雇用契約の継続や昇進・昇給などと引き換えに性的な言動を行ったり，強要したりする「対価型」と，恋愛経験について執拗にたずねたり，性的アピールをするような服装やふるまいを要求したりする「環境型」のふたつの類型に分けることができる。

　地方自治体に勤務する約6万人を対象に行われた自治労（全日本自治団体労働組合）のアンケート調査によると，過去3年間でパワハラを受けた経験のある人は回答者全体の21.9％，3年より前も含めてパワハラを受けた経験のある人は32.5％であった。パワハラを受けた経験のある人にその内容をたずねてみると，「大声で感情的にしかる」（16.3％），「ささいなミスをしつこくしかる」（13.3％），「意向を無視した一方的な指示をする」（12.8％）などが上位に並ぶ。仕事のことでしかったり，指示をしたりする中でパワハラが頻繁に生じていることがわかる。職務範囲があいまいな日本の職場における働き方では，上司の恣意的な判断や，感情的な叱責が許容されており，そのことが部下として働く従業員にはパワハラとして受け取られることをうかがわせる。一方，セクハラについては，ここ数年，毎年1万2000～1万3000件前後の相談が全国各地の労働局に持ち込まれている（厚生労働省「男女雇用機会均等法の施行状況について」より）。また，連合が2011年4～5月に就業経験がある18～59歳の男女1000人を対象に実施した調査では，セクハラを受けた経験がある人が男性で3.6％，女性で16.8％であった。

　パワハラ，セクハラは，受ける側に深刻な影響を与えうるが，実態が明るみになりにくいという問題点がある。上述の自治労のアンケート調査では，パワハラを受けた際の対応として最も多かったのは「何もしなかった」で，約4割にのぼる。また，連合調査でもセクハラを受けた人の30.4％は誰にも相談していない。このようにハラスメントを受けた側が他人に相談する等して実態を明らかにしようとしない背景にあるのは，何かしても何も変わらないといった諦めの感情や，相手が上司である場合には，職務上不利が生じたり，さらにひどくなったりするかもしれないといった不安である。　　　　　（藤本　真）

▷4　金子雅臣，2010，「パワーハラスメント――職場に閉じられる怒り」『連合総研レポートDIO』255

▷5　連合，2011，『男女平等月間実態調査』

▷6　金子雅臣，2010，「パワーハラスメント――職場に閉じられる怒り』『連合総研レポートDIO』255

参考文献
荒井千暁，2007，『職場はなぜ壊れるのか――産業医がみた人間関係の病理』ちくま新書
金子雅臣，2006，『壊れる男たち――セクハラはなぜ繰り返されるのか』岩波新書

Ⅳ 職場の中での生活

8 感情労働

1 仕事の中での「感情」への着目

　拡大するホワイトカラー層の社会関係や，そうした社会関係のもとでの彼らの行動・心理を描いたC.W.ミルズは，大規模な販売組織に勤めるホワイトカラーの表情や態度が，管理の対象になる様子について言及している。従業員が顧客に対し好印象を与えられるかどうかが売上を大きく左右することになるため，組織は従業員の態度や性格にまで，さまざまな訓練や監督の手を及ぼすようになる。また，サービス経済化に伴う組織・社会の動向についての代表的な考察であるD.ベルの「脱工業社会論」は，サービスの位置づけが大きくなった経済社会のもとで，ヒトとモノが関わりを持つものからヒトとヒトが関わりを持つものへと支配的な仕事のあり方が変わっていき，仕事の中心は他者との出会いやコミュニケーションによって占められるようになると指摘している。

　産業社会が展開していく中で，働く人の示す態度や行動が経済活動としての重要性を増し，そのために営利組織である企業は細かな配慮・管理を仕向けるようになるというC.W.ミルズやD.ベルが注目した事実について，さらに深く調査・考察をしていったのがA.R.ホックシールドである。ホックシールドは，賃金と引き換えに，働く人が公の場で観察可能な表情や身ぶりを作るために行う感情の管理を「感情労働」と定義し，航空会社で働く客室乗務員や債権の取り立てを行う集金人を対象としたインタビュー調査の分析などから，実際に感情労働がどのように繰り広げられるかと言った点や，希望する感情労働を実現するために組織が行う管理，感情労働が労働に従事する人自身に与える影響について，詳細に明らかにしていった。

2 感情労働のプロセス

　人は日常生活の中で置かれている立場や社会的役割にふさわしい感じ方や考え方をすることがしばしば求められる（たとえば，結婚式や葬式の場面などを想定してほしい）。立場や社会的役割をわきまえたふさわしい感じ方，考え方についての多くの人々における共通した見方を，ホックシールドは「感情規則」と呼ぶ。業績を上げ，他社との競争に勝ち残るために従業員の表情やふるまいを管理しようとする企業は，それぞれ独自の感情規則を確立する。そして自社の感情規則に従うことができそうな労働者を選別して雇用し，雇用後の従

▷1　ミルズ，C.W.，杉正孝訳，1971，『ホワイト・カラー──中流階級の生活探究』東京創元社

▷2　ベル，D.，内田嘉治ほか訳，1975，『脱工業化社会の到来』ダイヤモンド社。Ⅻ-7 参照。

▷3　ホックシールド，A.R.，石川准・室伏亜希訳，2000，『管理される心──感情が商品になるとき』世界思想社

業員に感情規則を定着させるため，教育訓練や日々の仕事の監督に努める。

　雇用された従業員は，勤務する企業への帰属意識を高めたり，あるいは自らの職務を「プロフェッショナル」として担うために必要だと感じたりしながら，企業の示す「感情労働」を受け入れていく。その結果，従業員は顧客と接した際に，ふたつの方法で感情規則に沿うかたちでの感情労働を行うようになるとホックシールドは指摘する。ひとつはその時々の局面にふさわしい感じ方・考え方を従業員自身が考えて行うもので，「深層演技」と呼ばれる。もうひとつは，従業員自身の感情は，顧客を前にした際にふさわしいとされる感じ方・考え方とは異なっているものの，あたかもふさわしいとされる感じ方・考え方をしているような表情や身ぶりを見せる「表層演技」と言う方法である。

　感情労働が労働者自身にもたらす影響についてホックシールドは次のように指摘する。第一に勤務先の感情規則を自ら実現しようとする従業員は，しばしば仕事の中で求められる感情・ふるまいを，自分自身の感情・ふるまいとしてとらえてしまう。こうした従業員は「ほんとうの」自己をめぐって意識が混乱したり，会社や仕事ぶりに対する批判に傷ついたりしやすくなる。第二に感情規則が求めるような感情を顧客に対してどうしても持つことができない従業員は表層演技で凌ぐようになるが，表層演技をすることを自らの道徳的な欠陥として自責する場合がある。第三に，精神的に傷ついたり，自己をめぐっての意識が混乱したりといったことを避けるため，従業員は仕事の際に抱く感情を自己とは別のものとして切り離した上で，深くは考えないという態度をとることがある。ホックシールドはこうした事態を，自己の感情あるいはアイデンティティからの「疎外」ととらえている。

3　感情労働論の展開

　ホックシールドの研究以降，さまざまな職業が感情労働の観点から把握・分析された。わが国では近年とりわけ，看護・介護の領域における仕事の特徴を明らかにする概念として用いられる傾向にある。このように研究業績が積み重ねられる中で，感情労働がホックシールドの強調する否定的な側面だけではなく肯定的な側面も持つことが指摘・主張されるようになった。たとえば，ホックシールドと同じく航空会社の客室乗務員を対象とした研究からは，感情労働が，仕事に対する大きな満足へとつながる楽しさや喜び，新鮮で刺激的な経験を労働者にもたらしうることが明らかとされた。また，看護職研究における感情労働概念について考察した三井さよによると，感情労働の過程で行われる労働者による感情管理は，看護職と言う仕事にとっては望ましいものであり，必要な技能のひとつとしてとらえるべきであると主張もされる。　　　　　（藤本　真）

▷4　武井麻子，2001，『感情と看護——人とのかかわりを職業とする意味』医学書院；崎山治男，2005，『「心の時代」と自己——感情社会学の視座』勁草書房

▷5　鈴木和雄，2006，「感情管理とサービス労働の統制」『大原社会問題研究所雑誌』567

▷6　三井さよ，2006，「看護職における感情労働」『大原社会問題研究所雑誌』567

参考文献

武井麻子，2006，『ひと相手の仕事はなぜ疲れるのか——感情労働の時代』大和書房

V　就業形態の多様化

1　働き方の多様化が進む日本社会

1　就業形態の多様化の3つの側面

　現在，私たちの働き方は従来のように画一的なものではなくなっている。就業形態の多様化と言った場合，その参照軸となるのは，正社員という働き方である。正社員の特徴を「フルタイムで雇用契約期間を定めずに雇われて働く者」とすると，就業形態の多様化とは，正社員とは異なる働き方が増えていることを意味するといえよう。その多様化の度合いを測るには，「正規雇用－非正規雇用」「自営－雇用」「有償労働－無償労働」という3つの側面が存在する（図V-1-1参照）。以下，その内容を具体的に見ていこう。

2　正規雇用－非正規雇用

　就業形態の多様化のなかで最もよく言及されるものが，非正規雇用の増大である。非正規の基準として，①労働時間がフルタイムでないこと，②労働契約期間が定まっていること，③雇用形態が使用者による直接雇用でないこと，という3つの要件がある。①の労働時間がフルタイムではない，つまり通常の労働者よりも所定労働時間が短い場合，その労働者は「パートタイマー」と呼ばれる。また，②の労働契約期間が定まっている場合，その労働者は「契約社員」や「嘱託社員」（定年退職後も雇用される人に用いられる呼称）と呼ばれることが多い。ただし，何らかの専門的な仕事に従事するときは「契約社員」と呼ばれ，単純作業を行う際には「アルバイト」という呼称も用いられる。最後に，③の直接雇用ではない，つまり派遣元企業が派遣先企業に労働者を供給する場合，その労働者は派遣社員となる。この場合，最も大きな特徴は，労働者と実際の職場となる派遣先企業の間に直接的な雇用関係が生まれないまま働くという点にある。

▷1　中野麻美, 2006,『労働ダンピング』岩波新書, p. 46

3　自営－雇用

　就業形態の多様化は，雇用の内部だけではなく，その外部でも生じている。現在，自営と雇用の区別があいまいになって，両者のあいだのグレーゾーンに位置するさまざまな仕事が顕在化している。まず，形式上は独立した自営業の形態を取りながら，実質上は特定の発注元に依存して雇用に近い関係を結んでいる「雇用に近い自営」が存在している。たとえば，文書作成・データ入力，

ソフトウェア開発，出版・広告下請け，傭車運転手[2]，委託販売員，フランチャイズ店長，プロスポーツ選手，芸術家などの業態や職業を挙げることができる。その労働のありようは，「専属個人請負業主」[3]，「契約労働者」[4]，「経済的従属ワーカー」[5]などと呼ばれる。

他方，形式上は企業に雇用された形態を取りながら，実質上は自営的な要素を多く兼ね備えた「自営に近い雇用」もある。たとえば，タクシー運転手，保険外交員などがこれに当たる。その特徴は，歩合制の給料や自己裁量できる労働時間など，自営に近い労働形態にはっきりと表れている[6]。

4　有償労働－無償労働

最後に，前述した「正規雇用－非正規雇用」や「自営－雇用」という区分とは別に，必ずしも金銭による対価を至上目的とはしない働き方の可能性について触れておこう。第一に，NPOにおける職員やボランティアのように，社会的利益の追求という「利他的な動機」に基づく働き方を考えることができる。第二に，労働者協同組合やワーカーズ・コレクティブのように，使用者の命令に従うのではなく，労働者自身が資金を持ち寄り，自らの意思決定に沿って協働で働くという「自己実現的な動機」に基づく働き方がある。このような働き方では，働き手が自らの動機の価値と収入の必要性をその都度天秤にかけることになるため，仕事の対価となる金額は，正規スタッフ，非正規スタッフ，有償ボランティア，無償ボランティアという立場に応じて幅広く分布することになる。確かに，このような働き方を通常用いられている労働概念に含めるかどうかは議論の分かれるところである。だが，社会的に有用な活動が人々の生活の一部を占めるようになった現在，「有償労働－無償労働」という軸を就業形態の多様化と見なすことは，それほど無謀な議論とは言えないだろう。

5　自由と保障のせめぎあい

就業形態の多様化が進むことによって，わたしたちは労働と生活のありようを再び見直すよう迫られている。一方で，個人はさまざまな就業機会を得ることによって，自分の状況に応じた働き方を自由に選択することができるようになった。だが他方，従来の正規雇用から外れた働き方は，低賃金，雇用の不安定化，社会保険の未適用などの新たなリスクを個人に課すことになったのである。

（樋口明彦）

```
↑ 正規雇用
↓         パートタイマー
  非正規雇用 契約社員・嘱託社員
           派遣社員

↑ 自営
    雇用に近い自営
    自営に近い雇用
↓ 雇用

↑ 有償労働
    NPOスタッフ
    労働者協同組合
    ワーカーズ・コレクティブ
    有償ボランティア
    無償ボランティア
↓ 無償労働
```

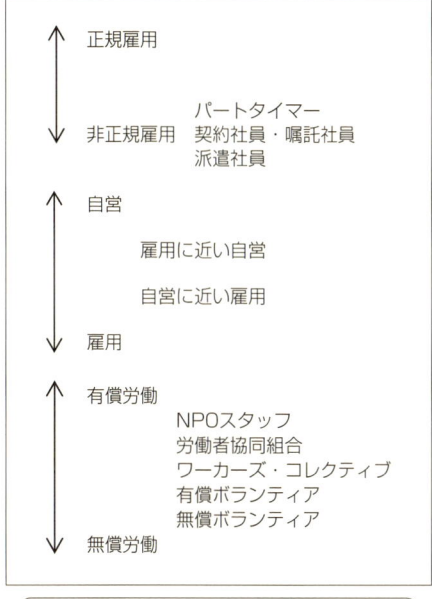

図V-1-1　就業形態の多様化の3つの側面

▷2　自己所有する車両を用いて，他人の命令に基づき運送業務に従事する者。

▷3　労働政策研究・研修機構，2007，『多様な働き方の実態と課題』

▷4　鎌田耕一編，2001，『契約労働の研究』多賀出版

▷5　労働政策研究・研修機構，2004，『就業形態の多様化と社会労働政策』労働政策研究報告書No.12

▷6　労働政策研究・研修機構，2004，『就業形態の多様化と社会労働政策』労働政策研究報告書No.12

参考文献

仁田道夫，2003，『変化のなかの雇用システム』東京大学出版会

V 就業形態の多様化

2 労働者性
「労働者である」とは，どういうことか

1 労働者性が問われる時代

　就業形態の多様化を別の角度から見ると，労働者という立場があいまいになることと見なすこともできる。このような変化は，場合によって働く人々から守られるべき権利を奪い，その立場を弱いものにしてしまう。そのため，労働者の保護を問い直すとき，労働者であること，つまり労働者性をめぐる判断がしばしば重要な争点となるのだ。

　第一に，自営業と雇用の境界があいまいなケースである。文書作成・データ入力，出版・広告下請け，傭車運転手，委託販売員など，特定の企業に専属的な個人請負業主を，はたして労働者ではないと言えるだろうか。

　第二に，管理職と一般労働者の境界があいまいなケースである。確かに，管理職は経営側の意向を代弁する地位にあるため法制上の特記事項があり，彼らの権利保護の度合が労働者と比べて少ないことは事実である。たとえば，労働基準法によれば，管理職は労働時間・休憩・休日の規制を受けず，また労働組合法によれば，管理職を含む使用者の利益を代表する者が加入する組合は労働組合と見なされない。にもかかわらず，現在，コンビニ店長やファーストフード店長のように，残業代もつかずに長時間労働を強いられ劣悪な労働条件のなかで働く管理職の増加が指摘されている。「名ばかり管理職」や「偽装管理職」と呼ばれる実態のない管理職を，果たして労働者ではないと言えるだろうか。

2 労働者性を判断する基準

　日本の労働法制のなかには，労働者性を画一的に判断する基準があるわけではない。実際は，さまざまな法律ごとに，労働者性を考慮することになる。

　第一に，最も基本的な判断基準として，労働基準法を挙げることができる。労働基準法によれば，労働者とは「事業又は事務所に使用される者で，賃金を支払われる者」と定義されている（同法第9条）。このとき，根幹となる指標が，①誰かの指揮のもとで使用されること，つまり「指揮監督下の労働」と，②提供された労務に対して報酬が支払われること，つまり「報酬の労働対償性」である。これらのふたつを合わせて「使用従属性」と呼び，この特徴を有することが労働者であることの証となる。むろん，労働者性をめぐる実際の判断は，自営と雇用のグレーゾーンにまたがる非常に微妙なケースであることが

▷1　Ⅴ-1 参照

▷2　自己所有する車両を用いて，他人の命令に基づき運送業務に従事する者。

▷3　菅野和夫，2004，『新・雇用社会の法（補訂版）』有斐閣，pp. 42-43

多く，労働の実態を具体的な項目に照らし合わせて，その適否を慎重に見極める必要がある（表V-2-1）。

第二に，労働組合法に基づく労働者性を挙げることができる。労働組合法によれば，労働者とは「賃金，給料その他これに準ずる収入によって生活する者」と定義されている（労組法第3条）。労働基準法に比べて，「使用される者」という規定がないため，労働者の範囲もやや広いものとなっている。ただ，処遇が不安定な管弦楽団員やプロ野球選手などの場合，団体交渉の保護を及ぼすことが重要となるため，労組法上の労働者性が大きな意味を持つことになる。そのほか，雇用保険法，労働者災害補償保険法，健康保険法，厚生年金保険法などにおいても，そのつど労働者が規定されうる。

第三に，労働者としての管理職にふれておこう。労働者としての管理職を適正に保護するためには，管理監督者の要件が重要になる。今までの判例や通達によると，管理監督者の要件には，①経営者と一体的な立場にあること，②出退勤が規制されず自己の裁量に任されていること，③特別手当によって相応の待遇を受けていることという3つがある。近年，労働基準監督署の是正指導や裁判判決によって，このような管理監督者の条件を満たすことのない管理職が，一般労働者と同じく残業代や休日手当の支払いを受ける事例が増えてきた。

3 労働者保護のこれから

人々の就業形態が大きく変わり，働き手の立場を弱めることになりかねない時代において，常に働き方の実態に合わせながら労働者性を問い続けることは，労働者の保護を進める上で欠くことのできないプロセスとなっている。さらに，労働者性の範囲画定は，同時に使用者の位置にも関連することを指摘しておこう。自営-雇用の区別があいまいになったり，派遣社員などの間接雇用が増えたりして，使用者の位置が不透明なものに変わってくると，使用者の責任をどこまで認めるべきかという問題が生じる。労働者であることは決して自明ではなく，使用者と労働者の具体的な関係のなかで問われるべき事柄なのである。

（樋口明彦）

表V-2-1 「使用従属性」に関する判断基準

1．「指揮監督下の労働」
　1-1．仕事の依頼，業務従事の指示などに対する諾否の自由の有無
　1-2．業務の内容および遂行方法に対する指揮命令の有無
　1-3．通常予定されていない業務への従事の有無
　1-4．勤務場所および勤務時間による拘束の有無
　1-5．他者による労務提供の代替性の有無
2．「報酬の労働対償性」
　2-1．時間を単位として報酬を計算できることの有無
　2-2．欠勤や残業によって報酬が変動することの有無
3．その他の考慮すべき要因
　3-1．機械・器具の負担関係，報酬の額など事業者性の有無
　3-2．他社業務への従事に対する制約，報酬に固定給部分があるなど専属性の程度
　3-3．正規従業員と同等の採用，源泉徴収の実施，雇用保険の適用対象など

出所：労働基準法研究会，1985，「労働基準法の『労働者』の判断基準について」『労働法律旬報』第1135/6号

▶4 菅野和夫，2004，『新・雇用社会の法（補訂版）』有斐閣，pp.34-35

▶5 東京管理職ユニオン，2008，『偽装管理職』ポプラ社

参考文献
鎌田耕一編，2001，『契約労働の研究』多賀出版
労働基準法研究会，1985，「労働基準法の『労働者』の判断基準について」『労働法律旬報』第1135/6号

Ⅴ　就業形態の多様化

3　パートタイマー
非正規雇用の約半数を占めるパートタイマー

1　女性に多いパートタイマー

　パートタイマーは，日本の非正規雇用のなかで，最も大きな部分を占めている。パートタイマーとは，同じ職場で働いている通常の労働者に比べて，1週間の所定労働時間が短い労働者を指している。したがって，1日当たりの労働時間が短い場合もあれば，1週間当たりの労働日が少ない場合もある。

　図Ⅴ-3-1が示しているように，近年，パートタイマーを含む非正規労働者の占める割合は増大の一途をたどっている。ただ，その程度は男女によって大きく異なる。2010年の役員を除く雇用者における雇用形態の内訳を性別毎に見てみると，男性正社員2309万人（81.1％），男性非正社員539万人（18.9％）であるのに対し，女性正社員1046万人（46.2％），女性非正社員1218万人（53.8％）と対照的な値となっている。さらにパートタイマーの割合を見ていると，男性87万人（3.1％），女性760万人（33.6％）と，とりわけ女性に偏っていることがうかがえる。また，性・年齢層別に役員を除く雇用者のうちパートタイマー・アルバイトが占める割合を見てみると，女性パートタイマーは年齢が上がるにつれてほぼ右肩上がりで増え，労働力のなかで主力を占めていくさまがうかがえる（図Ⅴ-3-2）。「主婦パート」という言葉が端的に表すように，非正規雇用の半数近くを占めるパートタイマーとは，中高年層以上の女性の中心的な働き方のひとつと言っても過言ではない。

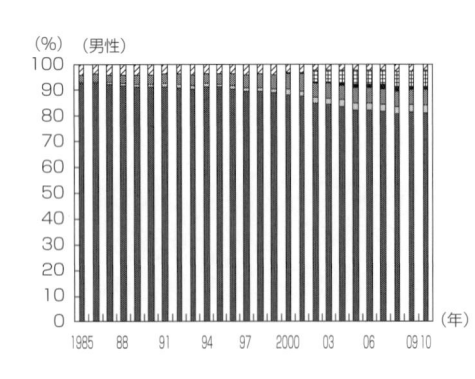

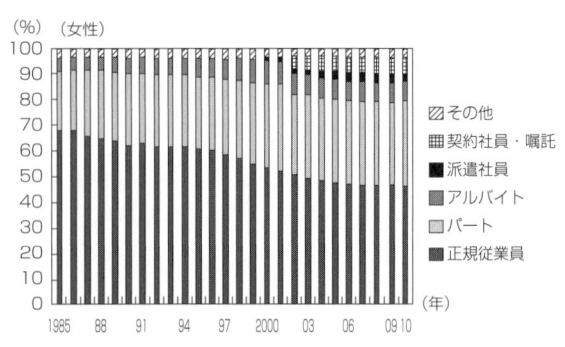

図Ⅴ-3-1　役員を除く雇用者における雇用形態の内訳

出所：総務省「労働力調査特別調査」（1985〜2001年），総務省「労働力調査詳細集計」（2002〜2010年）
注：「派遣社員」は2000年から，「契約社員・嘱託」は2002年から集計。

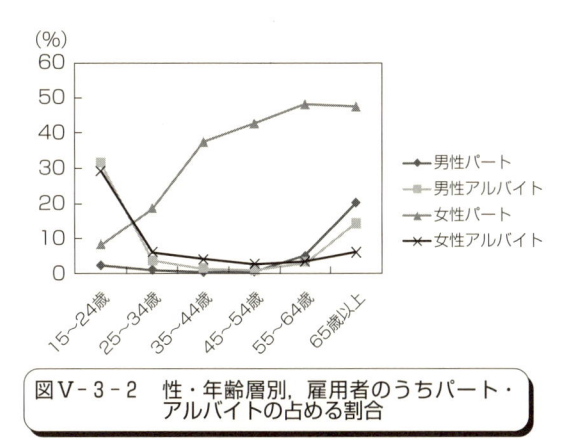

図V-3-2　性・年齢層別，雇用者のうちパート・アルバイトの占める割合

出所：総務省「労働力調査詳細集計」(2010年)

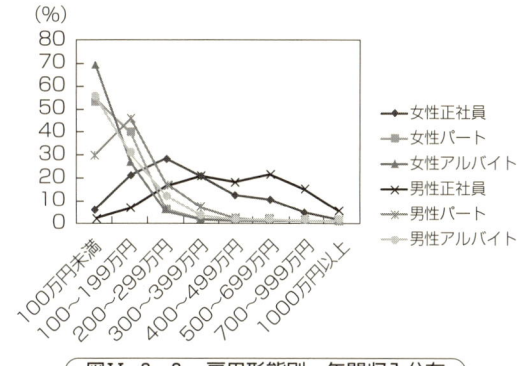

図V-3-3　雇用形態別，年間収入分布

出所：総務省「労働力調査詳細集計」(2010年)

② パートタイマーの基幹化

このような傾向は，パートタイマーが労働力のなかで重要な役割を担うようになったことを意味している。この変化をパートタイマーの基幹化と呼ぶことが多い。基幹化は，①ある特定の産業や職種において特にパートタイムの活用が進む量的な基幹化と，②パートタイマーの仕事内容・能力・責任範囲が向上して正社員のそれに近くなる質的な基幹化のふたつに分類することができる。[1]

第一に，量的な基幹化について確認すると，「パートタイム労働者総合実態調査」によれば，2007年時点で，パートタイマーを雇用している事業所は66.3％に及んでいる。また産業別に労働者のなかでパートタイマーの占める割合を見てみると，「飲食店・宿泊業」65.6％，「卸売・小売業」42.4％，「教育・学習支援業」33.1％の順に多い。また，パートタイマーが多い職種は，「サービス」29.1％，「販売」28.6％，「生産工程・労務」16.7％となっている。

第二に，質的な基幹化について見てみよう。パートタイマーを雇っている事業所のうち，「職務が正社員とほとんど同じパート等労働者がいる」と回答した割合は51.9％と過半数を超え，質的な基幹化も進んでいることがわかる。[2]

③ パートタイマーの均衡処遇をめぐって

では，パートタイマーの基本的な労働条件を確認してみよう。仕事からの年間収入の分布を見てみると，正社員とパートタイマー・アルバイトの収入の違いは歴然としている（図V-3-3）。そのほか，年次有給休暇や各種手当の未付与，また雇用保険や厚生年金の未加入などの問題も指摘されている。

パートタイマーの処遇が低いままであることは，しばしば議論を巻き起こしてきた。そうしたなか，2008年4月1日，「改正パートタイマー労働法」が施行され，部分的ながらパートタイマーの均衡処遇が求められるようになった。[3]パートタイマーの働き方を見直すことは，女性と男性の生活を考える上で欠かすことのできない要因なのである。

（樋口明彦）

▷1　本田一成，2007，『チェーンストアのパートタイマー』白桃書房

▷2　厚生労働省，2008，『平成18年パートタイム労働者総合実態調査』(http://www.mhlw.go.jp/toukei/itiran/roudou/koyou/keitai/06/index.html#chousa)

▷3　具体的には，①雇い入れ時における労働条件の文書公布，②待遇の決定に関する説明義務，③通常の労働者と均衡の取れた待遇の実施，④通常の労働者への転換の推進，⑤苦情処理・紛争解決の援助という5点が盛り込まれた。

参考文献

三山雅子，2003，「日本における労働力の重層化とジェンダー」『大原社会問題研究雑誌』536

V 就業形態の多様化

4 派遣労働者・請負労働者
さまざまな職場に出向いて働く派遣労働者・請負労働者

▷1 伍賀一道, 2009,「派遣労働は働き方・働かせ方をどのように変えてきたか」『大原社会問題研究雑誌』604

▷2 V-3 図V-3-1を参照。

▷3 労働者派遣法の主な改正内容を見てみると, 1996年「11業務から26業務に対象の拡大」, 1999年「除外業務以外, 対象の自由化（ネガティブリスト方式）」, 2000年「紹介予定派遣解禁」, 2004年「製造・医療関連業務の解禁, 受入期間の要件緩和」というように, 徐々に対象業務が拡大され, 受入期間が長期化している様子がうかがえる（高橋康二, 2006,『労働者派遣事業の動向』労働新聞社, pp. 4-5）。

▷4 推計値は,「事業所・企業統計調査」（2006年）による「別経営の事業所からの派遣・下請従業者」数から「労働力調査」（2006年）による「派遣労働者」数を引いた値である。

1 派遣労働者と請負労働者の違い

わたしたちの働き方を振り返ってみると, 同じ職場で一緒に働いているとしても, そこで働いている労働者全員が必ずしも同じ企業に雇われているとは限らないことに気づくだろう。いまや, 勤め先には他の企業に雇われ, そこから派遣されて働く人々が増えており, 彼らが非正規雇用の一角を占めるようになっているのだ。このように,「労働者を指揮命令して就業させる使用者」と「労働者」のあいだに第三者が介在する雇用形態を間接雇用と呼び, 派遣労働者や請負労働者がそれに当たる。

派遣労働者と請負労働者の違いは, 一見わかりにくい。図V-4-1が示すように, その最大の違いは誰が仕事に関する指揮命令をするかにある。派遣労働者の場合, 労働者は派遣元に雇用されつつ, 職場では派遣先の指揮命令を受けながら働くことになるのに対し, 請負労働者の場合, 労働者は請負元に雇用されつつ, また職場でも同じ請負元の指揮命令の下で働く。請負先企業の注文に従い, 請負元企業が自ら雇った労働者を使って委託業務を完成させることが請負の基本構造である。実質上, 両者の違いがなし崩しにされることはあるが, 法律上は歴然としている。

2 派遣労働者と請負労働者の労働条件

2010年現在, 派遣労働者数は96万人で, 非正規雇用者に占める割合は5.5%とそれほど数が多いわけではない。だが,「労働力調査」で計測が始まった2000年と比べると, 増加率は2.8倍と非常に高い。その背景には, 1986年に施行された「労働者派遣法」が徐々に規制緩和され, 派遣労働者として働く機会が増えたことがある。その属性を見てみると, 男性35万人（36.5%）, 女性61万人（63.5%）と, パートタイマーよりも性別による違いは少ない。請負労働者については, 詳しい実態が明らかになっているわけではないが, 2006年において154万人と推計される。

「事業所・企業統計調

┌─派遣労働者──────────┐
│   労働者   │
│   雇用関係 ↕ 指揮命令関係 │
│   派遣元 ←→ 派遣先   │
│   派遣契約   │
└──────────────────┘

┌─請負労働者──────────┐
│   労働者   │
│ 雇用関係   ↕   │
│ 指揮命令関係   │
│   請負元 ←→ 派遣先   │
│   請負契約   │
└──────────────────┘

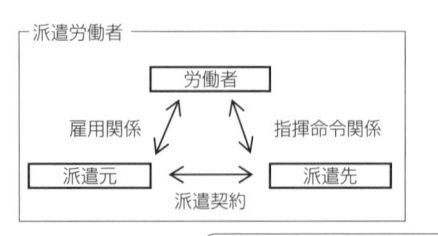

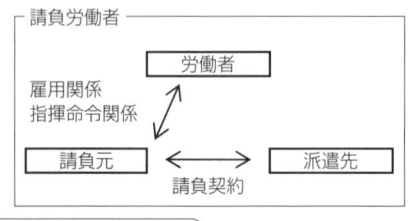

図V-4-1 派遣労働者と請負労働者の違い

査」(2006年)から，派遣先企業の産業別構成比を多い順から見てみると，製造業36.6％，卸売・小売業16.9％，サービス業(他に分類されない)11.0％と，製造業に多いことがうかがえる。その製造業のなかでも，「労働力需給制度についてのアンケート調査」(2005年)によれば，電気機械器具，輸送用機械器具，食料品，金属製品，一般機械器具，精密機械器具などの製造を請け負っていることが多い。製造業に携わる請負労働者の属性は，男性69.9％，女性30.1％と男性が多く，また10〜30代の若年者が70.8％と比較的多くなっている。

ここで派遣労働者や請負労働者の年間収入の分布を見てみよう。図V-4-2によれば，女性派遣労働者，男性派遣労働者，男性・女性請負労働者の収入は，比較的近い形をなしている。ここでも際立つのは，男性正社員の収入の高さである。

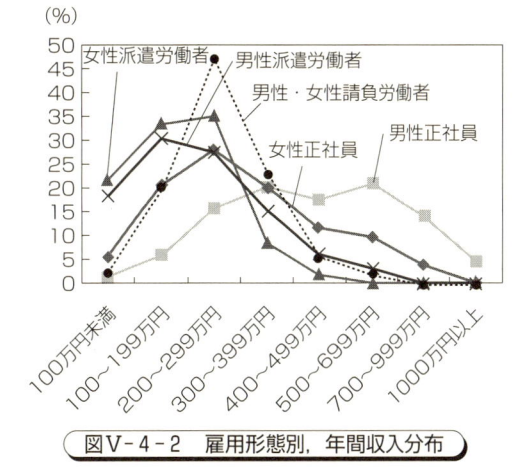

図V-4-2 雇用形態別，年間収入分布

出所：正社員・派遣労働者は総務省「労働力調査詳細集計」(2010年)，請負労働者は厚生労働省「労働力需給制度についてのアンケート調査」(2005年)
注：請負労働者の「500〜699万円」は，「500万円以上」の値である。

③ 派遣労働者・請負労働者の功罪

派遣労働者や請負労働者の働き方を評価するとき，わたしたちはその功罪に気づかざるをえない。間接雇用というあり方は，全員ではないにしても，労働者ひとりひとりのニーズに合った就業機会を提供していることは事実である。たとえば，派遣労働者の約半数が自らの働き方に満足しており，その理由として「都合に合わせて働くことができる」「気楽に辞めることができる」「仕事の内容が自分に適している」などが挙げられている。また，請負労働者でも約3割は現状を続けたいと思っている。

ただ，派遣労働者や請負労働者がリスクを抱えていることも事実である。伍賀によれば，派遣労働者のリスクには，①派遣先と派遣元が異なるため雇用主の責任が空洞化すること，②企業による人件費削減圧力のため労働条件の低下を招きやすいこと，③企業による雇用調整のため雇用の短期化（日雇い派遣）や雇い止め（派遣切り）を引き起こすことなどが考えられる。請負労働者においても，その内実は有期雇用が多く，「偽装請負」などしばしば職業安定法や労働者派遣法に反した使用も指摘される。むろん，このような雇用の不安定化が増せば，働いているのに貧しいという「ワーキング・プア」問題となる。

雇用の非正規化が進み，「同じ職場」という共通利害の基盤を見出しにくくなっている現在，公正な働き方を考えることはわたしたちに共通の課題と言える。

(樋口明彦)

▷5 ただし，この割合は「別経営の事業所からの派遣・下請従業者」数から算出したものなので，派遣労働者も含まれている。

▷6 厚生労働省，2005，「平成17年度労働力需給制度についてのアンケート調査」(http://www.mhlw.go.jp/bunya/koyou/haken-shoukai01/index.html)

▷7 大沢真知子，2004，「派遣労働者の光と影」佐藤博樹編『変わる働き方とキャリア・デザイン』勁草書房

▷8 伍賀一道，2009，「派遣労働は働き方・働かせ方をどのように変えたか」『大原社会問題研究雑誌』604

参考文献
高橋康二，2006，『労働者派遣事業の動向』労働新聞社

V 就業形態の多様化

5 フリーター
フリーターは不安定な働き方か，それとも自由な働き方か

1 増えるフリーター

若年者雇用の不安定化が強く叫ばれるようになった1990年代後半以降，フリーターの存在は不安定雇用の代名詞のひとつとなってきた。その不安定さとは，主に年齢・婚姻・雇用形態という3つの要因から成り立っている。厚生労働省によれば，フリーターとは，「15〜34歳で，男性は卒業者，女性は卒業者で未婚の者のうち，①雇用者のうち『パート・アルバイト』の者，②完全失業者のうち探している仕事の形態が『パート・アルバイト』の者，③非労働力人口のうち希望する仕事の形態が『パート・アルバイト』で家事も通学も就業内定もしていない『その他』の者」と定義されている。つまり，フリーターとは，実際にパート・アルバイトとして働いている若者だけではなく，パート・アルバイト労働の縁辺に位置する若年無業者も包含する混合的な概念なのである。図V-5-1によれば，1982年に50万人だったフリーターは，2003年になると217万人にまで増加し，約20年のあいだで約4.3倍に膨れ上がったことになる。その後，2003年をピークにして，2004年以降フリーター数は漸減する。

▷1 フリーターの定義は必ずしも一様ではない。厚生労働省のフリーター定義がパート・アルバイトを中心とする狭義の概念だとすれば，内閣府のフリーター定義は，「15〜34歳の若年（ただし，学生と主婦を除く）のうち，パート・アルバイト（派遣等を含む）及び働く意志のある無職の人」と，派遣労働者・契約社員・正社員を希望する失業者などを含む広義のものと言うことができる。内閣府のフリーター定義によれば，2001年のフリーター数は417万人に上り，雇用者のうちフリーターが占める割合も26.6%に達することになる（内閣府，2003，『平成15年版国民生活白書』）。

2 不安定と自由のはざまで揺れるフリーター

では，現在パート・アルバイトに従事しているフリーターは，どのような働き方をしているのだろうか。労働政策研究・研修機構の「第2回若者のワークスタイル調査」（2006年）からは，不安定な働き方に従事するフリーターの実態が浮かび上がってくる。第一に，就業形態別の職種を見てみると，正社員では「専門・技術的な仕事」が多いのに比べ，パート・アルバイトは「販売の仕事」「サービスの仕事」が多く，職種と就業形態のあいだに一定の相関関係があることがう

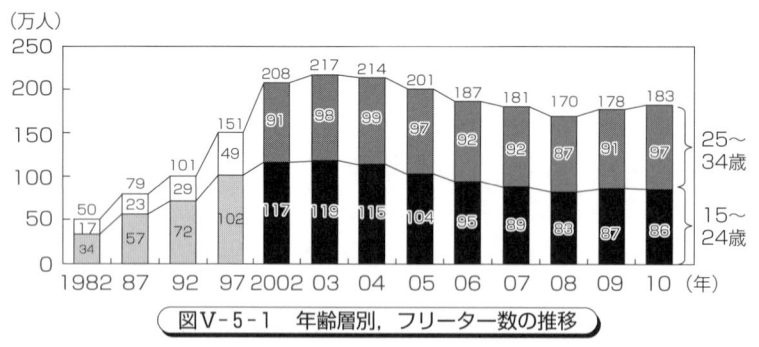

図V-5-1 年齢層別，フリーター数の推移

出所：厚生労働省，2008，『平成20年版労働経済の分析』p. 20；厚生労働省，2011，『平成23年版労働経済の分析』p. 28

注：1982年，87年，92年，97年については，フリーターを，年齢は15〜34歳と限定し，①現在就業している者については勤め先における呼称が「アルバイト」または「パート」である雇用者で，男性については継続就業年数が1〜5年未満の者，女性については未婚で仕事を主にしている者とし，②現在無業の者については家事も通学もしておらず「アルバイト・パート」の仕事を希望する者と定義し，集計している。

かがえる。第二に，労働条件の面でも，正社員とフリーターの違いは大きい。平均年収を比較すると，男性正社員331.4万円，女性正社員274.2万円であるのに対して，男性パート・アルバイト173.8万円，女性パート・アルバイト134.3万円と，フリーターの年収は正社員の約半分となっている。他方，フリーターの週当たり労働時間は，男性39.8時間，女性32.9時間と，男性の場合，ほとんどフルタイム労働と変わらない水準にある。つまり，フリーターは，正社員並みの労働時間を働きながら，低賃金しか手にできていない。第三に，フリーターのような非正規労働者の場合，正社員に比べて，雇用保険・健康保険・厚生年金保険など社会保険制度に加入していない割合が高くなる。低賃金しか得ることができず，現存の社会保険制度も十分に享受することができないフリーターは，いわば公的なセーフティネットを欠いた不安定な存在と言うことができよう。

このようにフリーターの不安定性が明らかになる一方，若者が自ら望んでフリーターという働き方を選択しているとの意見も存在する。若年パートタイム労働者を対象に，現在の就業形態を選択した理由を尋ねてみると，フリーターの自由な側面が浮かび上がる。表V-5-1によれば，2003年において，パートタイム労働者のうち，「不本意型」が25.7％，「収入・専門性重視型」が15.0％であるのに対して，「自己都合型」が59.3％とほぼ6割を占めるにいたっている。しかしながら，回答を時系列に追っていくと，徐々に「自己都合型」が減少して，「不本意型」が増加する傾向が見えてくる。つまり確かにフリーターの半数以上は自由な働き方を志向してはいるものの，その傾向はゆっくりと浸食されつつあるといえる。

表V-5-1　若年パートタイム労働者の就業形態選択理由の変化

(%)

	1994年	1999年	2003年
不本意型	15.0	9.4	25.7
収入・専門性重視型	9.1	11.1	15.0
自己都合型	75.9	79.6	59.3

出所：労働政策研究・研修機構，2007，『多様な働き方の実態と課題』p.79

注：「不本意型」は「正社員として働ける会社がなかったから」，「収入・専門性重視型」は「より収入の多い仕事に従事したかったから」「専門的な資格・技能を生かせるから」，「自己都合型」は「勤務時間や労働日数が短いから」「簡単な仕事で責任が少ないから」「通勤時間が短いから」「体力的に正社員として働けないから」を理由としたものを指す。

▷2　ただし，2002年以降，厚生労働省のフリーター定義に小さな変更が生じているため，単純な比較はできない。

▷3　この調査は，東京都に在住する，学生でも主婦でもない18〜29歳の若者2000人を対象に実施されている（小杉礼子，2007，「学校から職場への移行の変容」堀有喜衣編『フリーターに滞留する若者たち』勁草書房）。

③ 日本社会におけるフリーターの位置づけ

さらに，フリーターの位置をめぐって，留意すべき点を指摘することができる。第一に，フリーターと学歴の関係である。高卒や高校中退者など相対的に学歴が低いほど，フリーターになりやすい傾向が指摘されている。第二に，フリーターの固定化という問題である。そもそもの定義を超えて，35歳を過ぎてもフリーターに留まる「年長フリーター」の存在が指摘されている。正社員という安定した長期雇用慣行が前提だった日本社会において，フリーターの増大は若者の働き方を大きく変えつつあるのだ。

（樋口明彦）

参考文献

乾彰夫編，2006，『18歳の今を生き抜く――高卒1年目の選択』

厚生労働省，2008，『平成20年版労働経済の分析』

小杉礼子編，2002，『自由の代償／フリーター――現代若者の就業意識と行動』日本労働研究機構

小杉礼子，2007，「学校から職場への移行の変容」堀有喜衣編『フリーターに滞留する若者たち』勁草書房

内閣府，2003，『平成15年版国民生活白書』

労働政策研究・研修機構，2006，『大都市の若者の就業行動と移行過程』

労働政策研究・研修機構，2007，『多様な働き方の実態と課題』

V 就業形態の多様化

6 若年無業者
若年無業者はなぜ働いていないのか

1 若者が無業でいる背景

　日本における若年者雇用の不安定化は，非正規労働者の問題としてだけではなく，若年無業者の問題としても顕在化するようになった。若年失業者の増加に加え，2004年以降，「教育や職業訓練を受けず，働いてもいない若者」を意味する「ニート（NEET）」という言葉がマスコミを通じて流布することにより，若年無業者の存在は周知のものとなる。

　では，若者が仕事に就いていない背景とは，どのようなものだろうか。通常，若年期がさまざまな試行錯誤を通じて自らの進路を模索する期間だとすると，若者の無業を一概に「社会問題」と見なすことはできない。たとえば，学生や専業主婦・主夫も，確かに就労しているわけではないが，社会的に有用な活動を行っている。そのほか，内閣府の「青少年の社会的自立に関する意識調査」によると，若年無業者が日頃行っていることは，「求職活動中」41.4％，「特に何もしていない」18.5％，「進学や留学に向けて勉強中」13.0％，「家業の手伝い（無給）」11.7％，「資格取得に向けて勉強中」9.3％などが高く，「特に何もしていない」者を除くと，多くの者が何らかの活動に従事している様子がうかがえる（図Ⅴ-6-1）。したがって，若者の無業を正確に理解するためには，自発的に何らかの社会活動を行った結果なのか，あるいは非自発的に就労から拒まれた結果なのかを，まず見極める必要があるだろう。

　無業を雇用のリスクという観点から眺めると，若年無業者の最も典型的なリスクは失業だと気づく。事実，若者における雇用の不安定化を示す動向として，若年失業率の上昇がしばしば指摘されてきた。図Ⅴ-6-2からわかるように，若年失業者数は，1990年代から増加を続け，2002年にはピークの167万人に達し，その後景気回復とともに漸減している。だが，仕事に就いていない若年無業者のなかには，積極的に求職活

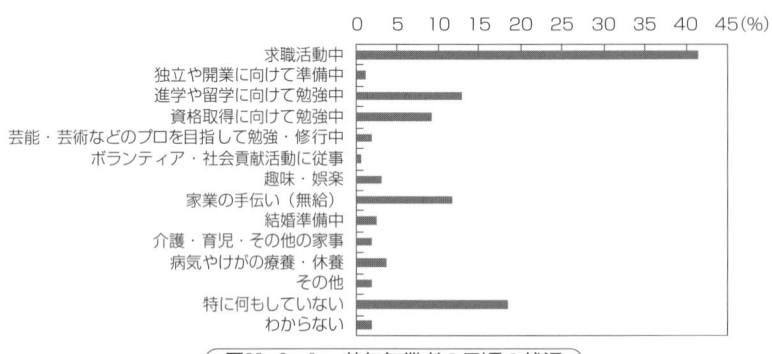

図Ⅴ-6-1　若年無業者の日頃の状況

出所：内閣府「青少年の社会的自立に関する意識調査」(2005年)

動を行い，いつでも就職することのできる失業者のほかに，求職活動を行っていない者も存在する。後者は，一般的に非労働力と呼ばれ，若年無業者という言葉も，失業者とは区別して，この狭義の範疇（非労働力）を指すために用いられることが多い。いわゆるニートもこれに近いといえよう。この狭義の若年無業者を「15～34歳の非労働力人口のうち，家事も通学もしていない若者」と定義すると，その推移は図Ⅴ-6-2の通りである。

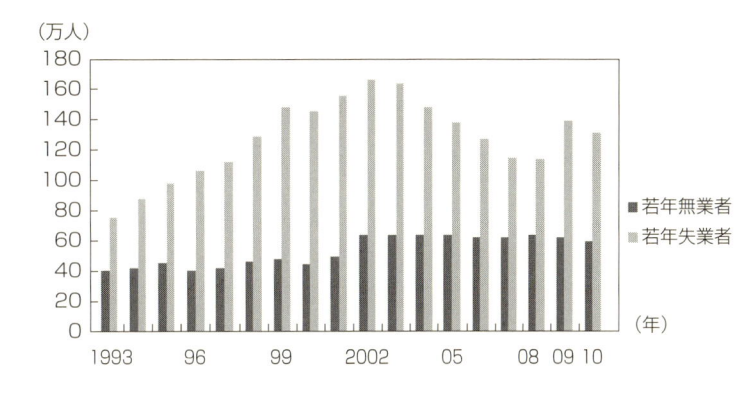

図Ⅴ-6-2 若年失業者と若年無業者（狭義）の推移
出所：総務省「労働力調査」（各年）

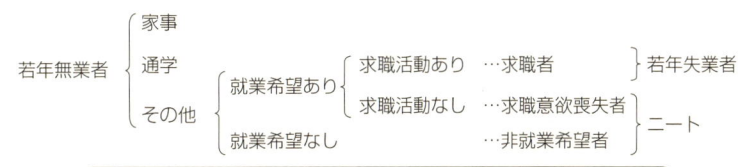

図Ⅴ-6-3 「就業構造基本調査」に基づく若年無業者の分類

2 若年失業者と非労働力のあいまいな境界

若年失業者と非労働力の境界は，思いのほか流動的である。仕事を探している者のなかには，就労を望みながらも，希望する仕事が見つからないなどの理由で求職活動を諦めた者，いわゆる求職意欲喪失者（discouraged worker）も含まれる。求職活動を行う失業者とそもそも就労を望んでいない非労働力の中間で，求職意欲喪失者は，その時代における雇用情勢の厳しさの程度に応じて，増減する。「就業構造基本調査」で用いられている指標を使うと，若年無業者は図Ⅴ-6-3のように分類することができる。2007年の調査結果によると，若年失業者78.7万人，求職意欲喪失者30.2万人，非労働力33.1万人である。

3 若年無業者に対する社会保障

このように，若年無業者とひと言で言っても，その実情は多岐にわたる。その上，わが国では若年無業者に対する社会保障制度が整っているとはいいがたい。規定の加入期間に満たなければ，雇用保険による「失業等給付」は受けられないし，生活保護制度による給付も，稼働能力の活用や世帯単位の原則などの厳しい資格審査をクリアしなければ難しい。事実上，若年無業者の雇用と生活のリスクを支えているのは，家族の非公式な援助にほかならない。雇用の不安定化という視点から若年無業者を捉え直すには，ひとりひとりの多様な社会的背景のなかから，雇用や生活に関する社会的ニーズを見極めることが先決だといえよう。

（樋口明彦）

参考文献

玄田有史，2005，『働く過剰』NTT出版

青少年の就労に関する研究会，2005，「若年無業者に関する調査（中間報告）」（http://www8.cao.go.jp/youth/kenkyu/shurou/chukan.pdf）

内閣府，2005，「青少年の社会的自立に関する意識調査」（http://www8.cao.go.jp/youth/kenkyu/syakai/mokuji.html）

本田由紀・内藤朝雄・後藤和智，2006，『「ニート」って言うな！』光文社

Ⅴ　就業形態の多様化

7　学校から職場への移行
若者の就職はたいへんになったのか

1　学校から職場への移行

　日本において，若者の雇用の不安定化は，何よりも「学校から職場への移行」の機能不全として表れた。高校や大学という教育機関の卒業予定者が，卒業してから時間の切れ目なく就職するシステムは「新規学卒一括採用」と呼ばれ，日本企業の採用慣行として長く維持されてきた。だが，1990年代以降，学卒者の進路のうち「就職」の割合が徐々に減少してきたのである。

　まず，高校卒業後の進路状況を見てみると，「就職」の占める割合は1990年の34.4％から2003年の16.4％にまで大きく減少したことがうかがえる。その後，2008年には18.9％にまで回復したが，再び落ち込んでいる。他方，「大学等進学」の割合が1990年から一貫して上昇を続け，2010年には54.3％に達していることも看過できない傾向である（図Ⅴ-7-1）。つまり，高校生の進路は，高学歴化と就職率の低下が同時進行するかたちとなっているのだ。大学卒業後の進路状況も，「就職」の割合が1990年の81.0％から2003年の55.0％まで落ち込み，その後も浮き沈みが続く（図Ⅴ-7-2）。

2　企業における採用行動の変化

　「学校から職場への移行」が難しくなって就職率が低下した背景には，労働需要の変化がある。第一に，企業における求人数の減少を挙げることができる。業績が悪化した企業は，しばしば雇用調整による人件費削減を行うが，その際

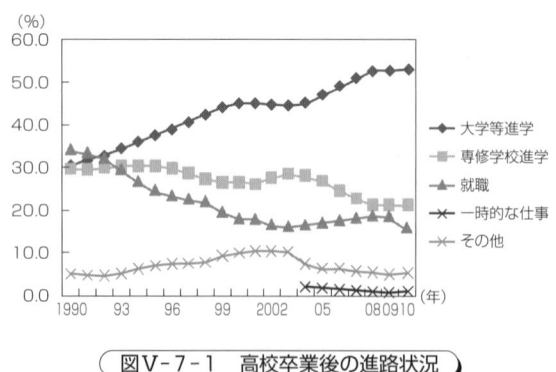

図Ⅴ-7-1　高校卒業後の進路状況

出所：文部科学省「学校基本調査」（各年）
注：「一時的な仕事」は2004年から集計。

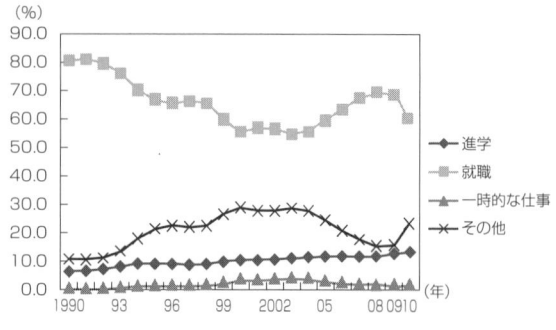

図Ⅴ-7-2　大学卒業後の進路状況

出所：文部科学省「学校基本調査」（各年）

に用いられる手段のひとつが新規採用抑制である。企業による求人数を就職希望者数で割った求人倍率を見てみると、高卒・大卒の値はともに1990年代初頭から下がり始め、その後も安定しない（図V-7-3）。

第二に、労働需要の変化は、単に働き口が減ったということだけでなく、企業における採用者の学歴別構成の変化も意味している。新卒正社員として採用された者を学歴別に見てみると、大卒者に比べて高卒者の占める割合が徐々に低下していることがわかる。その上、非正規雇用を活用する企業ほど、高卒採用の割合が低くなる傾向が読み取れる。このような点からも、新規高卒労働者の置き換えが進み、高卒にとって労働市場が厳しいものとなる様子がうかがえる。そのほか、近年、「第二新卒（就業経験が3年以内程度の者）採用」や「中途採用」のように、従来の新規学卒採用以外の採用形態が広がり、企業の採用行動が多様化している。

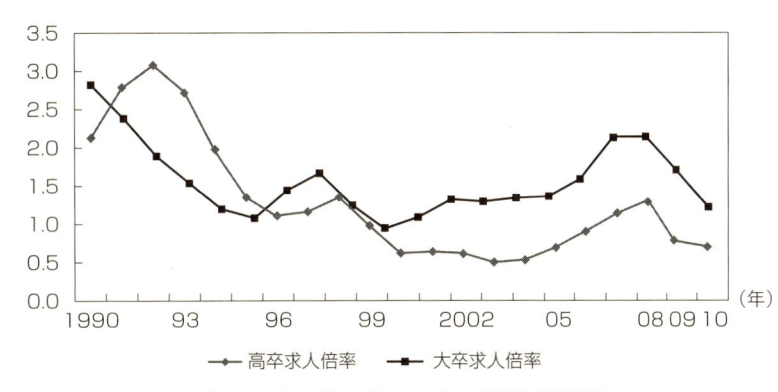

図V-7-3 高卒・大卒の求人倍率の推移

出所：厚生労働省「高校・中学新卒者の求人・求職状況について」（各年）およびリクルートワークス研究所「ワークス大卒求人倍率調査」（各年）
注：求人倍率＝求人数÷就職希望者数。高卒求人倍率は3年生の7月末時点によるもの、大卒求人倍率は4年生の4〜5月時点によるもの。

▷1 労働政策研究・研修機構, 2005, 『新規学卒採用の現状と将来』

▷2 原ひろみ, 2005, 「新規学卒労働市場の現状」『日本労働研究雑誌』542

3 若者における意識の変化

学校から職場への安定した移行が難しくなった背景として、労働供給の変化、つまり若者自身の意識や求職行動が変わった可能性もある。内閣府の「若年層の意識実態調査」では、フリーターは正社員に比べて「より専門的・高度な仕事をしたい」「より責任のある仕事をしたい」の回答率が低い一方、「仕事が面白くなければ辞めればよい」の回答率が高く、就業意欲が相対的に低いと報告されている。ただ、フリーターのなかには、適当な正社員の仕事が見つからず、非自発的な理由からフリーターになった者も含まれるため、就業意欲が低いと一概に断定することはできないだろう。

▷3 内閣府, 2003, 『平成15年版国民生活白書』

4 安定した移行に向けて

景気動向に基づく求人数の変動、そして非正規雇用の増大という趨勢が当分やまない以上、職場への移行が安定することは難しい。問題への処方箋は、在学中におけるキャリア教育の推進や職業紹介サービスの強化など、在学者に焦点を当てた予防策だけでは不十分だといえよう。学校卒業後の多くの若者が非正規労働者や失業者として生活している現在、彼ら／彼女らを対象とした職業訓練制度の拡充や求職期間の所得保障なども必要だろう。

（樋口明彦）

参考文献

筒井美紀, 2006, 『高卒就職を切り拓く』東洋館出版社

本田由紀, 2005, 『若者と仕事』東京大学出版会

Ⅴ　就業形態の多様化

8 ボランティア・NPO活動
ボランティアとNPO活動は新しい働き方なのか

1　4人にひとりがするボランティア

　自発的な利他的行為を意味するボランティアという言葉は，今や，わたしたちにとって馴染み深いものになっている。ボランティアと言うと，無償と思われがちだが，実際は対価を伴う有償ボランティアという形態も存在する。

　「社会生活基本調査」によれば，ボランティア活動を行っている10歳以上の人数は，1996年約2820万人，2001年約3263万人，2006年約2972万人で，当該人口に占める割合は順に25.3％，28.9％，26.2％となっている。その性別と年齢の分布を見てみると，参加率は若年層と高齢層で相対的に高く，また女性の場合，「40～44歳」という中高年層の参加率が40.5％に達している（図Ⅴ-8-1）。

2　NPO（特定非営利活動法人）の誕生

　今日，ボランティアを考える上で欠かせない役割を果たしているのが，NPOである。1998年に議員立法として「特定非営利活動促進法」が成立して以来，2011年11月時点で，約4万4000団体が認証され，その数は右肩上がりで増え続けている。NPOの活動分野は，「保健・医療・福祉」「社会教育」「まちづくり」「学術・文化・芸術・スポーツ」「環境」「災害救援」「地域安全」「人権・平和」「国際協力」「男女共同参画」「子ども」「情報化」「科学技術」「経済活性化」「職業能力開発・雇用機会拡充」「消費者保護」「市民活動援助」の17分野に及ぶ。NPOが公式の組織として承認されることによって，社会における対外的な信用性が増し，NPOは市民活動の一翼を担う重要なアクターになったといえる。

　では，NPO活動は新しい働き方と言えるだろうか。NPO活動の働き方を理解する場合，①有給か無給か，②正規か非正規か，③管理職（事務局長）か一般職員か，という3つの基準が重要である。第一に，賃金を受け取る有給スタッフと賃金を受け取らない無給スタッフ（いわゆる無償ボランティア）の違いは，最も基本的なものである。有給であれば，そのスタッフとNPOの間には雇用関係が発生して，労働基準法の適用を受けることになる。ただ，労働

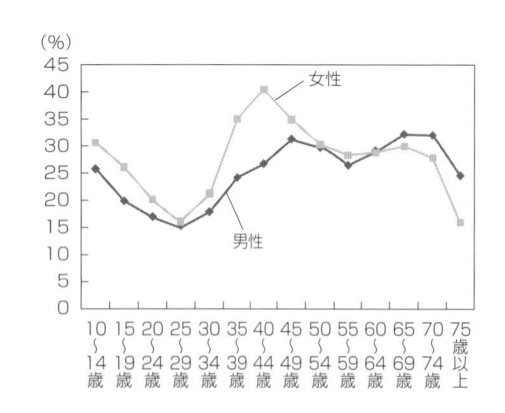

図Ⅴ-8-1　性別・年齢層別，ボランティア参加率

出所：総務省統計局「社会生活基本調査」（2006年）

の対価としての賃金ではなく，必要経費や謝金を受け取るだけの有償ボランティアという形態も多く，有償ボランティアはいわば有給スタッフと無償ボランティアの中間形態といえる。第二に，有給スタッフのなかでも，正規雇用か，パートやアルバイトの非正規雇用かによって，その労働条件は大きく異なっている。第三に，NPOの場合，実務を管理する者は事務局長と呼ばれ，組織の管理責任を担うことになる。このように，NPO活動は新たな働き方と言えるけれども，その活動形態は非常に幅広く，NPO活動に従事する者すべてが生活に十分な収入を得ているわけではない。労働政策研究・研修機構「NPO活動と就業に関する実態調査」（2005年）によれば，有給スタッフの平均月給額は，正規の事務局長21万3000円，非正規の事務局長8万8000円，正規の一般職員16万9000円，非正規の一般職員7万8000円となっている。このように，NPO活動の収入は決して恵まれたものではなく，単なる労働形態として考えれば魅力がないものかもしれない。だが，自らの価値観を信じ，社会的目的を追求する働き方は，やりがいという点において秀でているといえよう。

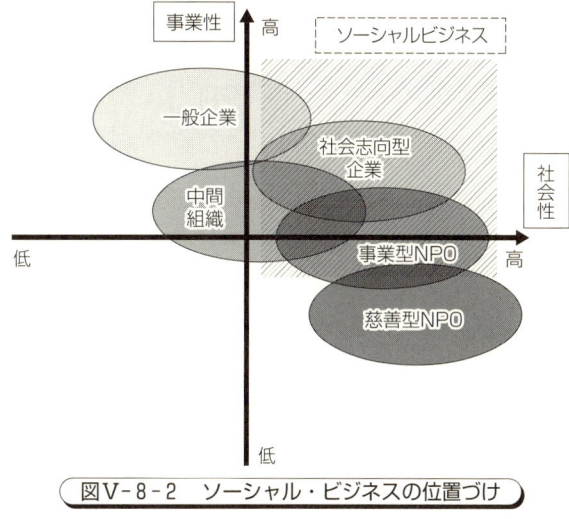

3 「社会的企業」への期待

近年，利潤獲得ではなく社会的課題の解決を目的として，継続的な事業活動を進める事業体は「社会的企業」（あるいは「ソーシャル・ビジネス」や「コミュニティ・ビジネス」）と呼ばれ，国家・市場・コミュニティを補完する活動領域として注目が集まっている。経済産業省の「ソーシャル・ビジネス研究会」は，その手法を，①社会的課題に取り組む「社会性」，②わかりやすいビジネスの形にする「事業性」，③新しい社会的商品やサービスを提供する「革新性」という3つの要件に整理している。

「社会的企業」が注目されるようになった背景には，NPO活動が，無償ボランティアに依拠する弱い経済基盤から脱却して，有給スタッフによる継続的活動が可能となるような自立した財源を獲得することへの期待があるといえよう。より具体的には，事業性を強化する「事業型NPO」と社会性を重視する「社会志向型企業」が増大したと理解することができる（図Ⅴ-8-2）。ただ，このような「社会的企業」の拡大が，場合によっては一般企業で働く普通の労働者の賃金切り下げにつながるという危惧も存在する。NPO活動における適正な働き方とはどのようなものなのか，その合意を得ることは今後の重要な課題といえよう。

（樋口明彦）

図Ⅴ-8-2　ソーシャル・ビジネスの位置づけ
出所：経済産業省，2007，「ソーシャル・ビジネス研究会資料」

▷1　労働政策研究・研修機構，2006，『NPOの有給職員とボランティア』

▷2　経済産業省，2007，「ソーシャル・ビジネス研究会資料」(http://www.meti.go.jp/committee/kenkyukai/k_3.html，2009/04/01)

参考文献
塚本一郎・山岸秀雄編，2008，『ソーシャル・エンタープライズ』丸善株式会社
西山志保，2007，『ボランティア活動の論理（改訂版）』東信堂

Ⅵ 社会的存在としての企業

1 企業倫理とCSR

1 企業の利益追求行動

経済学の始祖アダム・スミスは，人々が自分自身の利益を追求して行動すれば，神の「見えない手」の導きによって，なかば自動的に社会の利益が推進されると考えた。[1]

しかし，企業の利益追求行動の結果，現実にどのようなことが起こっているだろうか。日々の暮らしに欠かせない食品を例にみても，ここ数年の間に，事故米の販売，牛肉やウナギの産地偽装問題など，多くの企業不祥事が発生した。企業の利益追求行動は，必ずしも社会の利益につながらない。

2 企業倫理

ところで，企業不祥事が起こった際，必ずといってよいほどマスメディアに登場する言葉に，「企業倫理」がある。ある日の朝日新聞の社説は，汚染水を使用して食品を加工したメーカーの行動を「企業倫理を忘れ，緊張感に欠けていたとしか思えない」と糾弾する。[2]ちなみに，このようなかたちでの企業批判は，何も最近になって始まったことではない。図Ⅵ-1-1をみると，20年ほど前から，企業の不祥事が起こるたびに「企業倫理」という言葉がマスメディアに登場していることがわかる。

これに対し，企業の側も無策でいるわけではない。日本経団連は，2003年より毎月10月を「企業倫理月間」と定め，会員企業に「企業倫理の確立」を呼びかけている。また，日本経団連が会員企業に実施したアンケート調査によれば，何らかのかたちで「企業倫理に関する社内横断的な取り組み体制」を構築している企業は，回答企業の97.1％におよぶ。[3]

それでは，「企業倫理の確立」とは，具体的にどのようなことを指しているのか。日本経団連が会員企業に発信している「企業倫理徹底のお願い」では，「製品やサービスの品質や安全性に関わる事故，個人情報や顧客情報の漏洩・紛失，独占禁止法など市場のルールに違反する事件など，企業の重大な不祥事が相次いでいる」状況を「遺憾」であるとし，再発防止のために「企業倫理の確立」が必要であるとする。[4]すなわち，良い製品やサービスを提供すること，法令を遵守することが，「企業倫理の確立」を意味していると考えられる。

▶1 スミス，A., 水田洋監訳, 2000,『国富論(二)』岩波書店, pp. 303-304。

▶2 『朝日新聞』2008年10月29日朝刊第3面

▶3 日本経済団体連合会「企業倫理への取り組みに関するアンケート調査結果」(http://www.keidanren.or.jp/japanese/policy/2008/006.pdf, 2008年)。

▶4 日本経済団体連合会「企業倫理徹底のお願い」(http://www.keidanren.or.jp/japanese/news/announce/20050920.html, 2005年)。

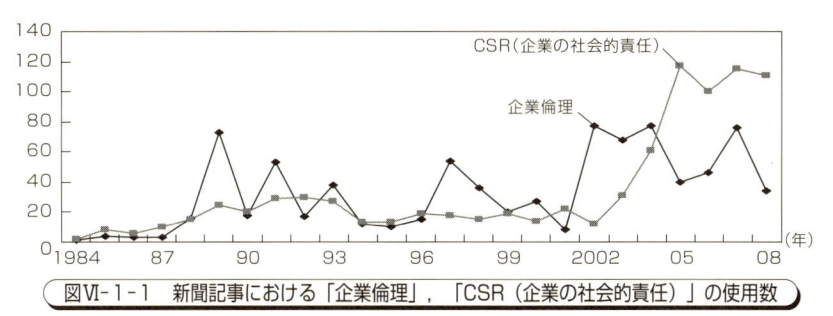

図VI-1-1　新聞記事における「企業倫理」，「CSR（企業の社会的責任）」の使用数

注：朝日新聞オンライン記事データベース「聞蔵」を用い，各年の朝刊・夕刊紙面における「企業倫理」，「CSR（企業の社会的責任）」の語の使用数を検索した。

3　CSR（企業の社会的責任）

「企業倫理」とよく似た言葉に，「CSR（Corporate Social Responsibility：企業の社会的責任）」がある。図VI-1-1をみると，「企業倫理」とは異なり，特に近年になってマスメディアに頻繁に登場するようになったことがわかる。

企業の側も，これに対応する動きをみせている。日本経団連は，「社会的責任経営部会」を設置し，会員企業に「CSRインフォメーション」を発信するなどしている。経済同友会も，『第15回企業白書』(2003年) において「社会的責任経営」の必要性に触れるとともに，「社会的責任経営委員会」を設置し，その実践に関する現状把握などを行っている。また，経済同友会が2005年に会員所属企業および東証上場企業に実施したアンケート調査によれば，何らかの形でCSRの推進体制を構築している企業は，回答企業の59.6%に上る。[5]

それでは，「CSR（企業の社会的責任）」とは，具体的にどのようなことを指しているのだろうか。経済同友会は，2005年から2006年にかけて会員所属企業に実施したアンケート調査において，「貴社にとってのCSRには，どのような項目が含まれますか」とたずねている。それによると，「法令を遵守し，倫理的行動をとること」(94.6%)，「良い商品・サービスを提供すること」(91.4%)，「地球環境の保護に貢献すること」(80.8%)，「収益をあげ，税金を納めること」(74.7%)，「所在する地域社会の発展に寄与すること」(72.3%)，「株主やオーナーに配当すること」(66.9%)，「人体に有害な商品・サービスを提供しないこと」(65.1%)，「雇用を創出すること」(57.3%) の順となっている。[6] 法令を遵守しつつ，良い商品・サービスを提供することによって「企業倫理」を確立することに加え，地球環境，国家，地域社会，株主，従業員と良好な関係を築いていくことが，「CSR（企業の社会的責任）」の遂行を意味していると考えられる。[7]

（高橋康二）

[5] 経済同友会「日本企業のCSR：進捗と展望」(http://www.doyukai.or.jp/policyproposals/articles/2006/pdf/060523b.pdf, 2006年)。

[6] 経済同友会「企業の社会的責任（CSR）に関する経営者意識調査」(http://www.doyukai.or.jp/policyproposals/articles/2005/060307a.html, 2006年)。

[7] 他方，国際機関や各国政府において，CSR（企業の社会的責任）という言葉の意味を定義する試みもなされている。代表的なものとして，2001年の欧州委員会のグリーン・ペーパーにおける定義があげられる。それによれば，CSRとは，「単に法令を遵守するのみならず，人的資本，環境，企業の利害関係者との関係により多く投資すること」であるとされ，日本の企業経営者の認識とも大方一致している。Commission of the European Communities, Green Paper "Promoting a European framework for Corporate Social Responsibility" (http://eur-lex.europa.eu/LexUriServ/site/en/com/2001/com2001_0366en01.pdf, 2001年) を参照。

参考文献
梅澤正, 2000,『企業と社会――社会学からのアプローチ』ミネルヴァ書房
梅田徹, 2006,『企業倫理をどう問うか――グローバル化時代のCSR』NHKブックス

Ⅵ 社会的存在としての企業

2 コーポレート・ガバナンス

1 コーポレート・ガバナンスとは何か

　本来，株式会社における経営者の任務は，株主の利益を最大化することである。よって，株主の利害と経営者の利害は一致するのが原則である。しかし，近代的な大企業においては，株式所有権が分散し，「所有権と支配との利害関係の離反」が起こる。その結果，巨額報酬の取得や会計情報の粉飾というような，株主の利益を損ねる行動をとる経営者があらわれるようになった。

　これに対し，1990年代，英米を中心に経営者の専横を防止するための対策が模索されるようになった。コーポレート・ガバナンス（corporate governance）とは，そのような背景のもとで使用され始めた概念で，狭義には「企業がどのような方法で運営されているか」を，広義には「企業が誰の利益のために運営されているか」をあらわすために用いられる。以下，日本企業のコーポレート・ガバナンスの現状をみる。

2 日本企業はどのような方法で運営されているか

　日本企業はどのような方法で運営されているか。ここでは，企業運営の中核を担う取締役会のあり方をみてみたい。まず，これまでの日本企業の取締役会には，①経営の監督と業務の執行が未分離である，②取締役の多くが内部昇進者で構成されている，③取締役の人数が多いといった特徴があり，それゆえ，経営の透明性や効率性の面で問題があったといわれる。

　これに対し，2002年の商法特例法改正により，アメリカ企業を模した委員会設置会社への移行が選択できるようになった。委員会設置会社とは，経営を監督する取締役会と業務を遂行する執行役を明確に分離するとともに，社外取締役を一定比率以上登用することが義務づけられた企業組織であり，日本企業の取締役会が抱えていた問題点を是正することを意図して導入されたものである。

　それでは，実際にはどのような変化が起こったか。まず，法改正により導入された委員会設置会社へ移行した企業は，2011年8月時点で87社と少ない。しかし，法改正とは別に，自主的に制度変更をした企業は多い。具体的には，上場企業において，①2004年までに経営の監督と業務の執行を分離する「執行役員制」を導入した企業が893社に到達，②1993年時点で12.71％であった社外取締役比率が2004年時点で17.31％まで上昇，③1993年時点で16.64人であった取

▷1　バーリー，A.A.・ミーンズ，G.C.，北島忠男訳，1958，『近代株式会社と私有財産』文雅堂書店を参照。

▷2　江頭憲治郎，1994，「コーポレート・ガバナンス――大会社の役割とその運営・管理機構を考える」『商事法務』p.3；田中亘，2007，「ステークホルダーとコーポレート・ガバナンス――会社法の課題」神田秀樹・財務省財務総合政策研究所編『企業統治の多様化と展望』金融財政事情研究会，p.2，を参照。なお，これとは別に，「株主価値最大化に貢献する適法性遵守と経営効率向上のための経営モニタリングシステム」というように，規範的な意味合いを込めた定義も存在する。

▷3　2002年時点での名称は「委員会等設置会社」であり，2006年施行の会社法によって「委員会設置会社」へと名称変更された。

▷4　日本監査役協会ホームページ（http://www.kansa.or.jp/）より。

図Ⅵ-2-1　企業の役割として重要なもの（スコア）

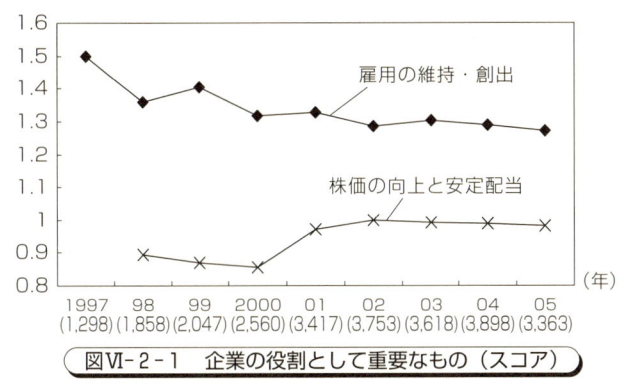

出所：経済広報センター「生活者の企業観に関するアンケート」より。
注：（　）内数字は回答数。回答者は，企業が果たすべき役割として例示された複数の項目に対して，「非常に重要」，「重要」，「重要ではない」で回答。図は「非常に重要」を2点，「重要」を1点，それ以外を0点としたスコア。

締役平均人数が2004年には9.82人に減少，といった変化がみられる。[15] 総じて，経営の透明性や効率性を高める方向への改革が進んでいるといえる。

3　日本企業は誰の利益のために運営されているか

　日本企業は誰の利益のために運営されているか。一般に，これまでの日本企業は，他国の企業に比べ，株主の利益を軽視し，従業員の利益を重視してきたといわれている。しかし現在，その点に変化がみられる。

　財務省財務総合政策研究所が1999年と2002年に上場・店頭企業に実施したアンケート調査によれば，「重視するステークホルダー」として「株主」をあげた企業の比率は，25.5％から31.3％に高まっている。[16] また，労働政策研究・研修機構が2005年に上場企業に実施したアンケート調査によれば，「経営側が重視する利害関係者」は，「これまで」は「従業員」が62.2％，「機関投資家」が33.3％，「個人投資家」が24.2％であったのに対し，「今後」は「従業員」が56.9％，「機関投資家」が44.0％，「個人投資家」が37.1％となっている。従業員重視の姿勢がやや弱まり，株主重視の姿勢が強まっていることがわかる。そして，このような変化の一因として，外国人持株比率の高まりがあることが知られている。[17]

　株主重視の姿勢を強めているのは，経営者だけではない。図Ⅵ-2-1は，経済広報センターが同センターのモニターに対して毎年実施しているアンケート調査の結果である。ここから，1990年代後半以降，企業の役割として「雇用の維持・創出」が重要だと考える人が減少する一方，2000年代に入って「株価の向上と安定配当」が重要だと考える人が増加していることがわかる。一般国民の間でも，株主重視の意見が強まっているのである。その際，特に若年者や高学歴者ほど株主重視の意見を持ちやすいことが明らかにされている。[18]

（高橋康二）

▷5　宮島英昭・新田敬祐，2007，「日本型取締役会の多元的進化」神田秀樹・財務省財務総合政策研究所編『企業統治の多様化と展望』金融財政事情研究会，pp. 27-77を参照。

▷6　財務省財務総合政策研究所編「進展するコーポレート・ガバナンス改革と日本企業の再生」（http://www. mof. go. jp/jouhou/soken/kenkyu/zk063/cg. pdf，2003年）

▷7　田中一弘「株主主権と従業員主権――日本の上場企業にみるジレンマ」（http://www. rieti. go. jp/jp/publications/dp/06j035. pdf，2006年）を参照。

▷8　高橋康二，2007，「株主重視の経営を支持しているのは誰か」『日本労働研究雑誌』565：pp. 61-72を参照。

参考文献

稲上毅・連合総合生活開発研究所編著，2000，『現代日本のコーポレート・ガバナンス』東洋経済新報社

吉森賢，2007，『企業統治と企業倫理』放送大学教育振興会

Ⅵ 社会的存在としての企業

3 企業と地域社会

1 雇用の創出

　企業の活動は，地域社会にさまざまな影響を与える。そのなかには，プラスの影響もあれば，マイナスの影響もある。

　プラスの影響として最大のものは，地域社会に雇用をもたらすことである。今日，就業者の大多数は企業に雇用されて働いている。それゆえ，地域社会にとって，企業は不可欠の存在であるといえる。

　なかには，企業城下町と呼ばれるように，特定の企業の活動によって地域社会の雇用の大部分がまかなわれている都市もある。日本の企業城下町の代表としては，トヨタ自動車が拠点を置く愛知県豊田市があげられる。[1]2011年3月現在，豊田市の人口が42万2542人であるのに対し，豊田市内にはトヨタ自動車の主要な事業所が6つあり，合計4万2301人の従業員が働いている。[2]さらに，周辺にはトヨタ自動車の子会社，関連会社，下請会社が多数立地している。少なからぬ地域住民の生活が，トヨタ自動車という企業の活動によって支えられているのである。[3]

2 公害の発生

　マイナスの影響として最大のものは，地域社会に公害[4]をもたらしうることである。特に，戦前から戦後の高度経済成長期にかけては，産業構造の重化学工業化に伴い工場からの排出物が増大し，全国各地で深刻な公害が発生，多くの人々が被害を受けた。

　日本の歴史上最も悲惨な公害のひとつとして，1956年に熊本県水俣湾周辺で発見された水俣病があげられる。[5]水俣病は，化学メーカーの工場の廃液に含まれるメチル水銀が，魚介類を通じて人体に蓄積されることによって発症する病気である。具体的には，中枢神経がおかされることによって，手足のふるえ，運動障害，感覚障害，視野狭窄，聴力障害，言語障害などの健康被害がもたらされ，場合によっては，昏睡状態に陥り，死にいたることもあった。

　水俣病におかされたある30代の女性は，次のように語る。[6]一化学メーカーの活動により，地域住民の生活の隅々までが破壊されてしまったことがわかる。

　「うちは情なか。箸も握れん，茶碗もかかえられん，口もがくがく震えの

▷1　そもそも，豊田市という市名自体が，1959年にトヨタ自動車の名前にちなんで付けられたものである。それ以前は，挙母市という市名だった。

▷2　トヨタ自動車株式会社「有価証券報告書」（2011年3月期）より。

▷3　なお，逆にいえば，トヨタ自動車という企業の業績が悪化した際に，地域住民の生活や自治体の財政が深刻な打撃を受けるという脆さを持っていることにも注意する必要がある。

▷4　公害
公害とは，「事業活動その他の人の活動に伴って生ずる相当範囲にわたる大気の汚染，水質の汚濁，土壌の汚染，騒音，振動，地盤の沈下及び悪臭によって，人の健康又は生活環境に係る被害が生ずること」と定義される（環境基本法第2条）。

▷5　一般に，水俣病と，新潟県阿賀野川流域で発生した第二水俣病，三重県四日市市で発生した四日市ぜんそく，富山県神通川流域で発生したイタイイタイ病をあわせて，四大公害病と呼ぶ。

▷6　石牟礼道子，2004，『苦海浄土——わが水俣病（新装版）』講談社文庫，p. 156

表Ⅵ-3-1　大手化学メーカーの工場における自主的な公害対策の例

企業	取り組み例
A社	・1990年度から2006年度にかけて，ばいじん排出量を68%削減。
B社	・2000年度から2007年度にかけて，揮発性有機化合物（ジクロロメタン，メチルアルコール，酢酸エチル，メチルエチルケトン，アセトン）の排出量を46～80%削減。
C社	・2002年度から2006年度にかけて，廃棄物埋立量を38%削減。
D社	・2002年度から2007年度にかけて，産業廃棄物最終処分量を41%削減。
E社	・リン，窒素などの水質汚濁物質の排出量を，規制値の半分以下に抑制。 ・2003年度から2007年度にかけて，排水量を15%削減。

出所：各社ホームページより。
注：上記は，あくまで各社の公害対策の一例である。

くる。付添いさんが食べさしてくれらすが，そりゃ大ごとばい，三度三度のことに，せっかく口に入れてもろうても飯粒は飛び出す，汁はこぼす。気の毒で気の毒で，どうせ味もわからんものを，お米さまをこぼして，もったいのうてならん。三度は一度にしてもよかばい。遊んどって食わしてもろうとじゃもね。」

3　地域社会との共生

　水俣病をはじめ，各地の公害の被害者は，損害賠償を求めて裁判所に提訴した。時には早期解決を求める被害者と法的解決を求める被害者とが分裂することもあったが，公害の深刻さを知った全国の市民たちが，署名やパンフレットの配布，デモなどのかたちで被害者を支援し，ねばり強く公害反対運動を繰り広げた。

　このような運動を受け，1967年，公害対策基本法が制定された。同法により，日本国憲法第25条で保障された「健康で文化的な生活」を確保するため，公害の防止がきわめて重要であるとの考えのもと，企業に対して「その事業活動に伴つて生ずるばい煙，汚水，廃棄物等の処理等公害を防止するために必要な措置を講ずるとともに，国又は地方公共団体が実施する公害の防止に関する施策に協力する責務」が課された[7]。また，公害防止のための具体的な環境基準も定められた。

　さらに，多くの企業は，法律で定められた環境基準を守るだけでなく，自主的な公害対策にも取り組むようにもなった。表Ⅵ-3-1は，大手化学メーカーの工場における自主的な公害対策の例を示したものである。大気汚染，土壌汚染，水質汚濁の原因物質や危険物質の排出削減に取り組んでいることがわかる。

　また，近年では，公害対策以外の面でも，積極的に地域社会に貢献しようとしている企業が少なくない。製造業についていうならば，工場見学の実施，地域・自治体の行事への支援，工場周辺の清掃や美化といった取り組みが行われている。

(高橋康二)

▷7　同法第3条。なお，1993年に環境基本法が施行されたのに伴い，同法は廃止された。

参考文献

三浦典子，2004，『企業の社会貢献とコミュニティ』ミネルヴァ書房
原田正純，2004，「解説　水俣病の五十年」石牟礼道子『苦海浄土──わが水俣病（新装版）』講談社文庫

Ⅵ 社会的存在としての企業

4 企業と国家

1 産業政策

　国家は、さまざまな理由から、ある産業における生産や投資を促進したり、抑制する政策を実施している。それらの政策を総称して産業政策という。

　第一に、いわゆる「市場の失敗」に対応するための政策があげられる。その代表は、幹線道路や港湾といった公共財、すなわち産業関連社会資本の供給である。たとえば、1954年からの道路整備五ヶ年計画、1961年からの港湾整備五ヶ年計画の実施により、国内輸送、輸出入の基盤の整備が進められている。もっとも、近年ではかつてのような大型の公共事業は減少しつつあるが、空港の整備など産業構造の高度化に対応するかたちで公共財の供給は続いている。

　第二に、重点産業の保護・育成政策があげられる。日本では、戦後復興期には鉄鋼業、高度経済成長期には自動車産業、オイルショック後にはコンピュータ産業、近年ではコンテンツ産業や観光産業などが保護・育成の対象とされてきた。保護・育成の手法として最も直接的なのは補助金の交付であるが、製造業の保護・育成の場合には貿易政策も大きな役割を果たしている。1949年に「外国為替及び外国貿易管理法」を制定し、重点産業の原料輸入や技術導入を促進するとともに、完成品の輸入を制限していたのはその典型である。

　第三に、第二の点とも大きく関連するが、外国政府と貿易交渉を行うことがあげられる。日本の自動車産業、半導体産業に代表されるように、国際競争力が高い産業は、輸出を通じて外国企業の存立を脅かすことになるため、外国政府の反感を買うことになる。逆に、農産物に代表されるように、安全性や自給率確保などの観点から輸入制限を行っている場合、安価な農産物を生産している国から輸入拡大を要求されることがある。貿易をめぐるこのような国家間の確執を、貿易摩擦と呼ぶ。これら外国政府との貿易交渉の場において国内産業の利益を守ることも、国家の重要な役割のひとつである。

　第四に、中小企業政策があげられる。日本では、生産や雇用において中小企業が占める割合が高く、また、中小企業と大企業との間で生産性や労働条件に格差がある。そこで、1963年に制定された中小企業基本法を中心として、中小企業の活動を支援する政策が実施されている。具体的には、低利融資、補助金交付、税制優遇などである。

▷1　その後、保護・育成産業の国際競争力が高まったため、1960年の「貿易為替自由化計画大綱」の策定、1964年のIMF8条国、GATT11条国への移行などにより、他の先進国と同水準の貿易自由化が達成された。ただし、自由貿易体制のもとにおいても、安価な輸入品が大量に流入してきた場合に、緊急輸入制限措置（セーフガード）が発動されることがある。

▷2　最も象徴的なのは、1980年代の日米貿易摩擦である。その結果、日本は牛肉、オレンジなどの農産物の輸入を拡大することになった。なお、このような貿易交渉は、現在ではWTO（世界貿易機構）を通じて多国間で行われている。

2 納税の義務

これに対し、企業は納税の義務を果たすことにより国家に貢献している。2011年度の税収約41兆円のうち法人税収入は約8兆円であり、2割程度を占めている。この比率は法人税率の改定や景気動向により年度ごとに変化するが、企業なくして国家財政が維持できないことは間違いない。

3 企業の政治的活動

ところで、企業と国家の関係は、国家が産業政策を実施し、その見返りとして企業が納税の義務を果たすというだけにはとどまらない。企業は、国家が自社や自社の属する産業にとって有利な政策を実施することを求めて、さまざまな方法で政治的活動を行っている。

第一に、最も露骨な方法として、政治家や行政官の買収があげられる。いうまでもなく、このような方法は違法である。しかし、歴史上繰り返し行われてきたのも事実である。一例として、1988年、大手出版社が与党の複数の有力政治家に子会社未公開株式を大量に譲渡したことが明るみになり、贈賄側、収賄側双方に有罪確定者が出るにいたった疑獄事件があげられる。

第二に、買収ほど露骨ではない、いわばグレーゾーンに属する方法として、政治家や政党に対する政治献金があげられる。歴史的にみると、大手製鉄メーカーによる与党への政治献金に対して、1970年、最高裁判所が「客観的、抽象的に観察して、会社の社会的役割を果たすためになされたものと認められるかぎりにおいて」合法であるとの判決を下しているが、その後の政治資金規正法の改正により、合法と認められる条件は次第に狭められつつある。

第三に、業界団体などを通じて特定の政策に対して意見を表明するという方法がある。最も一般的に用いられるのは、政治家や行政官に対する陳情であるが、それ以外にも、報告書の刊行のようなソフトなものから、ロビイストを活用したロビー活動のようなハードなものまで、広い幅がある。これらの活動は、確かに弊害を伴うこともあるが、合法的な運動や説得の範囲を越えない限りにおいては、民主主義を活性化させるという側面も持っている。

第四に、政治的意思決定のプロセスに直接参加するという方法がある。具体的には、政府の審議会や諮問機関に業界団体や企業が委員を派遣することがあげられる。たとえば、経済財政諮問会議、規制改革会議など、企業の活動に大きな影響を与える会議には、業界を代表する企業の幹部が委員として参加している。ちなみに、1980年代までのスウェーデンやオーストリアにおいては、労使のナショナルセンターが政策決定にかかわり、利益調整を図る仕組みが制度化されていた。これを、ネオ・コーポラティズムと呼ぶ。

(高橋康二)

▷3 財務省ホームページ (http://www.mof.go.jp/) より。

▷4 野中俊彦・江橋崇編著, 1993, 『憲法判例集 (第6版)』有斐閣, p. 21

▷5 たとえば、日本経団連が毎年刊行している『経営労働政策委員会報告』などがあげられる。

▷6 特に、アメリカ連邦議会におけるロビー活動が有名である。

▷7 なお、日本においてネオ・コーポラティズムが成立している (いた) か否かをめぐっては、さまざまな見方がある。ペンペル, T.J.・恒川恵市「労働なきコーポラティズム——日本の奇妙な姿」シュミッター, Ph.C.・レームブルッフ, G.編, 山口定監訳, 1984, 『現代コーポラティズム (Ⅰ)』木鐸社, pp. 239-297, を参照。

参考文献

小宮隆太郎・奥野正寛・鈴木興太郎編, 1984, 『日本の産業政策』東京大学出版会

恒川恵市, 1996, 『企業と国家』東京大学出版会

Ⅵ 社会的存在としての企業

5 企業と地球環境

1 地球温暖化問題

　企業の活動は，しばしば公害問題を引き起こす。しかし現在，公害問題とは別に，地球環境問題が深刻化しつつある。公害問題が，特定地域に被害をもたらす，現在の世代にとっての問題であるのに対し，地球環境問題は，人類全体に被害をもたらす，将来の世代にとっての問題であるという違いがある。

　地球環境の危機について最初に警鐘を鳴らしたレポートとして知られているのが，ローマ・クラブの『成長の限界』である[1]。同書は，1970年代初頭において，世界の人口や資源消費量が幾何級数的に増加していること，それゆえ，近い将来に食料不足，環境汚染，天然資源の枯渇といった危機が到来することを予測した。

　これらの予測がすべて的中したわけではないが，実際に深刻な問題として浮上したのが，地球温暖化問題である。気候変動に関する政府間パネル（IPCC）の推計によれば，CO_2などの温室効果ガスの排出により，過去100年間に世界の年間平均気温は0.74℃上昇した。さらに，これまでのペースで化石エネルギー源を重用しつつ高い経済成長率を維持し続ければ，21世紀末にはさらに4.0℃上昇するという[2]。もし，事態がこのシナリオ通りに進行するならば，海水面の上昇や生態系の破壊により，人類全体が大きな被害をこうむることになる。

2 温室効果ガス排出削減目標

　このような状況を前にして，国際レベルおよび政府レベルで，温室効果ガス排出削減に向けての取り組みが始まった。

　まず，1992年，気候変動枠組条約が採択され，世界の189ヶ国がそれぞれの国の状況に応じて地球温暖化対策を講じることが合意された。さらに，1997年には京都議定書が採択され[3]，先進国に対し，基準年度に対する2012年までの温室効果ガス排出削減目標を課すとともに，世界全体としての排出量を削減するため，排出枠を金銭で売買する国際排出量取引の仕組みが設けられた[4]。

　京都議定書において，日本は6％の排出削減目標を課せられた。これを実現するため，地球温暖化対策推進法（1998年制定）に基づき，2005年，京都議定書目標達成計画が定められた[5]。具体的には，温室効果ガス排出量の算定・報告・公表制度の導入などにより，企業による自主的な温室効果ガス排出削減を

▷1 メドウズ，H.・メドウズ，L. ほか，大来佐武郎監訳，1972，『成長の限界——ローマ・クラブ「人類の危機」レポート』ダイヤモンド社

▷2 経済産業省「気候変動に関する政府間パネル（IPCC）第4次評価報告書第1作業部会報告書（自然科学的根拠）の公表について」（http://www.meti.go.jp/press/20070202009/ipcc-p.r.pdf，2007年）

▷3 なお，同議定書に関しては，最大の温室効果ガス排出国であるアメリカが締約しなかったという大きな問題点があった。その後，2007年には，2013年以降の地球温暖化対策を講じるためのバリ行動計画が策定されている。

▷4 CO_2，メタン，一酸化二窒素については1990年度，代替フロン等3ガスについては1995年度を基準年度とした。

▷5 さらに，同計画は，2008年に改定された。

表Ⅵ-5-1　温室効果ガスの排出状況

（単位：CO_2換算100万トン）

	基準年度 （全体に占める割合）	2008年度実績 （対基準年度増減）
エネルギー起源 CO_2	1,059 (84%)	1,138 (+ 7.5%)
産業部門	482 (38%)	419 (−13.1%)
業務その他部門	164 (13%)	235 (+43.0%)
家庭部門	127 (10%)	171 (+34.2%)
運輸部門	217 (17%)	235 (+ 8.1%)
エネルギー転換部門	67.9 (5%)	78.3 (+15.4%)
非エネルギー起源 CO_2	85.1 (7%)	76.2 (−10.4%)
メタン	33.4 (3%)	21.2 (−36.5%)
一酸化二窒素	32.6 (3%)	22.3 (−31.6%)
代替フロン等3ガス	51.2 (4%)	23.7 (−53.7%)
合計	1,261 (100%)	1,282 (+ 1.6%)

出所：環境省ホームページ（http://www.env.go.jp/earth/ondanka/ghg/2009sokuho_gaiyo.pdf）より。

促すことになった。[6]

3　企業の取り組みと残された課題

　表Ⅵ-5-1は，基準年度と2008年度の国内の温室効果ガスの排出状況を比較したものである。ここから，基準年度の段階で，産業部門および運輸部門からのCO_2排出が，それぞれ全体の38％および17％を占めていることがわかる。

　産業部門のなかで最も排出が多いのは鉄鋼業であるが，[7]大手鉄鋼メーカー4社では，1990年度から2007年度にかけて，粗鋼生産時のCO_2排出原単位を，13.7％から20.1％削減している。[8]また，運輸部門からの排出にかかわっている自動車メーカーでは，CO_2排出が少ないハイブリッド車，バイオ燃料対応車，燃料電池車，電気自動車などの開発に力を入れている。企業が自主的に環境対策を行っていることがわかる。

　これら企業の環境対策と関連しているのが，社会的責任投資（SRI）の拡大である。SRIとは，企業の経済的なパフォーマンスだけでなく，社会的責任の遂行度合いも考慮して行われる投資活動のことである。特に日本では，環境対策に力を入れている企業の株式を優先的に購入するエコファンドと呼ばれる投資信託が大きな比重を占めている。各企業が環境対策に取り組む背景には，株価を安定させ資金調達を有利に進めたいという動機も働いている。

　それでは，温室効果ガスの削減効果はどの程度みられるだろうか。表Ⅵ-5-1によれば，基準年度から2008年度にかけて，産業部門からの排出は抑制されたが，業務その他部門（オフィスなど）や，家庭部門からの排出は30％以上増加している。このことは，工場での環境対策は一定の成果をみせているが，オフィスなどそれ以外の場所での環境対策は不十分であること，さらには，企業だけでなく家庭での環境対策も不可欠であることを意味している。

（高橋康二）

▷6　首相官邸ホームページ（http://www.kantei.go.jp/jp/singi/ondanka/kakugi/050428keikaku.pdf）より。

▷7　環境省ホームページ（http://www.env.go.jp/earth/ghg-santeikohyo/kouhyo/h18/result-a.xls）より。

▷8　各社ホームページに基づき，筆者が計算。

参考文献

環境省編，2008，『環境循環型社会白書』

Ⅵ 社会的存在としての企業

6 多国籍企業

1 多国籍企業の展開

企業は，古くから貿易を通じて外国と交流してきた。これに対し，現代社会においては，外国に子会社や合弁会社を設立して，生産活動そのものを国際的に展開する企業が増加している。このような企業を，**多国籍企業**と呼ぶ。[1]

多国籍企業は，まずイギリスから生まれた。世界の対外直接投資残高の内訳をみると，第二次大戦前まではイギリスが最も多かった。これに対し，第二次大戦後になると，アメリカがイギリスを追い抜く。[2] 以後，アメリカが最大の多国籍企業送り出し国となるが，1970年代頃から，日本とドイツが頭角をあらわすようになり，多国籍企業は多元化する傾向にある。

日本企業の多国籍化が進んだのは，高度経済成長期の後半になってからである。その理由としては，第一に，それまで輸出戦略を採用してきた機械関連企業が，輸出先国の関税障壁の高まりに伴い現地での生産活動を開始したこと，第二に，プラザ合意（1985年）以降の円高，およびアジア NIEs 諸国の企業の追い上げにより国際競争力を失った製造企業が，コスト削減を求めて賃金水準の低いアジア諸国に生産拠点を移転したことなどがあげられる。図Ⅵ-6-1に示すように，日本企業の多国籍化は，現在，ますます勢いを増している。

いうまでもなく，企業の多国籍化といった時には，日本企業が外国で生産活

▷1 **多国籍企業**
「多国籍企業」という概念は，基本的に，本国親会社と現地子会社・合弁会社との間に支配関係があることを前提としたものである点に注意が必要である。これに対し，C.A.バートレットとS.ゴシャールは，本国親会社と現地子会社・合弁会社との間に必ずしも支配関係がない，ネットワーク型の組織構造を持つ「トランスナショナル企業」という概念を提示する。しかし，彼ら自身が認めるように，「トランスナショナル企業」とは，あくまで「理想の組織形態であって，特定の企業を指しているのではない」。バートレット，C.A.・ゴシャール，S.，吉原英樹監訳，1990，『地球市場時代の企業戦略』日本経済新聞社，pp. 77-78を参照。

▷2 Dunning, J.H., 1992, *Multinational Enterprises and the Global Economy*, Addison-Wesley Publish Company を参照。

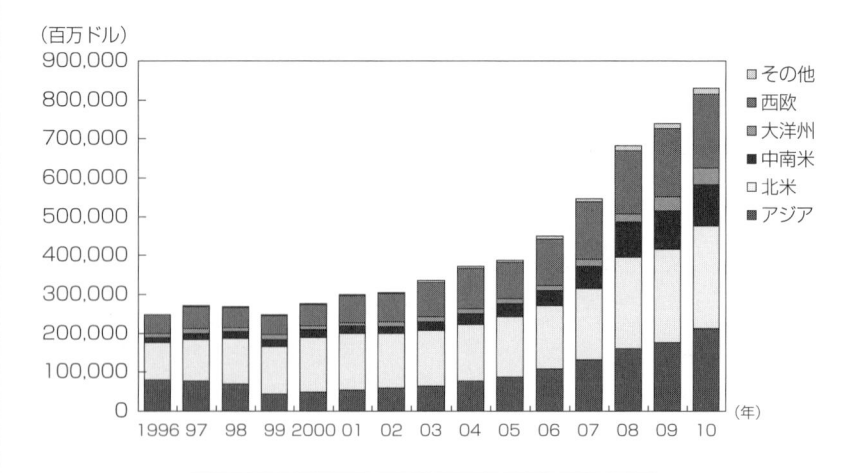

図Ⅵ-6-1 日本企業の対外直接投資残高の推移

出所：JETRO ホームページ（http://www.jetro.go.jp/world/japan/stats/fdi/data/10fdistockjp01.xls）より。

動を展開することを指す場合だけでなく，外国企業が日本で生産活動を展開することを指す場合もあるが，以下ではもっぱら，日本企業が外国で生産活動を展開する場合（日本企業の多国籍化）について述べることとする。

2 日本社会への影響

日本企業の多国籍化は，日本社会にプラスの影響とマイナスの影響を与える。プラスの影響としては，いわば働かずして外国での生産活動に伴う利益を受け取れることがあげられる。2010年の日本の対外直接投資収益は，382億9500万ドルである。[3]

マイナスの影響としては，日本企業が外国に生産拠点を移転することによって，国内の雇用が減少することがあげられる。これを，産業空洞化の問題という。もっとも，日本企業の多国籍化によって国内の雇用が全体としてどの程度減少するかについては議論が分かれる。[4] ただし，地方工業都市などにおいて，生産拠点の移転に伴い局所的に雇用が減少することは十分にありうる。

3 現地社会への影響

日本企業の多国籍化は，現地社会にもプラスの影響とマイナスの影響を与える。プラスの影響としては，第一に，生産拠点が新設されることにより，雇用が創出されることがあげられる。特に，開発途上国においては，都市部での失業率が高く，農村部では現金収入の機会さえ乏しいのが現状である。よって，日本企業が創出する雇用は，現地社会にとって貴重な価値を持つ。第二に，技術やノウハウを日本企業から学べることがあげられる。この点についても，進出先が開発途上国である場合に，特に効果が大きい。[5] 第三に，現地国家の税収増に貢献する点も無視できない。

マイナスの影響としては，第一に，現地社会から利益が持ち去られてしまうことがあげられる。ただし，このようなマイナスの影響よりも，上述のようなプラスの影響の方が大きいため，多くの国では，むしろ日本企業を含め外国企業を積極的に誘致する傾向にある。第二に，より深刻な問題として，現地企業が育ちにくくなることがあげられる。もっとも，日本企業が現地社会で継続的に生産活動を続けていく限り，心情的な抵抗感を別にすれば，現地社会にとっての実害は少ない。しかし，一般に外国企業は，外国に進出するメリットがなくなった途端に事業を撤退する傾向があるという点において，現地企業と行動原理が異なる。[6] その意味で，日本企業に依存することは，現地社会にとってリスクが高いといえる。第三に，いわゆる公害輸出の問題があげられる。東南アジアなどの開発途上国においては，日本よりも公害規制がゆるいため，日本の製造企業が公害対策を十分に施さないまま工場を操業し，環境を汚染しているという指摘もある。[7]

（高橋康二）

▷3 国際貿易投資研究所ホームページ（http://www.iti.or.jp/stat/1-005-2.pdf）より。

▷4 日本労働研究機構編，2000，『産業の空洞化と労働に関する研究——国内調査編』日本労働研究機構；樋口美雄・玄田有史，1999，「中小製造業のグローバル化と労働市場への影響」関口末夫・樋口美雄・連合総合生活開発研究所編『グローバル経済時代の産業と雇用』東洋経済新報社，pp. 123-156を参照。

▷5 具体的には，新日本製鐵のマレーシアにおける合弁会社の事例があげられる。米山喜久治，1990，『適正技術の開発と移転』文眞堂を参照。

▷6 一例として，かつて安い労働力を求めて中国に進出していた海外企業が，経済発展に伴い労働コストが上昇し始めた途端に中国から撤退し始めたことがあげられる。朱炎「中国におけるコスト上昇で外資系企業の撤退が続出」（http://jp.fujitsu.com/group/fri/report/china-research/topics/2008/no-80.html，2008年）を参照。

▷7 日本弁護士連合会公害対策・環境保全委員会編，1991，『日本の公害輸出と環境破壊』日本評論社を参照。

参考文献
吉原英樹編，2002，『国際経営論への招待』有斐閣
ハイマー，S.，宮崎義一編訳，1979，『多国籍企業論』岩波書店

Ⅶ 労働組合と労使関係

1 労働組合とは何か

1 労働組合の役割

　日本の労働組合法によれば，労働組合（labor union）とは「労働者が主体となって自主的に労働条件の維持改善その他経済的地位の向上を図ることを主たる目的として組織する団体又はその連合団体」と定義される（労働組合法第二条）。労働組合とは，市場において使用者と対峙する際に弱い立場におかれやすい労働者が，市場メカニズムの一方的な犠牲にならないよう，自らの交渉力を強化するために組織する団体だといえる。

　もっとも，歴史的にみると，当初からこのような労働組合の存在が認められてきたわけではない。資本主義社会の初期においては，取引の自由，営業の自由，労働の自由といった個人的自由が法的原則として重視されており，それらの自由を制約しかねない労働組合の結成やその活動を禁圧する政策がとられていたのである。これに対し，労働者の政治的勢力が増大し，かつ労働組合の意義についての社会の認識が改まると，労働組合は法的に認められるとともに，その結成や活動に対してさまざまな保護や助成を受けられるようになった。

　日本でも，戦前においては労働組合の結成や活動は多くの制約を受けていた。これに対し，1945年に制定された労働組合法（1949年改正）は，その目的として「労働者がその労働条件について交渉するために自ら代表者を選出することその他の団体行動を行うために自主的に労働組合を組織し，団結することを擁護すること並びに使用者と労働者との関係を規制する労働協約を締結するための団体交渉をすること及びその手続を助成すること」を掲げている（労働組合法第一条）。これにより，労働組合は，単に法的に存在が認められたのみならず，その結成や活動に対して一定の保護や助成を受けられるようになった。

2 労働組合の条件

　ただし，労働者が結成するすべての団体が労働組合として認められ，保護や助成を受けられるわけではない。労働組合法では，第二条但書において，次のような団体は労働組合として認められないと規定している。

　第一は，「使用者の利益を代表する者の参加を許すもの」である。労働組合は，労働者の利益を守るのが原則だからである。第二は，「経費の支出につき使用者の経理上の援助を受けるもの」である。労働組合は，使用者から独立し

▷1　この定義は，イギリスの社会問題研究家であるウェッブ夫妻の考え方を反映したものとなっている。ウェッブ夫妻は，「労働組合とは，賃金労働者が，その労働生活の諸条件を維持または改善するための恒常的な団体である」という見解を示している（ウェッブ，S.・ウェッブ，B., 荒畑寒村監訳, 1973, 『労働組合運動の歴史』日本労働協会, p. 4）。

た存在でなければならないからである。第三は，「共済事業その他福利事業のみを目的とするもの」，第四は，「主として政治運動又は社会運動を目的とするもの」である。労働組合は，労働協約の締結を通じて労働条件の維持改善を図るのが原則だからである。

3 労働組合の形態

労働組合は，組織する組合員の範囲や資格によって，いくつかの形態に分けることができる。まず，労働組合の歴史のなかで最も古いのが，職業別組合（craft union）である。職業別組合とは，一定の職業につく訓練を受けた労働者が，産業や企業を問わず職業の共通性を基礎として結成する労働組合である。17世紀末から18世紀はじめのイギリスにおいて，羊毛職工，植字工，仕立職人，船大工などの多くの熟練職業の労働者が，初期の職業別組合を結成した。これら職業別組合の特徴としては，それぞれの職業の労働者の利益を守るために，訓練過程や資格を統制するとともに，一定の賃金水準を設定してそれを下回る賃金で働くことを禁止するなど，独占的，排他的性格を持ちやすいことがあげられる。

▷2 「職能別組合」ともいう。

やがて，資本主義が高度化し，鉄鋼産業，造船産業，機械産業，自動車産業などにおいて機械化された大量生産が発達してくると，同一産業における労働条件や作業環境の共通性を基礎として，多くの半熟練・不熟練労働者を組織する産業別組合（industrial union）が出現した。これら産業別組合の特徴としては，アメリカのCIO（Congress of Industrial Organizations）の運動に代表されるように，使用者側の弾圧に抗して激しい闘争を通じて結成され，社会主義や共産主義などのイデオロギーと結びつきやすい側面があったことがあげられる。

欧米諸国においては職業別組合，産業別組合が主流であるのに対し，日本において特徴的にみられ，また日本の労働組合の代表的な形態となっているのが，特定の企業または事業所で働く労働者（しばし正規労働者に限定される）を組織する企業別組合（enterprise union）である。たとえば，トヨタ自動車株式会社のトヨタ自動車労働組合，株式会社日立製作所の日立製作所労働組合というように，組合名に企業名を冠しているのが一般的である。これら企業別組合の特徴については，Ⅶ-2 で詳述する。

これに対し，さまざまな職業，産業，企業の労働者，特に不熟練労働者を幅広く組織するのが，一般組合（general union）である。その代表としては，イギリスの運輸一般労働組合，一般・都市労働組合，商業・配給関連労働組合などがあげられる。日本においても，企業別組合に組織されにくい中小企業の労働者や個人労働者が，主として地域別の一般組合に組織されている。

（高橋康二）

参考文献
菅野和夫，2008，『労働法（第8版）』弘文堂
白井泰四郎・花見忠・神代和欣，1986，『労働組合読本（第2版）』東洋経済新報社

VII 労働組合と労使関係

2 企業別組合

1 企業別組合と日本型雇用システム

　欧米とは異なり、日本では、特定の企業または事業所で働く労働者を組織する企業別組合が最も代表的な労働組合の形態となっており、組合員の約9割がこの形態の労働組合に属しているとされる。

　そして、企業別組合は、しばし海外の研究者によって、終身雇用、年功序列と並ぶ日本型雇用システムの本質的特徴のひとつとして取り上げられてきた。具体的には、従業員の一体感を高めることによって、企業コミュニティ形成の基盤となっているといわれる。

2 企業別組合の特徴

　企業別組合という形態をとることには、労働者にとってプラスの側面とマイナスの側面とがある。

　プラスの側面としては、以下の事柄があげられる。第一に、労働者を組織化しやすく、組合運営が財政面でも安定しやすいということである。企業別組合の多くは、職場において労働者が必ず労働組合に加入しなければならないという、ユニオン・ショップ制度をとっている。この制度により、労働組合は新規採用者を自動的に組織化することができる。また、企業別組合の場合、組合員が同一企業の労働者であるため組合費が徴集しやすく、組合運営が財政面で安定したものになりやすい。

　第二に、ブルーカラー労働者とホワイトカラー労働者が一体となって組合活動に携われることである。欧米の職業別組合、産業別組合の多くは、ブルーカラー労働者を中心に結成されているため、産業化の進展によってホワイトカラー労働者が増加するなかで、彼らの組織化に苦慮している。これに対し、日本の企業別組合においては、ホワイトカラーの組織化が容易であるのみならず、彼らの知識や能力を組合活動の資源として活用することができる。

　第三に、最も重要なこととして、企業の内部、すなわち生産活動が行われる職場に組合の組織があることによって、職場の実状に即した組合活動を行いうること、さらには、経営の実状を踏まえた現実的な組合活動を展開しやすいことがあげられる。組合員が現実にどのような不満や要望を抱いているのかを把握し、それらを組合の政策として使用者に伝えていくことが、組合活動の基本

▷1　菅野和夫, 2010,『労働法（第9版）』弘文堂, p. 506

▷2　そのような海外の研究の代表として、アベグレン, J., 占部都美監訳, 1958,『日本の経営』ダイヤモンド社；OECD, 労働省訳, 1972,『OECD 対日労働報告書』日本労働協会などがあげられる。また、OECD 上掲書の「序」において、当時の労働事務次官・松永正男は、生涯雇用、年功序列、企業別労働組合が「三種の神器」として日本の経済成長に貢献したと述べている。

▷3　多くの大企業では、給与支給の際、組合員の賃金から組合費を天引きし、労働組合に一括して渡す、チェック・オフ制度をとっている。

▷4　このような労働組合を工職混合組合と呼ぶ。

である。そのような点において，企業別組合は，組合員の利益に適った行動をとるのにふさわしい形態だということができる。

他方，マイナスの側面としては，以下の事柄があげられる。第一に，労働者が企業の枠を超えて連帯するのが難しいということである。当然のことながら，企業別組合の組合員となれるのは，当該企業の労働者に限られる。それゆえ，給与や手当が当該企業の経営状態や使用者の方針に左右される傾向があり，労働条件を社会的に平準化することが難しい。

第二に，労働組合と使用者とが癒着しやすいということである。企業別組合において，組合員の雇用を安定させ，労働条件を向上させるためには，当該企業の事業が安定し，成長していかなければならない。それゆえ，使用者の利益と組合員の利益が一致する部分が多く，結果として，組合員の利益が使用者の利益に従属させられるということがしばし起こりうる。▷5

▷5 このように，使用者が実権を握っている労働組合のことを，御用組合（yellow union）と呼ぶ。

第三に，日本の企業別組合の多くは正規労働者のみの組合であり，パートタイマーなど非正規労働者の組織化が遅れているということである。もっとも，近年では非正規労働者を組織化する労働組合も増加しつつあるが，現状としては，労使関係において非正規労働者の意見が十分に反映されているとは言い難い。

③ 産業別組合との連携

企業別組合のもとでは，労働者が企業の枠を超えて連帯することが難しいと述べた。しかし，1955年以降の賃金交渉において，最終決定こそ各企業の労使交渉に委ねられるものの，あらかじめ産業別組合（正確には，企業別組合の連合体）が賃上げ要求を提示し，企業別組合がそれに従って行動するという独特の慣行が生まれた。これを春闘（春季生活闘争）という。

春闘は，毎年2月頃から始まる。まず，自動車，電機，鉄鋼といった製造業の産業別組合が，産業別の賃上げ要求を提示する。次に，それら産業別組合に加盟する大手製造業の企業別組合が，産業別組合の指導のもとで交渉を行い，できる限り同一産業内で足並みの揃った賃上げ水準を引き出す。そして，そこで形成された賃上げ相場が，非製造業や中小企業の賃上げに波及するというかたちをとる。

なお，1990年のバブル崩壊後においては，同一産業内でいわゆる「勝ち組」企業と「負け組」企業が明確化したため，最終的な賃上げ水準がばらつくようになった。また，成果主義賃金の導入により，春闘における賃上げ率が個々の労働者の所得向上に結びつかなくなってきており，従来の意味での春闘の役割は希薄化しつつある。しかし他方で，春闘は，雇用維持や労働時間の短縮など，賃上げ以外の問題について労使が話し合う場という新たな役割を担いつつある。

（高橋康二）

参考文献
白井泰四郎，1968，『企業別組合』中央公論社
日本労働研究機構編，2001，『リーディングス日本の労働3　労働組合』日本労働研究機構

Ⅶ 労働組合と労使関係

3 労使の対立

1 労使関係とは何か

労働者と使用者（経営者）との間に形成される関係を，労使関係（industrial relations）という。[1]労使関係のあり方は，労働組合の活動方針や経営方針次第で多様な形態をとりうるが，いかなる形態をとるものであれ，その根底に構造的な利害対立がある点では共通している。以下，戦前および戦後においてその利害対立がどのようなかたちで立ち現れてきたかを，事例に即してみていく。

2 戦前の労働問題

戦前の日本では，労働組合の結成や活動は多くの制約を受けていた。そのため，労働者は，団結して異議を申し立てる機会も与えられないまま，過酷な環境もとで低賃金労働を強いられてきた。その実態は，当時のルポルタージュからうかがい知ることができる。ここでは代表的な2冊を取り上げる。

ひとつは，1899年（明治32年）に上梓された横山源之助『日本の下層社会』[2]である。同書によれば，当時の紡績工場においては，地方の農村から集められた義務教育未了の10歳未満の少女たちが，30畳から40畳に40人から50人が押し込められる狭い寄宿舎で寝泊まりしながら，防火設備も整わない灼熱の工場で昼夜二交代勤務に従事していたという。しかも，労働者の福利を顧みない経営により会社は中国市場で多額の利益を収めながら，労働者の手元に渡る賃金はわずかで，貯金すらままならなかった。

いまひとつは，第一次大戦後の1925年（大正14年）に上梓された細井和喜蔵『女工哀史』である。[3]同書には，当時の紡績工場における，仕事上の些細なミスに対する残酷な身体的懲罰，[4]不良品の発生に対する理不尽な罰金制度の存在が克明に記されている。[5]また，工場の衛生状態も悪く，女工の死亡率は1000人中の23人と，当時の一般女性の3倍に上っていたという。

3 戦後の労働争議

戦後，1945年の労働組合法の制定により労働組合の結成が法認されると，全国各地で激しい労働争議が巻き起こった。ここでは，当時，世間で大きな注目を集めたふたつの争議を取り上げる。

ひとつは，近江絹糸争議である。近江絹糸は，戦後に急成長を遂げた後発の

▷1 これに対し，労働者と資本家の階級的対立関係を表現するときには，労資関係という用語を用いる。

▷2 横山源之助，[1899] 1985,『日本の下層社会（改版）』岩波書店を参照。

▷3 細井和喜蔵，[1925] 1980,『女工哀史（改版）』岩波書店を参照。

▷4 たとえば，「木管を一本床の上へおとしたといってバケツに水を入れたのを持って立たされ……漸次彼女の手が下がって行くのを見て，はたと主任は鞭打った」との記述がある（細井和喜蔵，[1925] 1980,『女工哀史（改版）』岩波書店，pp. 153-154）。

▷5 具体的には，木綿の等級を一等品から四等品に分け，一等品のみを合格とし，二等品は織賃二割引き，三等品は織賃半減，四等品は織賃没収といった仕組みが存在していた（細井和喜蔵，[1925] 1980,『女工哀史（改版）』岩波書店，p. 155）。

繊維メーカーであり，その躍進ぶりには目を見張るものがあったが，その背景には労働法や労働者の人権を無視した前近代的経営があった。具体的には，「フクロウ労働」と呼ばれる専門深夜番制度，労働者を相互に競わせる仕掛け，勤続を重ねても昇給しない賃金制度が敷かれるとともに，仏教の強制，信書の開封，私物検査，外出制限といった人権侵害行為が横行していた。そこで，これに反発した労働者は，1954年，全繊同盟の指導のもと近江絹糸労働組合を結成し，22項目の要求を使用者側に提出した。しかし，使用者側がこれを拒んだため，組合側はストライキに入った。結局，**中央労働委員会**の3度目の斡旋によって組合側の勝利のもとで事態は終結したが，争議の過程で組合側に自殺者が出るなど，その代償は決して小さなものではなかった。

いまひとつは，1959年から1960年にかけて，三井三池炭鉱で行われた三井三池争議である。1958年以降，石炭業界は厳しい不況に見舞われ，三井三池炭鉱においても希望退職などによる人員削減案が提示された。しかし，希望退職者が不足したため，1959年12月，使用者側が戦闘的な組合活動家を含む1200名を指名解雇，これに反発した組合側がストライキに入るかたちで争議が始まった。争議は，財界が使用者側を，**総評**が組合側を支援する「総資本対総労働」の対決と位置づけられたこともあり，長期化した。最終的には，組合側が世論の支持を得られなったこともあり，使用者側による指名解雇を認めるかたちで決着したが，長期間の混乱のなかで幾度の暴力事件が発生し，少なからぬ死傷者を出すなど，大きな犠牲を伴う争議となった。

4 職場共同体と仕事の規制

高度経済成長期が終わる頃には，犠牲者を伴う激しい労働争議はほとんどみられなくなった。しかし，労使の対立的な関係自体がなくなったわけではない。そのような関係が象徴的にみられるものとして，1975年から1977年にかけて調査が行われた国鉄動力車労働組合（動労）の事例を取り上げる。

当時の動労は，団体交渉においてストライキを辞さない強硬な態度を示すことで知られていたが，そのような態度を生み出していたのが，労働者の強い結束である。そして，その結束を支えていたのが，職場共同体による仕事の規制を通じた労働者同士の競争の回避，平等の保障であった。具体的には，労働協約に基づき乗務距離・時間に厳しい制限を設け，過重労働の回避，業務負担の平準化を図るとともに，昇給や昇格において年齢・勤続に基づく先任順位の準則の適用を要求し，業績主義的競争の回避を図っていた。

現在では，当時の動労のような労働組合は少ないが，この事例は，職場共同体による仕事の規制が，労働者の強い結束をもたらし，団体交渉において強硬な態度を生み出す基盤となりうることを物語っている。

（高橋康二）

▷6　そのため，近江絹糸争議は別名「人権争議」とも呼ばれるようになった。

▷7　**中央労働委員会**
労働組合法に基づいて設置された国の機関で，労働争議のあっせん・調停・仲裁，不当労働行為事件の審査などを行っている。

▷8　三井三池炭鉱では，この他にも何度か争議が行われているが，一般に「三井三池争議」といえば，1959年から1960年にかけてのこの争議を指す。

▷9　**総評**
日本労働組合総評議会の略。1950年にGHQの支持を受けて発足したが，後に反米的な姿勢を強め，三井三池争議当時，日本最大の全国的労働組合中央組織（ナショナルセンター）として労働運動をリードしていた。1989年に連合に合流するため，解散。

▷10　稲上毅，1981，「職場共同体と仕事の規制」『労使関係の社会学』東京大学出版会，pp. 277-349, を参照。

参考文献

稲上毅，1981，『労使関係の社会学』東京大学出版会

神代和欣・連合総合生活開発研究所編，1995，『戦後50年　産業・雇用・労働史』日本労働研究機構

Ⅶ 労働組合と労使関係

4 労使の協調

1 労使の対立と協調

一般に，労働者が高い賃金，安定した雇用を求めるのに対し，使用者は雇用に伴う費用をできる限り削減，柔軟化しようと考える。その意味で，労使の利害は根底において対立しているといえる。これに対し，労使が協調することによってこそ企業や経済は安定的に成長することができ，それによって労使ともに利益を得られる，という考え方も存在する。

戦後の日本企業においても，労使の協調がみられる。以下，それが具体的にどのようなものだったか，また，労使の協調の結果，企業活動にどのような影響があらわれたかをみていきたい。

2 雇用保障と配置転換・出向

敗戦から1950年代にかけて，使用者は，労働者の解雇をめぐる激しい労働争議に直面することになった。そこで，高度経済成長期以降，できれば解雇を避けたいと考える使用者が現れた。

そのような考え方がいち早くあらわれているのは，1955年に日本生産性本部が打ち出した「生産性三原則」である。それによれば，「生産性の向上は究極において，雇用を増大するものであるが，過渡的な過剰人員に対しては，国民経済的観点にたって，能うかぎり配置転換その他により失業を防止するよう，官民協力して適切な措置を講ずるものとする」とある[1]。すなわち，労働者が配置転換に協力するならばという条件つきではあるが，使用者が解雇をできる限り防止する方針をとることが示されている。

そして，高度経済成長期に入ると，実際にこのような協調的性格を持つ労使関係が形成されていった。たとえば，1961年に王子製紙の労使で締結された「近代化協定」においては，「従業員としての地位の保障」を前提として組合側が配置転換に応じるなど「能率増進を進める」ことが確認された[2]。さらに，1970年代に入り各企業でより大規模な減産が実施されるようになると，労働者の雇用保障と引き換えに，同一企業内での配置転換のみならず，グループ企業への出向にも協力する労働組合があらわれた。

▶1 日本生産性本部編, 1965,『生産性運動10年の歩み』日本生産性本部, p. 31

▶2 竹田誠, 1993,『王子製紙争議（1957～60）』多賀出版, pp. 72-74。なお，その際，不慣れな作業により査定成績が落ちることがないように，配置転換者の当年度の査定は配置転換前の職場で行うこととし，その査定結果を次年度以降2年間保証することが定められた。

▶3 たとえば，厚生労働省「労使コミュニケーション調査（2004年）」によれば，労使協議機関を設置している事業所のうち，「時間外労働の賃金割増し率」を「付議事項」としている事業所の割合は78.6％である。さらに，「付議事項」としている事業所全体を100％として，その内訳をみると，「説明報告」が17.5％,「意見聴取」が4.1％,「協議」が48.1％,「同意」が30.3％となっている。

3 活発な労使協議

このように，高度経済成長期以降，労使の協調がみられるようになるわけであるが，それと関連しているのが，活発な労使協議の存在である。一般に，労使交渉の手続きとしては，団体交渉と労使協議のふたつがある。団体交渉とは，日本国憲法第二八条および労働組合法によって保障された交渉手続きであり，労働組合が賃金や労働時間などの労働条件をめぐって団体交渉を申し出てきた時，使用者はそれに応じる義務がある。これに対し労使協議とは，労使間の自主的な取り決めに基づく手続きであり，経営方針を含む広範な事柄をめぐって，労使が任意に情報の伝達や共有，意見交換，合意形成を行うものである。日本においては，労使協議が特に発達している。

ところで，元来，団体交渉と労使協議は異なるものである。たとえばドイツでは，労働条件を決定するための団体交渉が，産業別組合と使用者団体との間で行われ，労働条件以外の事柄について協議するための経営協議会（Betriebsrät）が，各企業の従業員と経営者との間で取り持たれるというように，両者が明確に区別されている。これに対し，日本の労働組合は企業別組合の形態をとるため，団体交渉と労使協議の主体が同一である。それゆえ，両者が連携して行われることが多い。具体的には，賃金や労働時間などの労働条件についても，事前に労使協議を行い，素案をまとめた後，団体交渉において決定するといった手続がとられる。その結果，必要な議論を尽くした上で労使双方にとって納得のいく結論に到達し，労働争議を未然に防ぐ効果を持つ。

4 労使の協調と企業活動

それでは，労使の協調は，企業活動にどのような影響を与えただろうか。

第一に，日本企業は，解雇を回避することや，賃金や労働時間などの労働条件について交渉するにあたり事前に十分な労使協議を実施することによって，ストライキや**ロックアウト**といった争議行為が発生するのを防ぎ，**労働損失日数**を減らすことができた。実際，1968年から1977年にかけての鉱・工・建設・交通業の雇用者1000人あたりの労働損失日数は，イタリアが1914日，カナダが1893日，アメリカが1340日であるのに対し，日本は241日と目立って少ない。そして，その差は1990年代以降にはさらに広がっている。労使の協調が，生産性にプラスの影響を与えたことが読み取れる。

第二に，組合側が，解雇回避の目的以外で実施される配置転換・出向にも一定の理解を示すことにより，事業構造改革が円滑に行われた事例がある。具体的には，2000年代の電機業界において，密な労使協議を重ねることによって，大きな混乱や指名解雇といった事態を招くことなく，大規模な事業構造改革が敢行され，企業が競争力を回復させたことが知られている。　　　（高橋康二）

▷4　ロックアウト
ロックアウトとは，使用者が，労働者のストライキへの対抗手段として事業所を閉鎖し，賃金の支払いを拒むことをいう。このほか，統計上労働損失日数には計上されないが，企業活動に影響を与える争議行為の類型として，労働者が申し合わせて仕事を停滞させ能率を低下させる「サボタージュ」がある。

▷5　**労働損失日数**
労働者がストライキに参加したりロックアウトの対象になることによって失われた労働日数のこと。

▷6　法政大学大原社会問題研究所編，1979，『日本労働年鑑　第50集』労働旬報社，p. 222

▷7　労働政策研究・研修機構編，2008，『データブック国際労働比較（2008年版）』労働政策研究・研修機構を参照。

▷8　電機連合，2004，「『構造改革・連結経営下の労使関係研究会』報告書概要」（http://www.jeiu.or.jp/research/report295/）を参照。

参考文献
仁田道夫，2003，『変化のなかの雇用システム』東京大学出版会
久本憲夫，1998，『企業内労使関係と人材形成』有斐閣

Ⅶ 労働組合と労使関係

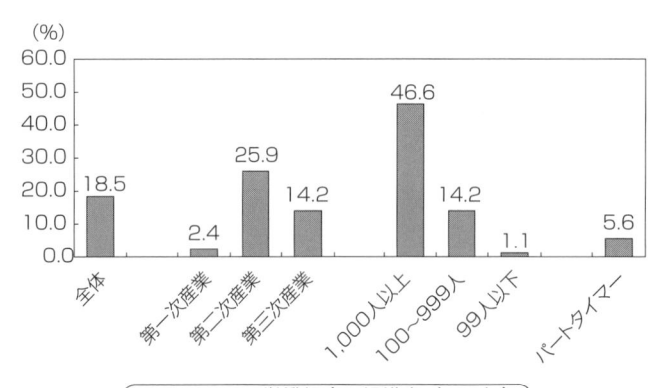

5 労働組合の組織率

1 労働組合の組織率

労働組合の組織率とは,雇用労働者のうち,労働組合に組織されている人の比率をあらわしたものである。その比率が高いほど,より多くの労働者の意見が,労働組合を通して反映されていることを意味する。図Ⅶ-5-1によれば,2010年現在の日本の労働組合の組織率は,18.5％となっている。

ところで,労働組合の組織率は,産業ごと,企業規模ごと,雇用形態ごとに大きく異なっている。産業ごとにみると,第二次産業で25.9％,第三次産業で14.2％,第一次産業で2.4％であり,第二次産業において組織率が高い。企業規模ごとにみると,1000人以上で46.6％,100〜999人で14.2％,99人以下で1.1％であり,企業規模が大きいほど組織率が高い。雇用形態ごとにみると,非正規労働者の組織率が低く,たとえばパートタイマーの組織率は5.6％である。すなわち,日本の労働組合は,第二次産業の大企業の正規労働者を中心に組織されているといえる。

2 労働組合の組織率の推移

現在,日本の労働組合が直面している最大の課題は,組織率の低下である。上述の通り,日本の労働組合の組織率は2割を割り込んでおり,雇用労働者の8割以上が,労働組合を通じて意見を反映できていない状態にある。

もっとも,労働組合の組織率は,ずっと低かったわけではない。現在の労働組合法が施行された1949年には,組織率は55.8％に達していた。しかし,それ以後,ほぼ一貫して低下し続けて現在にいたっている(図Ⅶ-5-2)。

労働組合の組織率が低下している理由

図Ⅶ-5-1 労働組合の組織率(2010年)

出所:厚生労働省「労働組合基礎調査」(2010年),総務省統計局「労働力調査」(2010年)に基づき筆者が作成。

注:全体については単一労働組合,それ以外については単位労働組合の組合員数に基づいている。
産業別の集計は,「公務」,「分類不能の産業」を除く。また,複数産業の労働者で組織されている労働組合の組合員数も除いて集計している。企業規模別の集計は,「農林業」,「公務」を除く。また,複数企業の労働者で組織される労働組合の組合員数も除いて集計している。
「労働組合基礎調査」においては,「単一労働組合に関する統計表」と「単位労働組合に関する統計表」のふたつが作成されており,それぞれ組合員数の集計方法,作成される目的が異なっている。「単一労働組合に関する統計表」は,労働組合を本部ごとに集計したものであり,全体の組合員数をみる場合に用いる。これに対し,「単位労働組合に関する統計表」は,労働組合の支部を1組合として集計しているものであり,産業ごと,企業規模ごとの組合員数をみる場合などに用いる。また,後者では,特定の支部に属さない本部直属の組合員は集計されていないため,通常,単一労働組合の組合員数の方が単位労働組合の組合員数より多くなる。

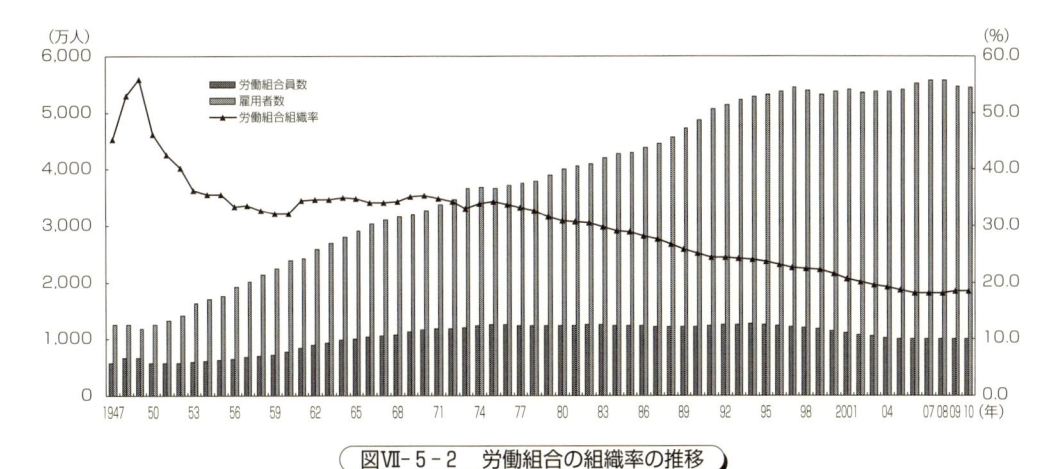

図VII-5-2 労働組合の組織率の推移

出所：厚生労働省「労働組合基礎調査」（各年）より。
注：1952年までは単位労働組合，1953年以降は単一労働組合の組合員数に基づいている。

は，いくつか考えられる。まず，産業構造の変化が指摘できる。先にみた通り，日本の労働組合は第二次産業を中心に組織されているが，高度経済成長期以後の日本では，第三次産業化が進行している。民間雇用労働者における第三次産業従事者の比率は，1960年に48.0％であったものが，1980年には57.1％，2000年には64.1％，2008年には64.8％となっている[1]。次に，雇用形態の多様化が指摘できる。同じく，先にみた通り，日本の労働組合は正規労働者を中心に組織されているが，特に近年，非正規労働者が増加している。雇用労働者に占める非正規労働者の比率は，1985年に16.4％であったものが，1995年には20.9％，2005年には32.3％，2010年には34.4％となっている[2]。さらに，労働者の価値観やニーズが多様化しているのに対し，既存の労働組合がそれらにうまく対応できず，労働者が「組合離れ」を起こしていることも，組織率が低下している理由のひとつとして指摘できる。

3 パートタイマーの組織化

ところで，近年，パートタイマーの組織化が急速に進んでいる。パートタイマーの組織率は，1995年に2.1％であったものが，2000年には2.6％，2005年には3.3％，2010年には5.6％となっている[3]。その理由としては，パートタイマーを多く活用している小売業などの企業別組合が，組織勢力を維持，拡大するためにパートタイマーに組合員の資格を付与し始めていることなどがあげられる。

もっとも，正規労働者に比べれば依然としてその組織率は低く，現状の労使関係において，パートタイマーの意見が十分に反映されているとはいえない。しかし，もし今後，このペースでパートタイマーの組織化が進むならば，「正規労働者中心」という日本の企業別組合の特徴が変質していく可能性もなくはない。

（高橋康二）

▷1　総務省統計局「労働力調査」（各年）より。

▷2　総務省統計局「労働力調査特別調査」（各年），「労働力調査詳細集計」（各年）より。

▷3　厚生労働省「労働組合基礎調査」（各年）より。

参考文献

都留康，2002，『労使関係のノンユニオン化──ミクロ的・制度的分析』東洋経済新報社

呉学殊，2011，『労使関係のフロンティア──労働組合の羅針盤』労働政策研究・研修機構

Ⅶ 労働組合と労使関係

6 個別的労使紛争への対応

① 個別的労使紛争とは何か

一般に、労働組合と使用者とのあいだの紛争を集団的労使紛争と呼ぶのに対し、個々の労働者と使用者との間の紛争を個別的労使紛争と呼ぶ。個別的労使紛争は、職場におけるさまざまなトラブルがきっかけとなって発生する。具体的には、リストラにかかわるトラブル、賃金や残業手当、退職金にかかわるトラブル、人事考課にかかわるトラブル、仕事の量や内容にかかわるトラブル、いじめやセクシャル・ハラスメントにかかわるトラブルなどがあげられる。

② 集団的労使紛争の減少と個別的労使紛争の増加

労使紛争の発生状況を長期時系列的にみると、まず、集団的労使紛争が目立って減少している。図Ⅶ-6-1の棒グラフは、ストライキ、ロックアウト、サボタージュなどを伴う労働争議の件数を示したものである。これをみると、第一次石油危機後の1974年の9581件をピークとして、それ以後は減少傾向にあり、1991年には1000件台を割り込み、昨今では100件前後にとどまっていることがわかる。その理由としては、労使協議の発達などにより集団的労使紛争を未然に防ぐ体制が整ってきたこと、産業構造の変化や雇用形態の多様化などにより労働組合の組織率自体が低下していることなどが考えられる。

これに対し、目立って増加しているのが、個別的労使紛争である。個別的労使紛争の発生状況を把握する上で有用なのが、労働問題に関する相談業務を幅広く行ってきた、都道府県の労政主管事務所の相談件数である。図Ⅶ-6-1の折れ線グラフは、東京都内の労働相談情報センター（旧・労政事務所）に寄せられた相談件数を示したものである。これをみると、1970年代から1980年代にかけて徐々に増え始め、バブル崩壊後に急増し、1998年には5万件を超えたことがわかる。2000年代に入ってからは若干の上下があるが、基本的に高水準を保っていることには変わりない。その理由としては、バブル崩壊後の不況、経済のグローバル化のなかで、企業組織の再編、人事労務管理の見直しが起こるとともに、個人の権利意識の高まりによって職場の人間関係が変化してきていることなどが考えられる。

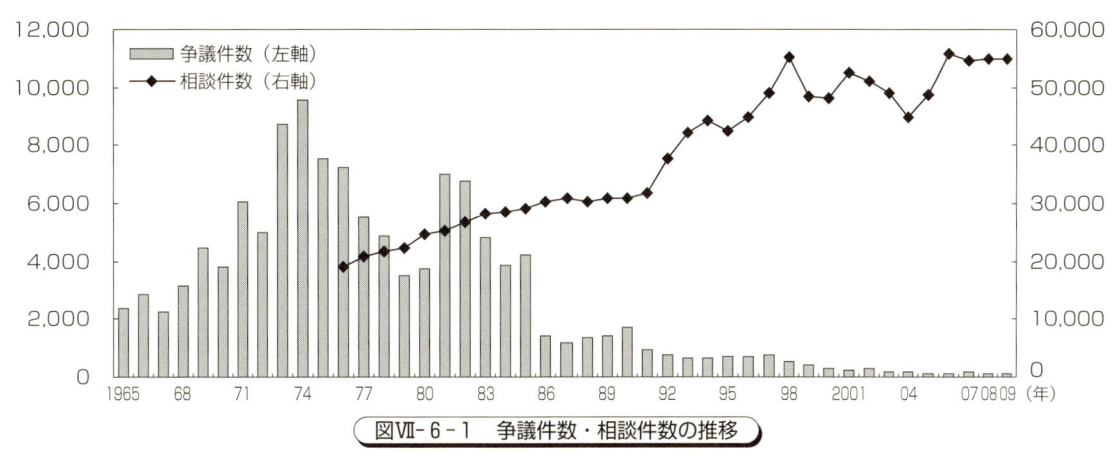

図Ⅶ-6-1　争議件数・相談件数の推移

出所：争議件数は，厚生労働省「労働争議統計調査」（各年）より。相談件数は，東京都産業労働局編『労働相談及びあっせんの概要』（東京都産業労働局，各年版）より。

3　個別的労使紛争の処理システム

　個別的労使紛争は，企業内の当事者同士の問題として自主的に予防，解決していくことが基本である。しかし，当事者が必ずしも問題を予防，解決していくための知識やノウハウを持ち合わせているとは限らない。そこで，企業外において，これらの問題に簡易，迅速に対応していくことが求められる。

　この点に関して，これまでより，都道府県の労政主管事務所において個別的労使紛争についての相談が幅広く行われてきたことは，すでに述べた通りである。さらに，一部の都府県においては斡旋も行われている。しかし，個別的労使紛争は増加の一途をたどり，従来のシステムだけでは処理しきれなくなってきている。そこで近年，これに加え，さまざまな制度改革がなされている。

　まず，2001年に「個別労働関係紛争の解決の促進に関する法律」が成立，施行された。これにより，当事者から紛争の解決について援助を求められた場合には，都道府県労働局長が助言または指導をするとともに，必要に応じて，紛争調整委員会にあっせんを行わせることができるとされた。それと同時に，主要な労働基準監督署，大都市圏の駅ビルなどに総合労働相談コーナーが設けられ，紛争当事者が，相談員から情報提供，相談を受けられる体制が整った。

　また，これまで集団的労使紛争の処理を担当してきた都道府県労働委員会においても，個別的労使紛争に関する相談，斡旋が行われるようになった。

　さらに，2006年より労働審判制度が始まった。個別的労使紛争に限らず，労使紛争の多くは「裁判に替わる紛争解決手続き（Alternative Dispute Resolution，ADR）」によって処理されるが，権利義務関係の究極の判定は，司法の場に委ねる必要がある。しかし，従来の裁判には，煩雑な手続が必要であるとともに，解決までに長い時間がかかるという問題点があった。そこで，新たに労働審判制度が創設され，裁判官と労働問題に関する専門家が，紛争の実態に即して迅速に調停を行えるようになった。

（高橋康二）

参考文献

菅野和夫，2004，『新・雇用社会の法』有斐閣
労働政策研究・研修機構編，2008，『企業外における個別労働紛争の予防・解決システムの運用の実態と特徴』労働政策研究・研修機構

Ⅷ 働く場の女性

1 変化する／しない女性の意識と働き方

1 変化する女性の意識

現在，女性の労働力率が上昇し，雇用者に占める女性の割合も40％を超えた。社会経済環境の変化の中で，女性のライフコースは大きく変貌を遂げている。大学進学率も上昇し，高学歴化した女性たちは何らかのかたちで就労を希望している。また晩婚化も進み，今では平均初婚年齢が30歳に迫る勢いである。

「夫は外で働き，妻は家庭を守るべき」とする性別役割分担意識にも変化が見られ，女性が働くことへの抵抗は少なくなっている。そればかりか，女性は「子どもができたら職業をやめ，大きくなったら再び職業を持つ方がよい」とする一時中断型への支持から，「子どもができても，ずっと職業を続ける方がよい」（中断なし就業型）の支持へと1990年代に入ってから男女ともに意識が変化する。実際，「共働き世帯」が「男性片稼ぎと専業主婦の世帯」を上回る傾向が続いており，女性の就労の重要性はますます高まっている。

2 変化しない女性の働き方

ところが，働く女性を取り巻く法的環境が整えられ，女性が働くことに対する男女の意識が変化する一方で，依然として変わらない実態がある。

結婚を理由として離職する女性は少なくなったものの，女性の働き方は，子育て期に一時仕事を中断し手がかからなくなる頃に再就職する，いわゆるM字型の就労パターンである。中断前には正社員だが，再就職の際にはパートタイムで働くという場合が多い。家事や育児，介護をいまだに女性が負っているため，女性たちは両立策として就労形態の転換を余儀なくされるからだ。また，日本の男女間賃金格差の大きさは先進諸国の中でもずば抜けて大きい。既婚女性は，仕事と家庭の両立のためにパートタイムで働き，若年・未婚女性たちは正社員を希望しながらも，派遣労働やアルバイトなどで働いている。未婚・既婚ともに女性は低賃金で不安定な非正規雇用で働いているのである。

国連の人間開発計画によれば，日本は**人間開発指数**[1]は上位にランクされているが，女性の政治・社会参画のレベルを示す**ジェンダー・エンパワーメント指数**[2]は，世界50位中，40位半ば前後という低位に位置している。また，世界経済フォーラムの**ジェンダー・ギャップ指数**[3]においても，日本の男女平等指数は130ヶ国中98位（2008年）という低いランクである。

▷1 **人間開発指数**（HDI : Human Development Index）
国連開発計画（UNDP）による指数で，「長寿を全うできる健康的な生活」，「教育」及び「人間らしい生活」という人間開発の3つの側面を測定したもの。具体的には，平均寿命，教育水準（成人識字率と就学率），調整済み一人当たり国内総生産を用いて算出している（内閣府男女共同参画局，2010，『平成22年版男女共同参画白書』p. 55）。

▷2 **ジェンダー・エンパワーメント指数**（GEM : Gender Empowerment Measure）
国連開発計画（UNDP）による指数で，女性が政治及び経済活動に参画し，意思決定に参画できるかどうかを測るもの。HDI が人間開発の達成度に焦点を当てているのに対して，GEM は，能力を活用する機会に焦点を当てている。

具体的には，国会議員に占める女性割合，専門職・技術職に占める女性割合，管理職に占める女性割合，男女の推定所得を用いて算出している（内閣府男女共同参画局，2010，『平成22年版男女共同参画白書』p. 55）。

1999年6月，男女共同参画社会基本法が制定され，男性も女性もジェンダー（社会的文化的性別）にかかわりなく能力を発揮できる社会形成に向けての第一歩が踏み出された。これまでの社会システムや制度，雇用慣行をジェンダーの視点から見直す必要が出てきたのである。従来の日本型雇用システムは，きわめて伝統的な性別役割分担意識をベースに構築されたものであり，昨今の急激な経済環境の変化の中では，働く女性にとっても，また男性にとっても無理を強いるシステムとなってきている。

　男女ともに働くことをめぐるジェンダー意識が変容している一方で，雇用におけるジェンダー構造は依然として変わっていない。本章が女性のみならず男性のキャリア形成を考える上で参考になるだろう。

3 本章の構成

　VIII-2 では，日本の特徴とされる終身雇用と年功賃金を中核とする日本型雇用システムにおける女性の位置づけについて概観する。日本は高度経済成長の後，二度のオイルショックを契機に低成長期に入り，その後1980年代半ばからバブル経済に突入するも1993年にバブル経済が崩壊し，リストラや雇用不安が増大した「平成の失われた10年」へいたる。 VIII-4 では，この経済変動の中での女性の働き方の変容を展望する。現在では雇用者10人に4人が女性であり，若年型から既婚型へと変貌を遂げてきたが，女性の働き方は依然として就労中断するM字型が多い。

　女性の著しい職場進出を後押ししたのは，職場における男女雇用機会均等法をはじめとする法的基盤の整備である。 VIII-5 では，1985年に制定された男女雇用機会均等法を中心に，二度の改正を経た同法の法的基盤の整備のプロセスをたどる。だが，働く女性の問題は山積している。最重要課題は賃金をめぐる問題である。 VIII-3 では，日本型雇用システムから外れた女性たちの低賃金の原因を垂直的・水平的職務分離，ならびに雇用形態格差から考えていく。

　「ジェンダー」をキー概念とした男女平等への新たなステージが男女共同参画社会基本法から始まる。 VIII-6 では，ジェンダー概念の説明とともに，そこにいたる経緯を概観し，性別の偏りのない働き方・生き方を実現するための課題を明らかにする。そのひとつが，男性の長時間労働である。男性は妻子を養う大黒柱として過労死や過労自殺の危険と隣り合わせになるほど働いている。他方，共働き世帯が増加傾向にある中でも家事や育児を担っているのは女性である。すなわち，女性は「仕事も家事も育児も」担い，男性以上に働いている。このような実態を VIII-7 で考えていく。性別役割分担意識に変化の兆しが見えているものの男性も女性もその働き方・生き方において歪みを生じている。この歪みの是正策として登場したワーク・ライフ・バランスについて VIII-8 で概観していく。

（柚木理子）

▷3 ジェンダー・ギャップ指数（GGI：Gender Gap Index）
世界経済フォーラムが，各国内の男女間の格差を数値化しランク付けしたもので，経済分野，教育分野，政治分野及び保健分野のデータから算出され，0が完全不平等，1が完全平等を意味している。GEMが，国の開発レベルの影響を受け，必ずしも男女間格差を示せないことに比べ，性別による格差を明らかにできる（内閣府男女共同参画局，2010，『平成22年版男女共同参画白書』p.55）。

Ⅷ 働く場の女性

2 日本型雇用システムと女性

① 「日本型雇用システム」の外に置かれる女性

「日本型雇用システム」は主として，高学歴（大卒）男性の正社員が安定的に長期継続雇用され（「終身雇用」），勤続年数や年齢に応じて年功序列的に賃金が上がる（「年功賃金」）システムである。これは大企業の男性正社員を中心として，高度経済成長期にかけて成立した。同システムは正社員の定着による雇用の安定と基幹労働者の長期間にわたる技能形成，人材育成に貢献し，社員のモティベーション向上にも貢献したというメリットもある。

しかし，女性はこの「日本型雇用システム」からは排除されていた。高度経済成長期には，若年女性たちには結婚・出産による退職制度や退職勧奨があり，女性は賃金があまり上昇しないうちに職場を去る場合が多かった。また，1970年代半ば以降の低成長期には中高年の既婚女性が大量に労働市場に参入するものの，既婚女性は家事や育児との両立のためにパートタイマーとして働き，日本型雇用システムからはもとより外れた労働者と位置づけられていた。換言すれば，このシステムを保障するためには景気変動の調整弁となるパートタイマー等の非正規の労働者が必要であり，その多くを女性が担っていたということである。

② 「男性稼ぎ主」型のシステム

「日本型雇用システム」は加えて，男性ひとりの稼ぎで家族を扶養できる賃金を保障しようとするものであった。つまり，このシステムで暗黙のうちに想定されていたのは，夫は「妻子・家族を養うため」懸命に働き，妻は「家庭を守り，子を育てる」という伝統的な性別役割分担意識に基づいた家族像である。このシステムのもとで，若年の女性たちは勤続年数が短いうちに退職し，「男性稼ぎ主」である夫に扶養され，内助の功を尽くす良妻となるように誘導されたのである。高度経済成長の結果，男性世帯主の賃金のみで妻子を養うことができる「家族賃金」となっていたことも大きい。実際，サラリーマンと専業主婦の夫婦は高度経済成長期にかけて増加していった。しかし増加したといっても，最も多い1970年ですら30％台の後半でしかなかったのである（図Ⅷ-2-1）。

だが，低成長期に入ると「男性稼ぎ主」型は実態として揺らぎ始める。男性

▶1 これに「企業別労働組合」を加えて，日本型雇用システムと呼ばれる。

▶2 野村正實，1994，『終身雇用』岩波書店，pp. 1-34

▶3 竹中恵美子，2004，『労働とジェンダー』ドメス出版，pp. 71-73

▶4 大沢真理，2002，『男女共同参画社会をつくる』日本放送出版協会，pp. 63-66

の実質収入の上昇度をみても，1970年代半ばから鈍化している。もはや男性片稼ぎでは家計を支えられずに，パートタイマーとして働きだす妻が増加し，共働き世帯は増加し続け，2000年代以降には男性片稼ぎ世帯を上回る傾向が続いている（図Ⅷ-2-2）。

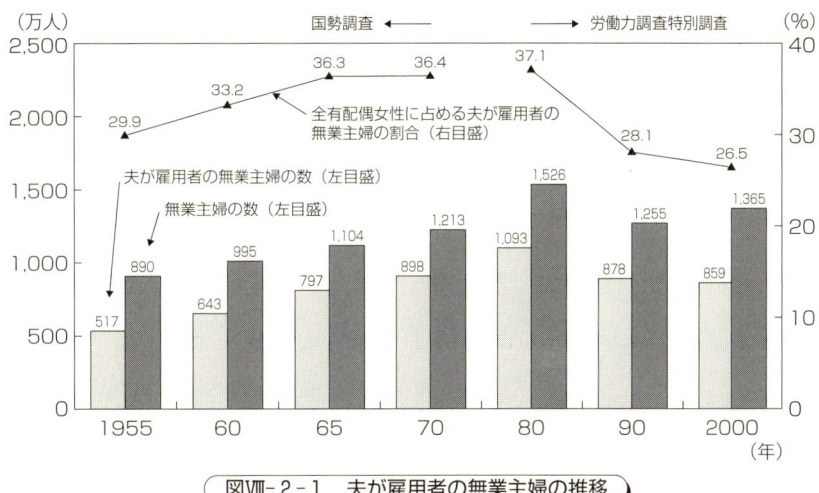

図Ⅷ-2-1　夫が雇用者の無業主婦の推移

出所：男女共同参画会議影響調査専門調査会，2002，『ライフスタイルの選択と税制・社会保障制度・雇用システムに関する報告』（平成14年2月），p.3

3 「日本型雇用システム」の行方

低成長期，とりわけバブル経済崩壊後の1990年代半ば以降になると「日本型雇用システム」見直しの声が高まった。日経連（現・日本経団連）が1995年に発表した『新時代の日本的経営』は，従来の正社員に類似する「長期蓄積能力活用型」に加え，「高度専門能力活用型」，「雇用柔軟型」へと労働者を階層化させ，雇用の多様化の名のもとで流動化を加速させるものであった。また，賃金も単に年功的に上昇するだけでなく，成果主義・能力主義が取り入れられるようになった。

男性の雇用不安は今や若年層にまで拡大し，2000年代以降，男性も女性の継続就労を望むようになっている。日本においては，「男性稼ぎ主」型モデルは実質的に終焉を迎えつつあり，就労機会や婚姻機会において男性間ならびに女性間格差も広がっている。誰もが安心して働き，生活できる新たな雇用システムの構築が今求められているのである。

（柚木理子）

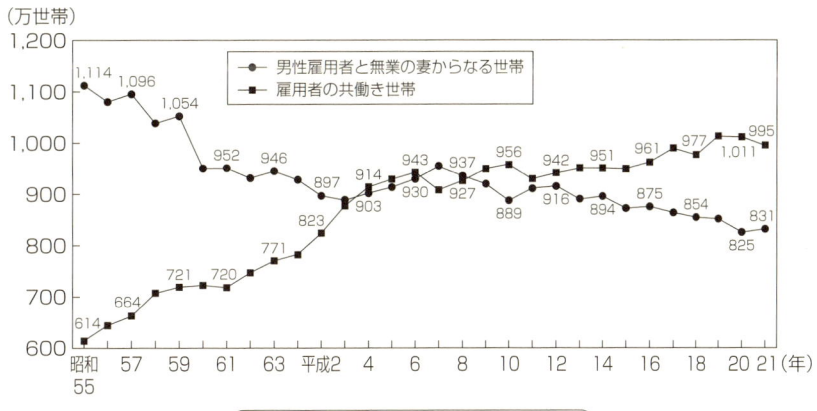

図Ⅷ-2-2　共働き等世帯数の推移

出所：内閣府男女共同参画局，2010，『平成22年版男女共同参画白書』p.66
注：1）昭和55年から平成13年は総務省「労働力調査特別調査」（各年2月。ただし，昭和55年から57年は各年3月），14年以降は「労働力調査（詳細集計）」（年平均）より作成。
　　2）「男性雇用者と無業の妻からなる世帯」とは，夫が非農林業雇用者で，妻が非就労者（非労働人口及び完全失業者）の世帯。
　　3）「雇用者の共働き世帯」とは，夫婦ともに非農林業雇用者の世帯。

▷5　男女共同参画会議影響調査専門調査会，2002，『ライフスタイルの選択と税制・社会保障制度・雇用システムに関する報告』（平成14年2月），p.65

Ⅷ 働く場の女性

3 性別職務分離と男女間賃金格差

1 依然として大きい男女間賃金格差

日本の働く女性の最大の問題は賃金格差であると言っても過言ではないだろう。男性一般労働者の給与水準を100とすれば，女性一般労働者は69.8（2009年）である。また，男性一般労働者と女性短時間労働者を比べれば，格差は縮小傾向にあるものの，女性短時間労働者の給与は男性一般労働者の半分にも満たない状況である（図Ⅷ-3-1）。女性のふたりにひとりが非正規雇用であることを考え合わせれば，問題の大きさがわかるだろう。給与所得では，年収300万円以下の女性が66.4％，200万円以下も43.7％となり，女性は限りなく貧困と隣り合わせであることがわかる。世界レベルで比較すれば，日本はOECD諸国の中では韓国に次ぐワースト第2位という状況である。

2 性別職務分離による格差増大へ

1970年代半ば以降，大量の女性たちが労働市場へと参入していったが，ジェンダーギャップが増大してしまうという「逆説」が生じてしまった。すなわち，フルタイムとパートタイムの性別による雇用形態格差，性別職務分離が大きくなり，男女間賃金格差の原因と結びついているのである。

性別職務分離（job segregation）には「垂直的」と「水平的」分離がある。垂直的職務分離とは，職務の上位に行くほど女性が少なくなることである。たとえば管理職者に占める女性の割合を見ると，係長相当，課長相当，部長相当など職位が上がるほど，女性割合が少なくなっている（図Ⅷ-3-2）。女性がある一定水準の職位にしか昇進できないことを「ガラスの天井」というが，日本にお

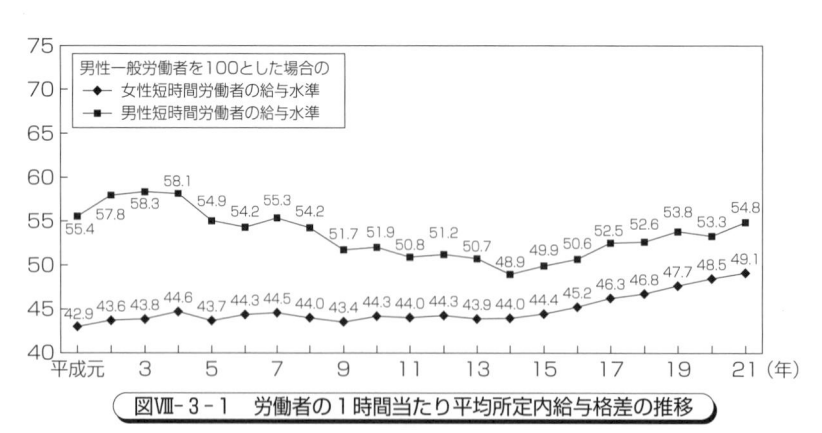

▷1 内閣府男女共同参画局，2010，『平成22年版男女共同参画白書』p. 64

▷2 内閣府男女共同参画局，2010，『平成22年版男女共同参画白書』p. 64

▷3 OECD, 2007, *Babies and Bosses: Reconciling Work and Family Life*, p. 62.

▷4 竹中恵美子，1994，「変貌する経済と労働力の女性化」竹中恵美子・久場嬉子編『労働力の女性化』有斐閣，pp. 2-30。賃金格差と性別分離の分析は，大沢真理，1993，『企業中心社会を超えて――現代日本を〈ジェンダー〉で読む』時事通信社に詳しい。

図Ⅷ-3-1 労働者の1時間当たり平均所定内給与格差の推移

出所：内閣府男女共同参画局，2010，『平成22年版男女共同参画白書』p. 66
注：1）厚生労働省「賃金構造基本統計調査」より作成。
　　2）男性一般労働者の1時間当たり平均所定内給与額を100として，各区分の1時間当たり平均所定内給与額の水準を算出したものである。

いては女性の昇進が頭打ちの状態にある。

水平的職務分離とは，産業別，企業規模別，職種からみた分離である。サービス経済化の進行により，大量に社会進出していった女性の多くは，いずれも低賃金領域であるサービス業，中小・零細企業に，また，従来の「女性職」といわれる事務職や販売職に従事することが多い。「女性職」／「男性職」は教育のジェンダー問題とも関連しており，職業選択以前の学部選択など教育専攻分野選択の段階から影響している。

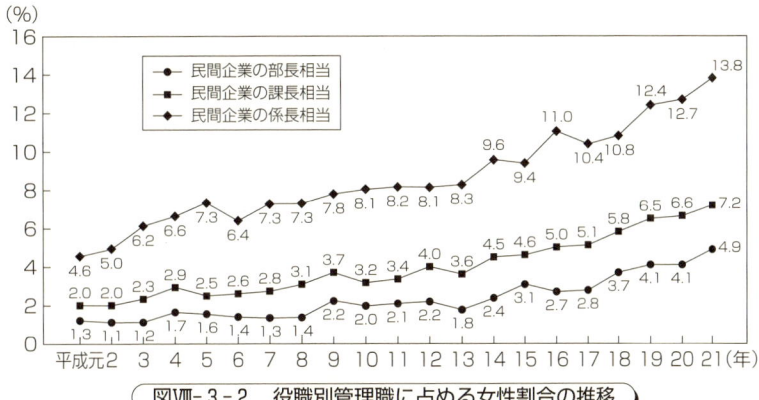

図VIII-3-2　役職別管理職に占める女性割合の推移

出所：内閣府男女共同参画局，2010，『平成22年版男女共同参画白書』p.64
注：厚生労働省「賃金構造基本統計調査」より作成。

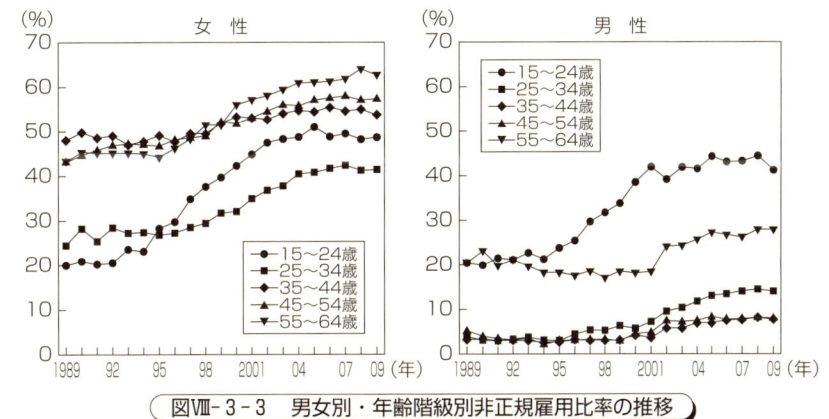

また，フルタイムとパートタイムの雇用形態による分離もある。男女別，年齢別に非正規雇用比率の推移を見れば，いずれの年齢階級においても女性の非正規雇用が多い（図VIII-3-3）。

図VIII-3-3　男女別・年齢階級別非正規雇用比率の推移

出所：内閣府男女共同参画局，2010，『平成22年版男女共同参画白書』p.39
注：1）総務省「労働力調査」より作成。
　　2）非正規雇用比率＝（非正規の職員・従業員）／（正規の職員・従業員＋非正規の職員・従業員）×100。
　　3）2001（平成13）年以前は「労働力調査特別調査」の各年2月の数値，2002（平成14）年以降は「労働力調査（詳細集計）」の各年平均の数値により作成。「労働力調査特別調査」と「労働力調査（詳細集計）」とでは，調査方法，調査月などが相違することから，時系列比較には注意を要する。

3　格差是正にむけて

男女間賃金格差の原因は，学歴，勤続年数，性別職務分離，雇用形態格差など，多様な要素が絡み合っている。男女間賃金格差の是正はジェンダー平等推進のための最重要課題のひとつである。同一価値労働同一賃金（コンパラブル・ワース）の原則をいち早く取り入れ，ポジティブ・アクション（積極的差別是正措置）等による女性管理職者の登用や，教育を通じた是正への取り組みなど改善が求められる。

（柚木理子）

Ⅷ　働く場の女性

4　女性雇用の変遷

1　女性の働き方「M字型」

2009年の女性の**労働力率**[1]は48.5%である。就業上の地位別で女性の働き方を見れば、1985年に女性就業者総数に占める女性雇用者の割合は67.2%（自営業主12.5%，家族従業者20.0%）であったが、2009年には87.6%（自営業主5.7%，家族従業者6.3%）になり、「雇用の女性化」[3][4]が進行した。雇用者総数に占める女性の割合は、1975年以降上昇の一途をたどり、2000年以降は40%を超えた。2009年では、男性雇用者3149万人、女性雇用者2311万人で、女性雇用者比率は42.3%を占め、雇用者の10人に4人は女性となっている。[5]

日本の女性の働き方の特徴は、M字型と言われる。女性の労働力率を年齢階級別に見れば、20代が高く、30代に低下し、40代に再び上昇するM字型カーブを描くためである。日本では、結婚で辞める女性は少なくなったものの、出産・育児期に多くの女性たちが仕事を辞め、子どもから手が離れてから再び働き出している。それに対して主要先進諸国の女性たちは、中断することなく継続的に就労しており、男性に類似した逆U字のカーブを描く（図Ⅷ-4-1）。

ここ約30年間の日本の女性労働力率の動向をみれば、M字型を維持しつつも、

▷1　**労働力率**
15歳以上人口に占める労働力人口の割合のこと。

▷2　厚生労働省，2010，『平成21年版働く女性の実情』p. 2

▷3　厚生労働省，2010，『平成21年版働く女性の実情』p. 7

▷4　雇用者として働く女性が増加したことを指す。

▷5　厚生労働省，2010，『平成21年版働く女性の実情』p. 10

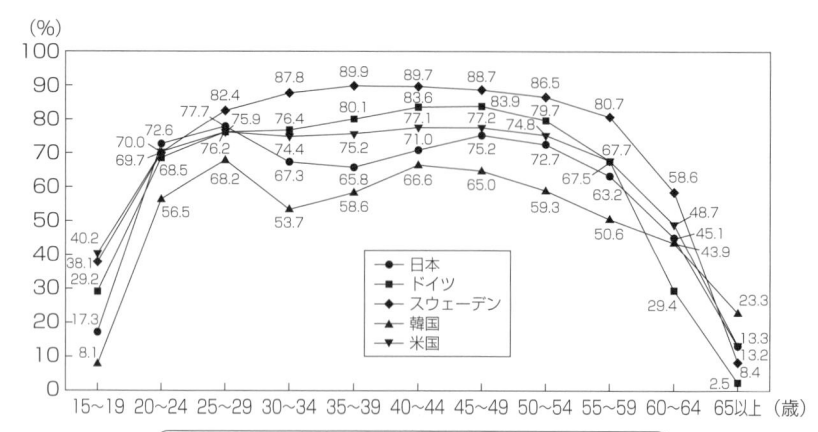

図Ⅷ-4-1　女性の年齢階級別労働力率（国際比較）

出所：内閣府男女共同参画局，2010，『平成22年版男女共同参画白書』p. 8
注：1）「労働力率」……15歳以上人口に占める労働力人口（就業者＋完全失業者）の割合。
　　2）米国の「15～19歳」は、16から19歳。
　　3）日本は総務省「労働力調査（詳細集計）」（平成21年），その他の国はILO「LABORSTA」より作成。
　　4）日本は平成21年（2009年），韓国は平成19年（2007年），その他の国は平成20年（2008年）時点の数値。

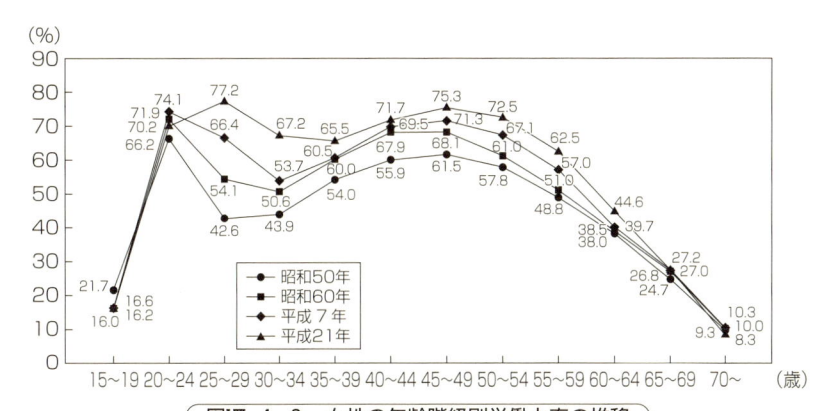

図Ⅷ-4-2　女性の年齢階級別労働力率の推移

出所：内閣府男女共同参画局, 2010, 『平成22年版男女共同参画白書』p. 58
注：1) 総務省「労働力調査」より作成。
　　2)「労働力率」……15歳以上人口に占める労働人口（就業者＋完全失業者）の割合

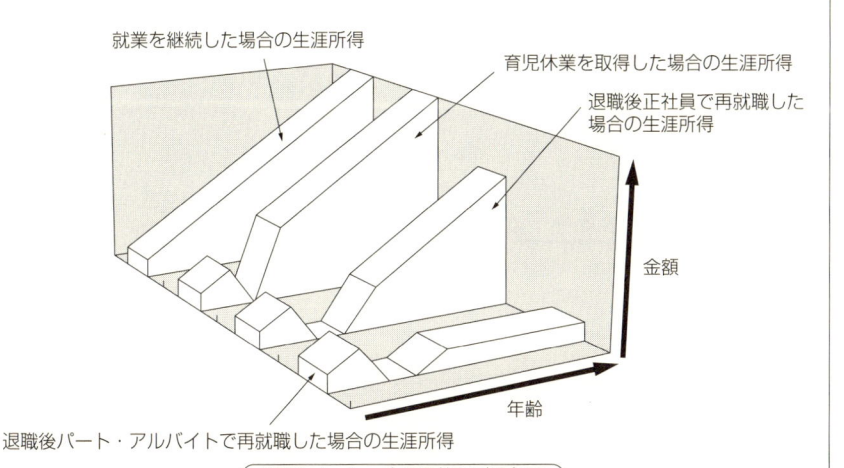

図Ⅷ-4-3　生涯所得の概念図

出所：内閣府男女共同参画局, 2006, 『平成18年版男女共同参画白書』p. 10

カーブは全体として上昇傾向にある。とりわけ20代後半から30代前半に著しい上昇が見られ，晩婚化・非婚化傾向による未婚女性の労働力の増加によるものと見られる。だが依然として出産・育児が女性の就労継続を困難にしている（図Ⅷ-4-2）。このような女性の働き方は，生涯所得にも大きく影響しているのである（図Ⅷ-4-3）。

▷6　武石恵美子, 2009, 「女性の就業構造」武石恵美子編『女性の働きかた』ミネルヴァ書房, p. 23

2　若年未婚型から中高年既婚型へ

　女性たちが就職，就労中断，再就職というＭ字型就労パターンを見せるのは他でもない，伝統的な性別役割分担意識に基づく企業の日本型雇用システムならびに家族のあり方によるものである。
　高度経済成長期の頃，学業を終え就職した若い未婚女性たちは，「職場の花」などと呼ばれ，お茶汲みや雑用といった補助的な業務を担い，結婚退職制度や

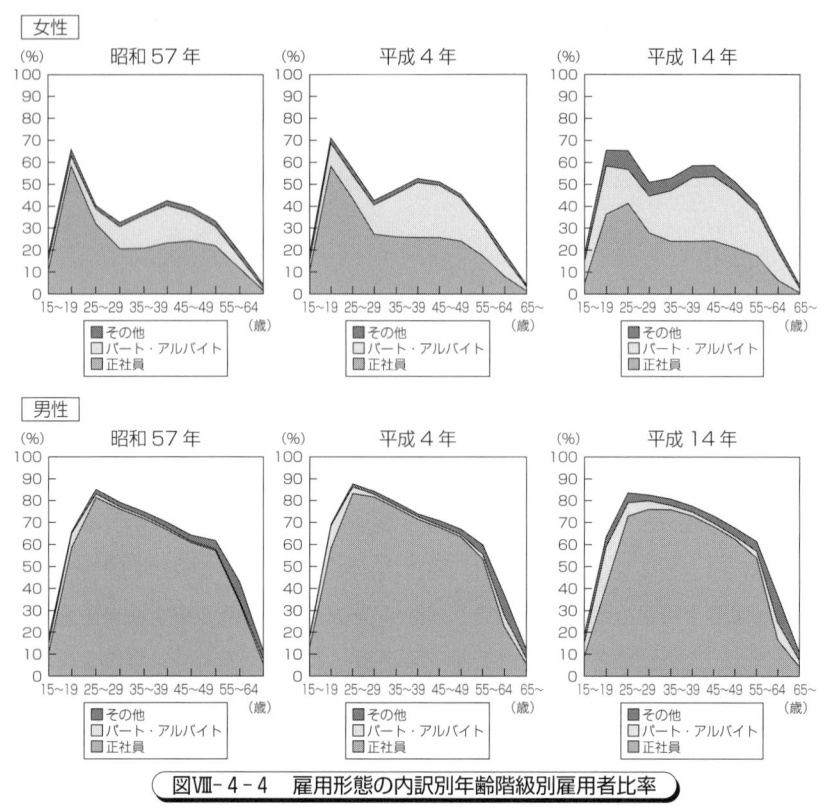

図Ⅷ-4-4　雇用形態の内訳別年齢階級別雇用者比率

出所：内閣府男女共同参画局，2006，『平成18年版男女共同参画白書』p. 21

若年定年制により退職していった。高度経済成長期にかけてM字型のボトムが低くなり，サラリーマンの夫に専業主婦の妻，子どもはふたりといった「標準世帯」が高度経済成長の結果として誕生したのである。

　1980年には「キャリアウーマン」が流行語大賞となり，1985年に男女雇用機会均等法が成立するなど，女性の職場進出に注目が集まるが，1970年代半ばの低成長期以降，女性雇用は若年未婚型から中高年既婚型へと大きく様変わりしていた。技術革新とサービス経済化による産業構造の転換や国際競争力の激化により，単純労働や労働力需要の変動に応じる景気調整弁的な低コストの労働力が求められ，中高年の既婚女性のパートタイム化が進行したのである。大量の女性たちが労働市場に参入するが，それはパートタイムという安い，不安定な就労形態であったのである。日本のパートタイマーは労働時間の長さで定義することは難しく，「身分」であると言われている。既婚女性たちは，家事・育児といった家族的責任を負いながら，夫の伸び悩む賃金を補助するために，パートタイムで働き，仕事と家庭を両立させることが求められた（図Ⅷ-4-4）。

③ バブル崩壊後厳しさを増す女性雇用

　1990年代のバブル経済崩壊後の長期にわたる景気低迷期には，雇用不安の中，

▷7　大沢真理，2002，『男女共同参画社会をつくる』日本放送出版協会，p. 57，p. 60

▷8　外国では労働時間で定義する。大沢真理，1993，『企業中心社会を超えて——現代日本を〈ジェンダー〉で読む』時事通信社，p. 82

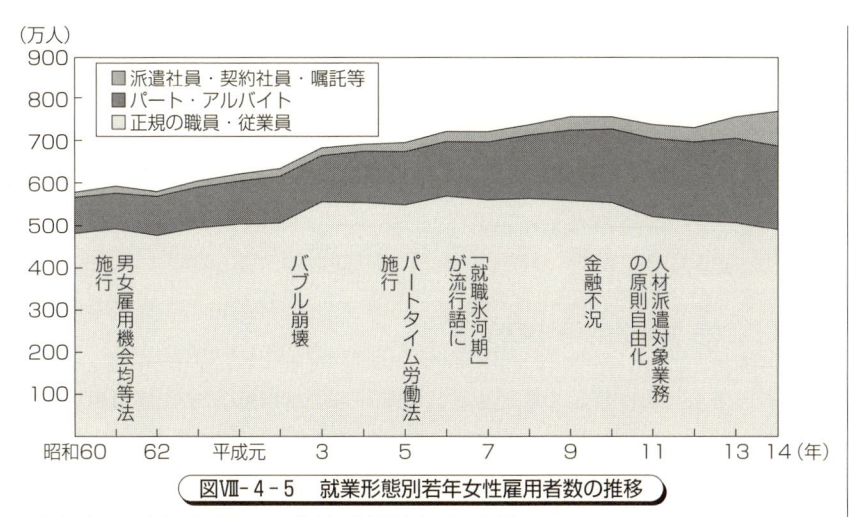

VIII-4 女性雇用の変遷

(万人)
900
800　■派遣社員・契約社員・嘱託等
700　■パート・アルバイト
600　□正規の職員・従業員
500
400
300
200
100

男女雇用機会均等法施行　バブル崩壊　パートタイム労働法施行　「就職氷河期」が流行語に　金融不況　人材派遣対象業務の原則自由化

昭和60　62　平成元　3　5　7　9　11　13　14(年)

図VIII-4-5　就業形態別若年女性雇用者数の推移

出所：内閣府男女共同参画局，2004，『平成16年版男女共同参画白書』p.34

注：1) 昭和60年から平成13年は総務省「労働力調査特別調査」(各年2月) より，14年は「労働力調査年報 (詳細結果)」より作成．
　　2) 15歳から34歳までの非農林女性雇用者数の推移．ただし，15歳から24歳の在学中の雇用者を除く．

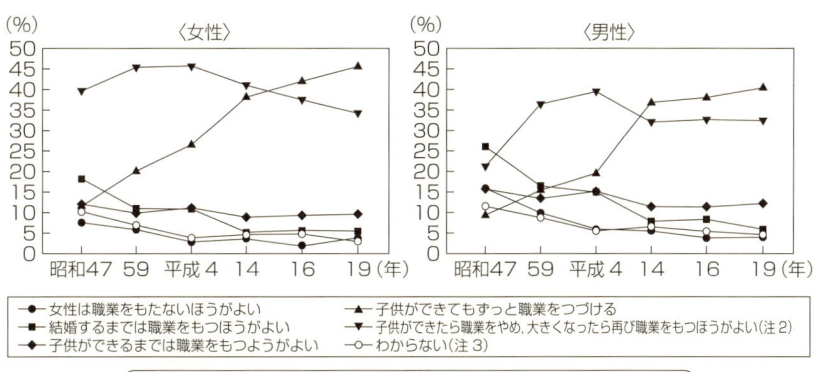

〈女性〉　　　　　　　　　　　　〈男性〉

昭和47　59　平成4　14　16　19(年)　　昭和47　59　平成4　14　16　19(年)

―●― 女性は職業をもたないほうがよい
―■― 結婚するまでは職業をもつほうがよい
―◆― 子供ができるまでは職業をもつようがよい
―▲― 子供ができてもずっと職業をつづける
―▼― 子供ができたら職業をやめ，大きくなったら再び職業をもつほうがよい (注2)
―〇― わからない (注3)

図VIII-4-6　女性が職業を持つことについての考え (性別)

出所：内閣府男女共同参画局，2009，『平成21年版男女共同参画白書』p.22

注：1) 内閣府「男女共同参画社会に関する世論調査」(平成19年) より作成．
　　2) 昭和59年の設問では，「職業をもち，結婚や出産などで一時期家庭に入り，育児が終わると再び職業をもつほうがよい」．
　　3) 平成4年，14年，16年，19年は「その他・わからない」．

規制緩和が本格化し，日経連 (現・日本経団連) の『新時代の日本的経営』(1995年) 以降，雇用の多様化・流動化が進み，男女ともに若年雇用の非正規化が進行する．とりわけ女性の非正規化は著しく，パートタイマーに加え，若年女性を中心に派遣労働，アルバイトといった不安的な働き方が広まり，今や働く女性のふたりにひとりが非正規雇用となっている (図VIII-4-5)．これらの非正規雇用は労働条件の改善がないまま戦力化されている．大卒女性の就職難は回復の兆しを見せることなく，子どもを持ちながらも継続就労を希望する女性たちが増える一方で (図VIII-4-6)，労働市場に入る初期段階からすでに非正規という場合も少なくなく，自らの人生設計を考えることも困難になっている．女性をエンパワーする「キャリア教育」の導入が切望される．　　(柚木理子)

▷9　関西女の労働問題研究会・竹中恵美子ゼミ編集委員会編，2004，『竹中恵美子が語る労働とジェンダー』ドメス出版，p.112

Ⅷ 働く場の女性

5 男女雇用平等

1 男女雇用機会均等法の成立

日本国憲法は男女平等の原則を宣言している（第14条）。また雇用の場における差別を扱った法律として労働基準法（1949年制定）があり，男女同一賃金の原則（第4条）が規定されているが，その他の労働条件に関して男女差別を禁止する法律は存在しなかった。そのため労働条件や雇用慣行の中で差別されていた女性たちは，裁判を起こし，職場における平等を勝ちとってきた。

男性正社員を標準として構築された日本型雇用システムから除外されている女性をいかにしてその雇用システムに取り込んでいくか，そのための法的枠組みが男女雇用機会均等法である。

1979年12月に国連において女性差別撤廃条約が採択され，女性に対するあらゆる形態の差別を撤廃することが世界中で目指された。日本は同条約に批准するために，勤労婦人福祉法（1972年）を改正して雇用の分野で男女平等を規定する法案作成に乗り出し，労働基準法の女性保護規定の全面的見直しとともに，男女雇用機会均等法を1985年に制定した（施行1986年4月）。

同法では，教育訓練，福利厚生，定年・解雇における差別は禁止されたものの，募集・採用，配属・昇進における差別は禁止にはならず，男性と均等に取り扱うことはあくまで，事業主の努力義務とされた。したがって企業は，「総合職」は男性と一部大卒の女性，「一般職」は女性とするコース別雇用管理を導入し，女性正社員を分断する結果となった。1985年の均等法は女性の労働条件全般に関わる日本で初めての法律であり，国家が性別に仕切られた経営秩序を不当であると宣言した画期的なものだったとは言え，多くの問題点を積み残していた。

2 二度の改正で性差別禁止を目指す法律へ

男女雇用機会均等法の成立から12年経過した1997年に同法は大幅に改正された（施行1999年4月）。改正男女雇用機会均等法では，努力義務規定であった募集・採用，配属・昇進での女性に対する差別が禁止され，「女子のみのパート募集」やコース別雇用管理による「一般職，女子のみ」といった「女子のみ」の募集は禁止された。また，違反する企業に対しては企業名の公表という制裁措置が取られることとなった。同改正法では差別を禁止するだけでなく，

▷1 正式名称は「雇用の分野における男女の均等な機会及び待遇の確保等女子労働者の福祉の増進に関する法律」。

▷2 赤松良子，2003，『均等法をつくる』勁草書房

▷3 野村正實，2007，『日本的雇用慣行』ミネルヴァ書房，p. 417

▷4 正式名称は「雇用の分野における男女の均等な機会及び待遇の確保等に関する法律」。

女性の機会均等促進のために事業主にポジティブ・アクション（積極的改善措置）を促進し，また配慮義務とはいえ，女性に対するセクシャル・ハラスメントの防止に努めるよう課したことは大きな一歩だと言えよう。だが，同時に労働基準法の一部改正も行われ，女性の深夜業・残業や休日労働などの女子保護規定が廃止されることとなった。

改正均等法はさらに10年経過した2006年に再び大幅に改正された（2007年4月施行）。主な改正点はまず性別による差別禁止の範囲が拡大されたことである。女性に対する差別のみを禁止する法律から，男女双方の労働者を対象とした性差別を禁止する法律へと様変わりし（第2条），募集・採用，配置・昇進・教育訓練，福利厚生，解雇・定年など，雇用の全ステージにおける性差別が禁止され，加えて降格，職種変更，雇用形態の変更，退職奨励，労働契約の更新についても差別が禁止された（第6条）。また，同改正均等法では実質的な均等を確保するために，**間接差別**の禁止にも踏み込んだ。さらに，妊娠・出産を理由とする解雇など不利益取り扱いの禁止（第9条），セクシャル・ハラスメント対策として事業主が具体的な措置をとる義務（第11条），またポジティブ・アクション推進（第14条）と同法の実効性確保としての企業名公表と並んで，事業主に過料（20万円以下）を科すことも定めた（第30，33条）。

3　男女の雇用均等に向けて

バブル崩壊後の厳しい雇用状況の中で働く女性の環境は悪化傾向が続いている。厳しい雇用環境の中で女性労働者たちは，一般職・総合職の分断と並び，正規・非正規雇用に二極化されている。また，M字型カーブは依然として維持されており，子育て期に女性のキャリアは中断されやすい。男女雇用機会均等法の二度にわたる改正により，男女の雇用機会均等への法基盤は一定の水準で整備されるにいたったが，機会均等そのものは実現できていないのが実情である。

とりわけ日本社会においては伝統的な性別役割分担意識が強固であり，家事・育児や介護といった家族的責任のほとんどを女性が一手に担ってきた。女性たちは仕事とこれら家庭的責任を両立できるようにパートタイム等で働いてきたが，これを改善するための法的支援として，育児や介護を男女がともに担うための育児・介護休業法が1990年代初めに制定され，その後幾度となく改正を重ねている。

また日本においては男女間の賃金格差が依然大きい。同一価値労働同一賃金の原則に基づいた賃金格差是正への対策が切望される。

女性労働者が量的にも質的にも変容している現在では，男女雇用平等に向けパートタイム等非正規雇用に関する法的基盤のさらなる充実と，コース別管理をはじめとした，正規ならびに非正規労働者に対する企業の雇用管理のいっそうの改善が望まれる。

(柚木理子)

▶5　**間接差別**
間接差別とは，外見上は性別中立的な規定，基準，慣行等が男女に与える影響の違いに着目することであり，一方の性に相当程度の不利益を与えることをいう。すなわち，募集・採用に当たり身長や体重，体力を要件とすること，コース別雇用管理制度における総合職の募集採用に当たり，全国転勤を要件とすること，昇進に当たり転勤経験を要件とすることなどの間接差別が禁止された（第7条）。

▶6　育児休業法（1991年制定，1992年4月施行）が改正され育児介護休業法となり（1995年制定，介護休業の義務化は1999年より），その後改定が進んだ（2001年，2004年）。

参考文献
菅野和夫，2006，「男女の機会均等と雇用システム」『新・雇用社会の法』有斐閣
奥山明良，2009，「男女雇用機会均等法の課題」武石恵美子編『女性の働きかた』ミネルヴァ書房
浅倉むつ子，1999，『均等法の新世界――二重基準から共通基準へ』有斐閣
厚生労働省都道府県労働局雇用均等室，2009，『男女雇用機会均等法のあらまし (http://www.mhlw.go.jp/general/seido/koyou/danjokintou/dl/danjyokoyou_a.pdf)

VIII 働く場の女性

6 男女共同参画社会の形成に向けて

1 「国連女性の10年」・「女性差別撤廃条約」まで

日本では，性別による差別の禁止はすでに1949年の日本国憲法において明文化されている。しかし，男女平等の理念は実際の社会には浸透しておらず，女性であることによる差別は残念ながら解消されていない。

国際的には男女同権や女性の地位向上への取り組みは，国連が世界各国の女性政策を主導してきた。こうした女性政策が国際社会で注目を集めたのは，1975年の「国際女性年」および同年にメキシコシティで初めて開催された「国際女性世界会議」である。

第1回のメキシコ女性会議にて採択された「世界行動計画」では女性政策に関するある転換が生じた。男女平等の考え方がそれまでの「男女の特性に基礎づけられた機能平等論」から，「固定化された男女役割分担観念そのものの変革」へと転じ，それまでの女性政策とは大きく異なる観点からアプローチされるようになったのである。同行動計画においては，男女平等を達成するためには，「家庭および社会の中で伝統的に割り当てられた機能を再検討すること」が重要であり，「男女の伝統的な役割を変える必要性を認識すること」が指摘され，その結果，1976年から1985年までを「国連女性の10年」と定め，これを重要課題として取り組んできた。

1975年の第34回国連総会では法的拘束力のある「女性差別撤廃条約」[1]が採択された。同条約は，女性に対するあらゆる差別を禁止し，女性にも男性に認められてきた人権や基本的自由を確保するよう締結国に義務づけたものである。日本は1985年7月に同条約に批准し，国籍法の改正や家庭科の男女共修化と並んで，働く女性のための初めての法律，男女雇用機会均等法を1985年に制定した。

2 ジェンダーの主流化へ

1990年代半ばに入ると，男女平等をめざす政策は「ジェンダー（gender）」をキー概念として展開され，新たな段階に入った。ジェンダーとは，「社会的文化的に形成された性別」であり，生物学的な性別を示すセックス（Sex）とは異なる概念として，学術研究のみならず，男女平等政策推進のためのキー概念として定着してきている。[2]

▷1 正式名称は「女子に対するあらゆる形態の差別の撤廃に関する条約」。

▷2 ジェンダー概念が使われる1960〜70年代以前までは，生物学的な性別の上に社会的な役割が付与され，「男は仕事，女は家庭」といった性別による役割は固定的であり，不変であるとされてきた。社会制度や慣行も生物学的な決定論に依拠するかたちで築かれていたのである。だが，ジェンダー概念の「発見」により，社会における性のあり方は，歴史的な制約の中で，社会的文化的な要素が色濃く反映されて形成されてきたことが明らかになった（高橋準，2005，『ジェンダー学への道案内（改訂版）』北樹出版，pp. 10-18）。

ジェンダーとは，人間の集団を「男／女とはこういうものという通念」で分ける分割線であり，男性が標準，普遍，主であり，女性が差異を持つ者，特殊，従であると社会を階層的に組織する上でもっともらしく使われる区分である。このジェンダーという分割線をそのままにしては，女性差別を解決することはできない。社会的性別であるジェンダーが自然なものではなく，社会的に形成されたものであるならば，それは変革が可能である。以降，このような観点を加えて男女平等政策は着手されることになる。

1995年に北京で開催された第4回世界女性会議において採択された「北京行動綱領」（1995年9月）では，「あらゆる政策分野でジェンダー平等の視点の主流化を支援すること」が国家の主要任務とされ，「ジェンダーの主流化 gender mainstreaming」が男女平等のための重要な戦略として位置づけられたのである。

▷3 大沢真理, 2002,『男女共同参画社会をつくる』日本放送出版協会, p. 44

③ 男女共同参画社会基本法

ジェンダー概念に着目した日本における新たな男女平等政策は，「男女共同参画ビジョン」（1996年7月）と「男女共同参画プラン」（1996年12月）を経て策定された「男女共同参画社会基本法（Basic Law For Gender Equal Society）」（1999年6月）にその到達点を見ることができる。ジェンダーにより人間が男／女の型にはめ込まれ，個人の能力や可能性を抑制している状況に鑑み，同法では，女性のみならず，男性も「性別（ジェンダー）にかかわりなく，その個性と能力を十分に発揮する」（同法前文）男女共同参画社会の実現を21世紀の最重要課題として位置づけている。

④「性別に偏りのない社会の構築」に向けて

1996年に「男女共同参画社会基本法」制定以降，男女双方に対する差別の禁止へと大幅に改定された改正男女雇用機会均等法（2007年改正），短時間労働者と正社員との均衡待遇確保を促進する改正パートタイマー労働法（2008年改正）など，職場での均等待遇に向けての法改正が行われた。また，仕事と家庭の両立においては，2007年に「仕事と生活の調和（ワーク・ライフ・バランス）憲章」が策定され，性別をベースとした社会の歪みに対して男女共同参画社会形成に向けての取り組みが進められている。

男女共同参画社会基本法が施行されてほぼ10年が経過したが，働く女性を取り巻く環境改善は十分とは言えない。依然として女性のM字型カーブは維持されており，女性のふたりにひとりは非正規雇用で働き，男女間の賃金格差は大きい。仕事と生活の調和（ワーク・ライフ・バランス），キャリア形成支援，意識改革が男女共同参画社会の実現に向けて必要であると指摘される理由である。

（柚木理子）

▷4 同法では，男女が性別による差別的取り扱いを受けないことなど，男女の人権の尊重（第3条），性別による固定的な性別分業を前提とした社会制度や慣行の見直し（第4条），家庭生活における活動と他の活動との両立（第6条）などが掲げられている。同法の成立過程ならびにジェンダー定義については，21世紀男女平等をすすめる会編, 2003,『誰もがその人らしく――男女共同参画』岩波ブックレット，ならびに大沢真理, 2002,『男女共同参画社会をつくる』日本放送出版協会, pp. 40-55に詳しい。

▷5 内閣府男女共同参画局, 2009,『平成21年版男女共同参画白書』pp. 48-50

参考文献

大沢真理, 2002,『男女共同参画社会をつくる』日本放送出版協会

内閣府男女共同参画局, 2009,『平成21年版男女共同参画白書』

Ⅷ　働く場の女性

7　働きすぎとジェンダー

① 長時間労働大国・日本

　日本の長時間労働や過労死は1980年代から社会問題として顕在化している。働きすぎで生命を失う過労死に加え，昨今では過労による自殺も後を絶たない。日本の長時間労働の原因のひとつが残業の長さ，および所定労働時間を超えても支払いがなされない「サービス残業」の多さである。

　日本の年間総労働時間の推移を厚生労働省の『毎月勤労統計調査』でみると，1960年の2400時間をピークとして，1970年代半ばまでは減少を続けた。だが，1970年代半ば以降の低成長期には時短は進まず，約2100時間程度でほぼ横ばいに推移し，1990年代以降は微量だが短縮傾向になり，2008年には1813時間となる。日本政府が1980年代の終わりに掲げた「年間1800時間労働」に近づいているものの，国際的にみれば依然として圧倒的に長時間労働となっている（図Ⅷ-7-1）。なお，『毎月勤労統計調査』では，賃金の支払われた労働時間のみ集

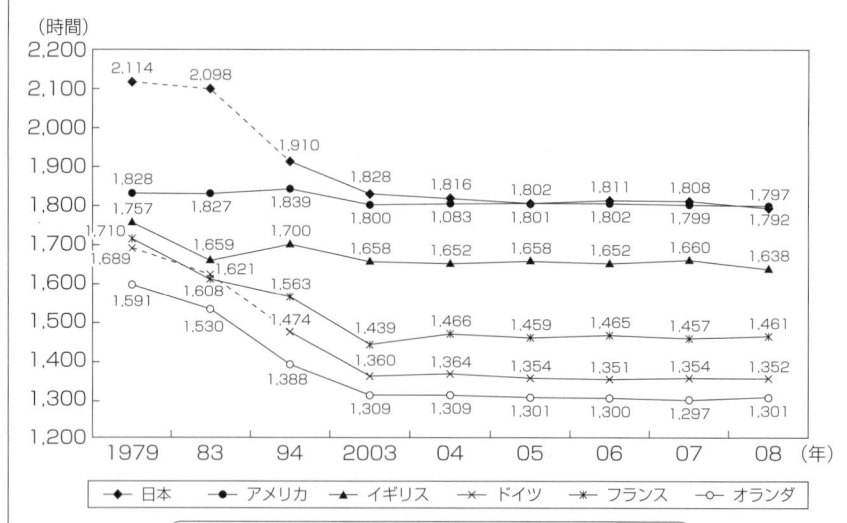

図Ⅷ-7-1　各国の年間総実労働時間の推移について

出所：緊急雇用対策本部事務局, 2010,『新成長戦略／雇用・人材戦略──参考資料集（未定稿）　雇用戦略対話ワーキンググループ第2回会合（平成22年4月19日）』p. 35
注：1）調査対象となる労働者にはパートタイム労働者を含み，自営業者は除く。
　　2）日本は事業所規模5人以上の労働時間（1979, 1983年は事業所規模30人以上の労働時間のデータであり，以降のデータとの連続性はないことに留意）。日本以外の国については事業所規模の区別はない。
　　3）フランス，オランダの2008年の数値は推計値。
　　4）ドイツの1979, 1983年の数値は，西ドイツのデータであり，以降のデータとの連続性はないことに留意。
　　5）各国によって母集団等データの取り方に差異があることに留意。

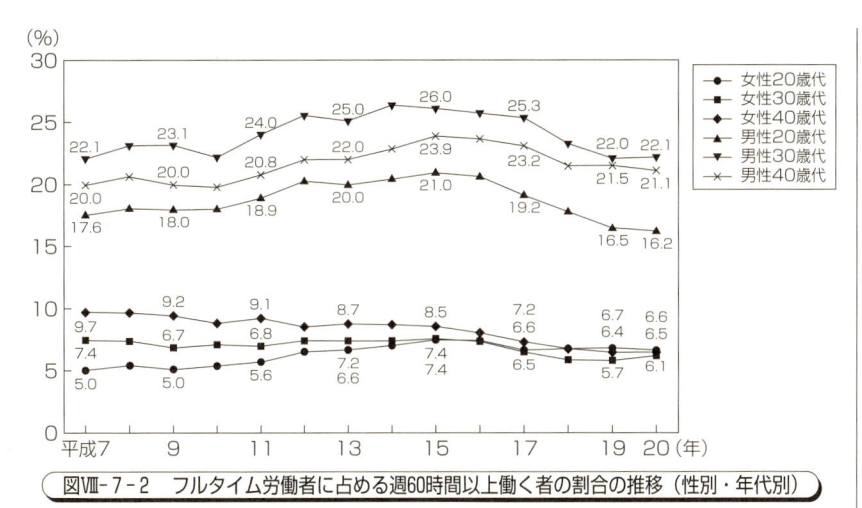

図Ⅷ-7-2　フルタイム労働者に占める週60時間以上働く者の割合の推移（性別・年代別）

出所：内閣府男女共同参画局, 2009, 『平成21年版男女共同参画白書』p. 35
注：1）総務省「労働力調査」より作成。
　　2）「フルタイム労働力」とは週間就業時間が35時間以上の就業者（全産業，休業者を除く。）である。

計しており，「サービス残業」と呼ばれる賃金不払い残業の時間は除外されている。[1]

2 働きすぎのサラリーマン男性

　オイルショックから1980年代の低成長期にかけて，経営合理化や徹底的な人員削減が進み，企業は労働時間を操作することで雇用調整を行い，労働者に長時間の残業やサービス残業を強制し，あるいはパートタイマーという短時間雇用の不安定就労者を大量に生み出すことで国際競争力を維持してきた。つまり，男性には残業やサービス残業を通じて「24時間戦える企業戦士」として会社への忠誠心を示すことを求め，女性を繁閑に応じられるフレキシブルな，しかも安い労働力として利用してきた。男性の週60時間以上の長時間労働者と女性の週35時間未満の短時間労働者の増加という「性別による労働時間の二極分化」傾向がこのようにできあがっていたのである。[2]

　ところで総務省の実施する『労働力調査』とは労働者自身が毎月末の1週間について，実際に仕事をした時間を記入したものを集計する統計である。実態に近いとされるこの『労働力調査』を用いて，フルタイム労働者に占める週60時間以上働く者の割合の推移を男女別，年齢階級別に見てみよう（図Ⅷ-7-2）。男性の30代，40代のいわゆる働き盛りの年代では4人にひとりが週60時間以上働いている。週60時間以上の労働とは，年間にすると3210時間以上という計算になり，過労死ラインと言われる年間3000時間を超えている。

　高度経済成長期までは，男性が「妻子を養う」大黒柱でいることができた。「モーレツ社員」として頑張って働けば働くほど給料は上がり，このような男性たちのがんばりは家庭を経済的に潤した。また終身雇用や年功賃金といった

[1] 森岡孝二, 2009, 『貧困化するホワイトカラー』筑摩書房, p. 99

[2] 森岡孝二, 1995, 『企業中心社会の時間構造——生活摩擦の経済学』青木書店

共働き世帯	妻	10時間01分	4時間57分	4時間15分	4時間47分
	夫	10時間10分	8時間08分	30分	5時間13分
共働き世帯のうち妻の週間就業時間が35時間以上	妻	9時間55分	6時間36分	3時間25分	4時間03分
	夫	10時間06分	8時間19分	33分	5時間01分
夫が有業で妻が無職の世帯	妻	10時間20分	4分	6時間52分	6時間43分
	夫	10時間16分	7時間49分	39分	5時間16分

凡例：■睡眠・食事等　■家事・育児・介護等　□仕事・通勤等　■自由時間（3次活動時間）

図Ⅷ-7-3　夫婦の生活時間

出所：内閣府男女共同参画局，2009，『平成21年版男女共同参画白書』p. 75
注：総務省「社会生活基本調査」（平成18年）より作成。

日本型雇用システムは，家事や育児を専業の主婦に任せきりで，家庭をかえりみず仕事に専念できる男性を生み出し，夫ひとりの稼ぎで一家を支える性別役割分業に基づく家族を作り上げてきた。別の言い方をすれば，仕事以外の生活能力を夫から奪い，ひとりでは生きていけない男性を生み出したと言えるだろう。

3　実は妻も過労死寸前

　低成長期以降，男性の稼ぎだけでは一家を支えられなくなると，妻がパートタイムで働くようになり，妻は「家事も育児も，そして仕事も」担うようになる。雇用労働の時間だけをみれば，働き過ぎは男性ということになるが，雇用労働に家事・育児・介護といったアンペイド・ワークを加えた「総労働時間」をみれば，実は妻も夫以上の長時間労働をしている。

　夫婦の生活時間を内閣府の『社会生活基本調査』から，仕事・通勤等の時間と家事・育児・介護等の時間を合わせて「総労働時間」として見れば，夫片稼ぎ世帯の総労働時間は妻が6時間56分，夫が8時間28分であるが，共働き世帯では，夫の総労働時間が8時間38分に対し，妻は9時間12分と1時間以上も妻の方が長く働いていることになる（図Ⅷ-7-3）。共稼ぎ世帯が増加傾向にあることを考えれば，妻が働きながら家事・育児・介護を担い過労死寸前にある状況は問題視すべき事態である。

　固定的な性別役割分担意識が強固な日本社会においては，このように働くことと生活することのジェンダーによる歪みが大きい。これに対する新たな政策として，「仕事と生活の調和」，ワーク・ライフ・バランスの推進が展開される

▷3　Ⅷ-8 ▷2参照。

図Ⅷ-7-4　過労死・過労自殺に係わる労災申請件数の推移

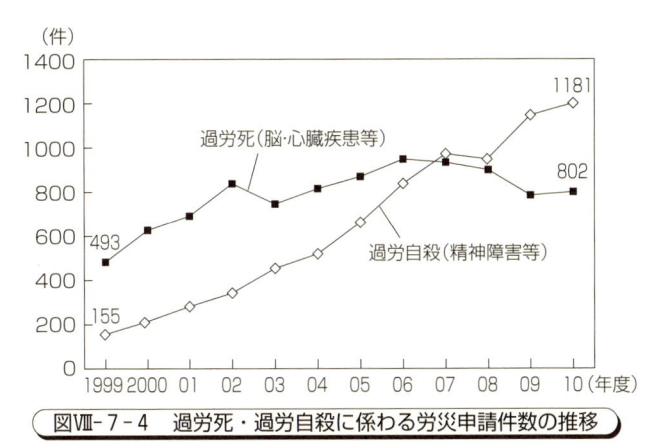

出所：森岡孝二，2011，『就職とは何か──〈まともな働き方〉の条件』岩波新書，p.135
注：厚生労働省「脳・心臓疾患及び精神障害等に係る労災補償状況」

必要がある。

4 増加する過労死・過労自殺

　バブル経済崩壊後，景気低迷を理由とした厳しい人員削減により，正規雇用であれ非正規雇用であれ，仕事に就いている人はかなりのハードワークを強いられている。日本が生んだ「Karoshi」という言葉は世界で通用している。加えて最近の問題は，男性の自殺者が増加している事実である。自殺者の数は1998年から急増し年間3万人を超えている。雇用状況の悪化が大きく影響し，1990年代の終わりから「経済生活問題」，「勤務問題」を動機とした自殺が増えている。過労死並びに過労自殺に係わる労災申請件数は2000年代に入り大きく増加している（図Ⅷ-7-4）。また1999年から2002年までのデータを概観すれば，「脳・心臓疾患」と「精神障害」いずれの労災認定に関しても圧倒的に男性が多い。このことからすれば，過労死の危機にさらされている50代，40代の中高年男性，精神を病むまで追いつめられている40代，30代の中年男性の姿が浮き彫りにされる。つまり，過労死，過労自殺の問題はまさしく男性のジェンダー問題という様相を呈している。しかし近年はノルマ達成へのプレッシャーやセクシャル・ハラスメントやパワー・ハラスメントなどによる精神的ストレスも増加し，働きすぎはもはや中高年男性の問題にとどまらず，20代，30代の若者や女性の過労死やメンタル疾患も問題となっている。

（柚木理子）

▷4　内閣府，2003，『平成15年版国民生活白書』ぎょうせい，P.22

▷5　柚木理子，2006，「『サービス残業』という『不払い労働』──ジェンダーで読み解く男性の長時間労働」『川村学園女子大学研究紀要』17（2）：pp.97-114

Ⅷ 働く場の女性

8 ワーク・ライフ・バランスとは

1 「仕事と家庭の両立」

　報酬の支払われる**ペイド・ワーク**を主として男性が担い，報酬の支払われないアンペイド・ワークをもっぱら女性が担っている。「男性は外で働き，女性は家庭で家事・育児」という伝統的な性別役割分担意識により，ペイド・ワークとアンペイド・ワークが男女間で不均衡に分担され，これが女性の職場進出や就労継続を困難にしてきた。とりわけ既婚女性は，「仕事と家庭の両立」のためにパートタイムという働き方で労働市場に入り，「仕事も，家事・育児・介護も」両方担っている。

　「仕事と家庭の両立」は長い間，働く女性の問題として想定されていたが，1981年，通称「家族的責任条約」と言われるILO156号条約（1981年）がILOで成立したのを機に，家事や育児・介護といった家族的責任は，女性のみが担うものではなく，男女が共に平等に担うものというフレームワークが整えられ，「仕事と家庭の両立」策は新たなステージへと向かうことになった。日本では1992年に育児休業法が制定され，1995年の同法改正により介護休業が加えられたことで，この条約に批准した。

2 働くことと生活することのゆがみ

　では，実態はどうであろうか。6歳未満児のいる日本の夫の家事関連時間は1時間，そのうちの育児時間は33分で，欧米諸国と比較すると家事関連時間は約3分の1程度，育児時間も半分程度と極端に短い（図Ⅷ-8-1）。共働き世帯が増加傾向を示すなか，家事・育児の女性への集中は女性に過度な負担を課し，子どもを生み育てることが「負担」でしかない，子どもにやさしいとはいえない社会となってしまっている。女性が働くことに関して，「子どもができてもずっと仕事を続ける方がよい」と男女ともに意識が変化し，また男性が抱く強い性別役割分担意識にも変化の兆しが見えている。だが，20～40歳代の子どものいる男性の家事参加は「行っているが，十分ではなく」（55.6％），育児休暇あるいは育児のための短時間勤務制度の利用を望む男性は30％程度いるにもかかわらず，男性の育児休業取得率は1.56％と依然として低い水準である。日本の男性の家庭参加を阻んでいる原因のひとつには，やはり長時間労働という問題があげられる。とりわけ，子育て期にある30歳代，40歳代の男性が週60

▷1　**ペイド・ワーク**
ペイド・ワーク paid work（有償労働）とは，市場経済における賃金や報酬の支払われる労働のことである。

▷2　**アンペイド・ワーク**
アンペイド・ワーク unpaid work（無償労働）とは，市場の外部で行われる，賃金や報酬の支払われない労働のことである。具体的には家事・育児・介護などを指し，その多くは家庭内で行われ，市場を対象とする従来の経済学では扱われなかった「見えない労働」の領域である。

▷3　正式名称は「家族的責任を有する男女労働者の機会及び待遇の均等に関する条約」。

▷4　内閣府男女共同参画局，2009，『平成21年版男女共同参画白書』p. 39

▷5　内閣府男女共同参画局，2009，『平成21年版男女共同参画白書』p. 70

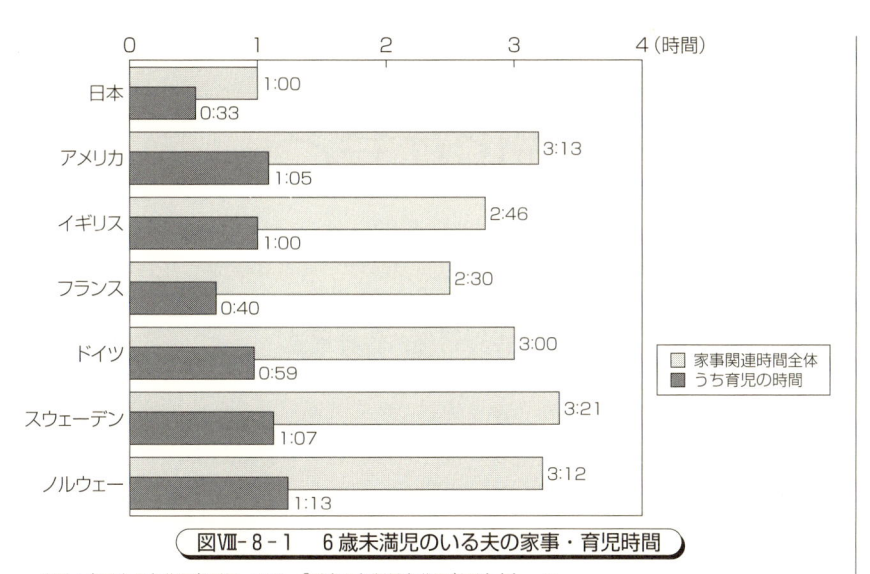

VIII-8 ワーク・ライフ・バランスとは

```
        0       1       2       3       4 (時間)
日本     ┤1:00
        0:33
アメリカ  3:13
        1:05
イギリス  2:46
        1:00
フランス  2:30
        0:40
ドイツ    3:00
        0:59
スウェーデン 3:21
        1:07
ノルウェー 3:12
        1:13
```

□ 家事関連時間全体
■ うち育児の時間

図VIII-8-1　6歳未満児のいる夫の家事・育児時間

出所：内閣府男女共同参画局, 2009,『平成21年版男女共同参画白書』p. 76
注：1）Eurostat "How Europeans Spend Their Time Everyday Life of Women and Men"（2004）, Bureau of Labor Statistics of the U.S. "America Time-Use Summary"（2006）および総務省「社会生活基本調査」（平成18年）より作成。
2）日本の数値は、「夫婦と子どもの世帯」に限定した夫の時間である。

時間以上働いている割合は他の年齢層よりも多くなっている。[6]

3　仕事と生活の調和（ワーク・ライフ・バランス）へ

　家庭と仕事の両立策のセカンドステージである「**ファミリー・フレンドリー企業**」[7]施策に続くワーク・ライフ・バランス政策は、もとより欧米で重要視されている政策である。[8]とりわけEUにおいては、欧州雇用戦略ならびにリスボン戦略（2000年）のなかで、ジェンダー平等政策の観点から、また女性の就業率を引き上げるための社会的包摂政策のひとつとして位置づけられている。

　日本においては、2007年12月に「仕事と生活の調和（ワーク・ライフ・バランス）憲章」[9]と「仕事と生活の調和推進のための行動指針」が策定され、ワーク・ライフ・バランス政策が本格的に始動している。ワーク・ライフ・バランス憲章によれば、「国民一人ひとりがやりがいや充実感を感じながら働き、仕事上の責任を果たすとともに、家庭や地域生活などにおいても、子育て期、中高年期といった人生の各段階に応じて多様な生き方が選択・実現できる社会」、具体的には「就労による経済的自立が可能」で、「健康で豊かな生活のための時間が確保でき」、「多様な働き方・生き方が選択できる」社会をめざすための政策であると定義されている。[10]

　性別役割分担意識の強固な日本において、同政策がジェンダー平等に貢献できるか否かは、長時間労働にあえぐ男性の働き方の変化にかかっているといえよう。

（柚木理子）

▷6　内閣府男女共同参画局, 2009,『平成21年版男女共同参画白書』p. 70

▷7　**ファミリー・フレンドリー企業**
仕事と育児・介護が両立できるような諸制度をもち、多様で柔軟な働き方を選択できる取り組みを行っている。

▷8　各国の取り組みについては、厚生労働省, 2007,『平成19年版労働経済白書』pp. 172-178に詳しい。

▷9　http://www8.cao.go.jp/wlb/government/pdf/charter.pdf

▷10　http://www8.cao.go.jp/wlb/towa/definition.html

IX 高齢者の働き方

1 世界一の少子高齢化社会と高齢者雇用

1 日本の少子高齢社会は世界最高，世界最速

　日本社会の少子高齢化は現在でも世界で最も進んでおり，その進展スピードも世界で最も速い。高齢化の度合いは，人口に占める65歳以上人口の比率，いわゆる高齢化比率で計測する。この高齢化比率が7％に達すると，高齢化社会（aging society）に入ったと言い，またこの比率が14％に達すると高齢社会（aged society）と定義する。日本は1970年に高齢化比率が7％を超え，そのわずか24年後の1994年には14％を超える高齢社会に達した。2010年の国勢調査速報ではこの比率は23.1％となっており，世界192ヶ国中で最高の比率となった。

　高齢社会は一国の豊かさの象徴でもある。2010年の日本の平均寿命は，男性が79.64歳で世界4位，女性が86.39歳で世界1位である。少子化の指標となる**合計特殊出生率**は，2005年国勢調査で過去最低の1.26人となった。寿命の延びと出生率の低下の結果，図Ⅸ-1-1に示されるように日本は現在でも高齢化率が高いだけでなく，今後の高齢化のスピードも世界で最も速い。

　このスピードに合わせて，高齢者が安心して老後をおくれ，かつ社会の安定と福祉が維持できるように高齢者雇用，年金制度，高齢者介護などの社会制度

▷1　合計特殊出生率
ひとりの女性が生涯に産む子どもの数をいい，2.08人が人口維持の目安とされる。

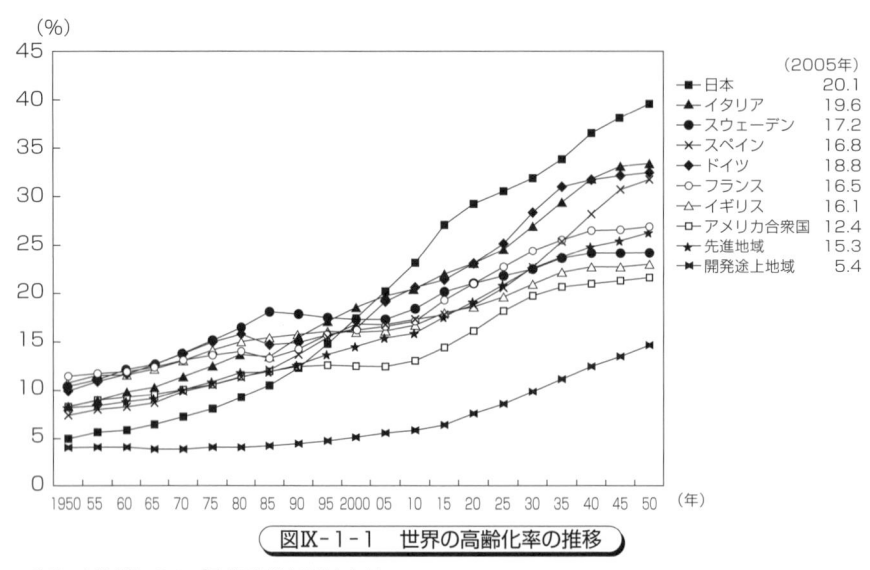

図Ⅸ-1-1　世界の高齢化率の推移

出所：内閣府編，2011，『平成23年版高齢社会白書』p.11

表Ⅸ-1-1　世界の高齢者の実引退年齢および公式引退年齢

(歳)

	実引退年齢[2] (1999～2004年)		公式引退年齢[1] (2004年)	
	男性	女性	男性	女性
アメリカ	64.2	63.1	65.3	
イギリス	63.0	61.6	65.0	60.0
ドイツ	61.3	60.6	65.0	
フランス	59.3	59.5	60.0	
日本	69.3	66.1	60.0	
OECD諸国平均	63.2	61.8	64.0	62.9

出所：厚生労働省編，2007，『世界の厚生労働2007』TKC出版，p.5
注：1）公式引退年齢とは，満額年金支給開始年齢のこと。
　　2）実引退年齢とは，40歳以上の者が労働力を離れた（継続就労の意思なく退職した）年齢の平均値。

を準備していかねばならないし，少子化対策も必要とされよう。

2　高齢雇用の促進策と高齢労働力率の低下

　高齢化が進展すると生産年齢人口（15～64歳）の割合が低下するため，労働力人口が減少する。引退あるいは引退過程にある高齢者を誰が働いて扶養するかという問題が生じる。ひとつの解決方法は，高齢者の労働力率を高めることである。

　日本の高齢者の就業意欲は国際的に見ても高い。しかしこの意欲に反して，日本の高齢者労働力率は長期的に見ると低下傾向にある。とりわけ男性65～69歳層の労働力率低下が顕著であり，1976年の61.7％から2010年の46.8％へ34年間に14.9％も低下した（「労働力調査年報」による）。その原因は定年年齢がない自営業層の比率が低下したこと，および年金が充実してきたことによると考えられている。

　確かに年金制度が成熟した他の先進諸国の高齢者の引退年齢を見ると，日本よりも早く男性でも60～64歳前後であり，公式の引退年齢よりも早い（表Ⅸ-1-1参照）。こうした国々でも日本と同じように引退年齢を引き上げ，高齢者労働力率を向上させる政策的努力がなされている。

　以上からみると，高齢者雇用率を上げようという政府施策とは裏腹に，年金が満額支給される65歳以上高齢者の労働力率は低下傾向にあり，欧米型に近づきつつあることがわかる。すなわち，高齢者が年金支給を下支えとして窮迫労働（貧困のためどのような賃金水準，労働内容であろうと働くこと）を免れるような条件整備がなされてきている。日本社会では高齢化の進展と同時に，高齢者の働き方も大きく変化してきているのである。

（上林千恵子）

▶2　清家篤，1992，『高齢者の労働経済学』日本経済新聞社，pp.34-43

参考文献
松田茂樹，2013，『少子化論——なぜまだ結婚・出産しやすい国にならないのか』勁草書房
濱口桂一郎，2014，『日本の雇用と中高年』ちくま新書

IX 高齢者の働き方

2 仕事からの引退過程
長い引退期間と短時間就労・年金受給

▷1 OECD 編，濱口桂一郎訳，2006，『世界の高齢化と雇用政策』明石書店

1 長い引退期間と新たな挑戦

　高齢労働者が何歳以上の人を指すのか，きちんとした定義はない。OECD報告書[1]では便宜的に50歳以上としている。また日本の高年齢者就業実態調査では55歳以上を対象としている。日本的雇用システムを維持している日本の大企業の場合，おおよそ男性雇用者にとっては55歳前後を中心に引退過程，ないしは第2の人生が始まると考えてよいだろう。

　大企業では25年間加入で年金受給権が得られる厚生年金制度を前提に中高年者の雇用制度・雇用慣行を整備している。22〜23歳の大卒入社者では50歳前後で年金受給資格が得られる。1970年代後半から60歳定年制が各企業に普及したものの，管理職の在職年限は従来通り50歳前後に据え置かれた。これは，管理職在職年数に2〜4年の上限を設け，人事を停滞させないための施策である。日本的雇用システムを維持する大企業ほどこの一方通行のローテーション方式が実施されている。その結果，定年が延長されたにもかかわらず，管理職を中心に50歳以降順次，子会社，関連会社への出向・転籍が行われている。企業としては，年金受給権が付与されるまで雇用保障すれば，一応の雇用責任を果たしたことになるのであろう。

　管理職，非管理職を問わず，55歳以降，実際に引退する65歳ないしは70歳前後までその期間は10年以上と長期間である。この期間は，老化によって徐々に身体能力が全般的に低下するだけでなく，人によっては病気など健康問題が生じてくる。またキャリアの上では，役職定年の経験，長年勤務した会社からの退職，再就職など大きな屈折点を経験し，再就職した職場環境と新しい人間関係に適応し，再就職した職務について新しく学ばなければならない。高齢期は老化する身体や再就職，家族の死など高齢期特有の生活環境に対する新たな挑戦と学習の期間でもあるのだ。その意味では，若年者が新しい職場に挑戦することと何ら変わらない。

2 引退過程と短時間就業

　10年以上にもわたる長い引退期間，高齢者はどのような働き方をしているだろうか。高齢者の引退過程では雇用者としての就業率が低下するばかりではなく，その働き方も異なってくる。フルタイム勤務から短時間勤務へと勤務形態

の変更が行われるのである。図IX-2-1は厚生労働省「平成16年度高年齢者就業実態調査」の雇用者のうち，短時間勤務の割合を示したものである。短時間勤務とは，1日の労働時間が普通勤務よりも短いか，あるいは1週間の勤務日数が少ないか，労働時間，勤務日数ともに短い勤務形態のことである。

短時間勤務者の比率が高いのは男性よりも女性，65歳以降，また2000年よりも2004年である。労働市場全体で非正規雇用の短時間就業者が求められるようになっている今日，増大する高齢者はこの非正規雇用，短時間就業の雇用機会に対しての供給源となっている。一方，企業の中にも，高齢者の賃金が安くてすみ，かつ一定のキャリアを持つ人物に対する信頼が理由となって，高齢者の短時間雇用を利用するところが増加している。

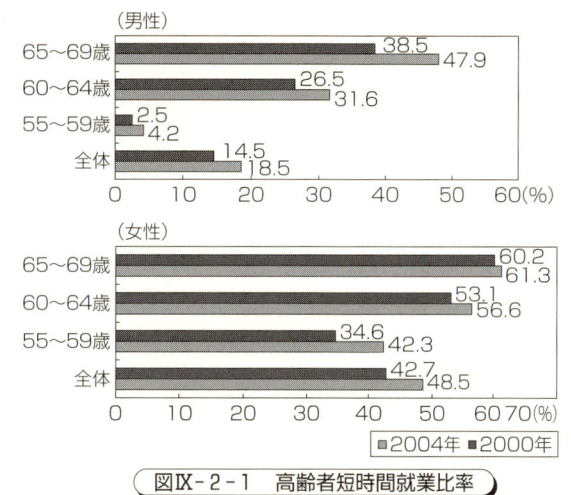

図IX-2-1　高齢者短時間就業比率

出所：厚生労働省，2004，「平成16年度高年齢者就業実態調査」より作成。

3　年金受給と就業

高齢引退者が65歳以降で急激に増加し，またその就業形態も短時間勤務が多い理由は，年金受給によって生計が維持可能となっているからである。雇用者以外の自営業主や家族従業者は国民年金加入者であり，国民年金の支給水準は雇用者の大部分が加入している厚生年金と比較して低いために，現実的に年金に依存した老後生活はおくれない。しかし厚生年金は今のところ一定程度の水準に達している。2010年末現在，国民年金受給者の平均月額5.5万円であるのに対し，老齢厚生年金受給者は15.3万円である。また2009年の厚生労働省「国民生活基礎調査」によると，高齢者世帯（65歳以上の者のみかあるいは65歳以上の者と18歳未満の未婚者）の稼働所得は年間52.6万円，公的年金209.8万円で，世帯人員一人当たり192.9万円であり，全世帯平均一人当たりの208.4万円とそれ程大きな差異はない。年金収入を下支えとしながら，多少の勤労収入があるという生活が，高齢者の平均的な像であろうか。

先の高年齢者就業実態調査によると，年金が満額支給される男性65～69歳層では，年金受給しつつ就業している人は45.8％で，年金受給の不就業者，すなわち引退者は48.7％に達した。65歳以降では年金を受給して引退するか，年金を受給しつつ就業するという選択に二分されていることがわかる。欧米諸国では，産業化が日本より早く開始され，その結果として高齢雇用者の老後を保障するための年金制度も早くから整備された。これに対して日本は年金制度の成熟度が低く，そのために「就業する年金受給者」を念頭に制度設計がなされてきたのである。しかし，近年は就業しない年金受給者，すなわち完全な引退者がゆっくりとではあるが増加している。

（上林千恵子）

▷2　「平成20年度高年齢者就業実態調査」では，高齢者個人に向けたアンケート調査を実施していないので，高齢短時間就業者の比率は不明。しかし60歳以上の労働者を雇用している事業所を対象としたアンケート調査では，「労働時間の短縮，勤務時間の弾力化」の措置をとっている事業所割合は，15.6％（2004年）から26.2％（2008年）へと増大している。

▷3　厚生労働省年金局，2011，「平成22年度厚生年金保険・国民年金事業の概況」

▷4　内閣府編，2011，『平成23年版高齢社会白書』p.21

参考文献

佐藤厚，2012，「仕事からの引退過程」佐藤博樹・佐藤厚編『仕事の社会学［改訂版］』有斐閣

IX 高齢者の働き方

3 定年制の機能と定年延長政策

① 定年制の雇用保障機能と解雇機能

　定年制は日本型雇用システムを構成する重要な要因である。企業への入口が毎年の新規学卒者採用管理であるとするならば，一定の年齢に到達すれば誰もが退職しなければならない定年制はその出口である。入口がある限り，出口は不可欠である。これが日本的雇用システムで終身雇用といわれる制度である。

　定年制の機能は，一定年齢での強制解雇であると同時に，一定年齢までの雇用保障機能でもある。日本の大企業の場合，企業業績が悪化するといった客観的条件が示されないと従業員の解雇は難しい。

　OECDは，個別雇用を規制する雇用保護の厳格さについて，解雇予告の期間，解雇手当の額，不当解雇の定義など，いくつかの異なる要素を組み合わせて，各国の雇用保護制度の厳格さを数値化している。表IX-3-1がその結果であり，数値が高いほど雇用保護の程度が高いことを示す。日本は厳格さではOECD加盟国中第7位であり，正規従業員への雇用保護は手厚いことがわかる。

　定年制の解雇機能は，この雇用保障機能の強さの裏返しでもある。本人の能力の有無にかかわらず，誰でもが一定年齢で解雇されることは，誰もが必ず一定の時期になると一定の年齢に達するのだから，きわめて明快なルールに立脚した公平な制度であるという考え方がある。年功秩序を貫く思想である。他方，定年制度は本人の能力，意欲の有無を問わず，年齢という外的基準のみに依拠して退職を決定するから不公平であり，意欲が高く，高い能力の人を優遇する方が公平である。企業の効率性を考えても，働く能力のない人を雇用していることは不合理であるという考え方もある。これは IX-5 で触れる年齢差別禁止に通じる考え方であり，人間は人種，宗教，性，年齢如何に関わらず，働く意欲と能力にしたがって処遇されることが公平だという考え方である。日本の定年制度は明らかに前者の考え方に基づいて成立しており，定年制の解雇機能は，「誰もがいつかは通る道」という考え方として，定年前の雇用保障機能と引き換えに，労使双方が支持してきたといえるだろう。

▷1　裁判例の積み重ねにより，整理解雇の有効性に関しては次の4つの要件が必要とされている。第一に，赤字経営など企業経営上，人員削減措置が必要であると証明できること，第二に人員削減する以前に，配転，希望退職募集などそれ以外の手段をとって整理解雇を避ける努力をしたこと，第三に被解雇者選定にあたって合理的な基準があること，第四にその実施手続きにおいて労働組合あるいは労働者に対して協議を行うこと，の4点である。

表IX-3-1　OECD諸国における正規雇用に対する雇用保護の厳格度（1990年代）

国別ランク	
アメリカ	0.2
イギリス	0.8
イタリア	2.0
フランス	2.3
日本	2.7
ドイツ	2.8
オランダ	3.1
韓国	3.2

出所：OECD編，清家篤監訳・山田篤裕・金明中訳，2005，『高齢社会日本の雇用政策』明石書店，p.104より作成。

❷ 定年延長のための雇用政策

　定年年齢は1970年代初めまでは55歳であった。その当時，定年退職まで働く人の割合は現在より少なく，不況のため希望退職や解雇で転職したり，あるいは故郷の田舎へ帰還したりする人が少なくなかった。現実に終身雇用が実現され，企業内で長期雇用層が蓄積されたのは1960年代後半から70年代初めの高度成長期以降である。そして1970年半ば以降に徐々に進展した60歳定年制度の普及によって，60歳までの企業内での高齢者雇用が大きく進展したのである。

　定年延長がなされた背景には，政府の政策が存在する。まず高齢者の失業率が他の年齢階層よりも常に高く，高齢者の雇用の安定と雇用機会確保の必要性が存在したこと。さらに長期的には，日本の人口構造を所与とすると高齢化によって労働力が減少し，また年金財政も破綻してしまうので年金財政を救済するためには高齢者雇用を促進することが国家としての課題であったことが理由である。

　こうして1986年高年齢者雇用安定法が制定され，企業に対して60歳以上定年制への努力義務が規定された。1994年には同法が改正され，60歳未満定年が禁止となった。そして2004年の改正では65歳までの雇用確保が，2012年の改正では希望者全員65歳までの雇用確保が企業の実施義務となった。さらに2007年には改正雇用対策法が制定され，労働者募集・採用に際して年齢制限を設けることを原則禁止とした。定年延長・継続雇用によって高齢者の雇用を確保するだけでなく，いったん離職した高齢者が再度，雇用されやすいように年齢を理由とする就職差別を禁止したのである。

❸ 定年延長の予想される結果

　このまま定年延長が進むとどのような結果が予想されるだろうか。1980年代半ばに従来の55歳定年が60歳定年に延長された時の事例が参考となるだろう。この時期には，確かに制度上の定年年齢は延長されたが，中小企業労働者は従来通り，定年の有無にかかわらず働ける間は働いていた。また大企業のホワイトカラーも従来通り50歳代前半になると，管理職ポストを後進に譲るために，子会社，関連会社へ出向・転籍した。したがって定年延長の成果を最も享受した層は，大企業で監督職ポストにつかなかったブルーカラーといってよいだろう。

　政策の上で65歳までの雇用確保措置が実現されても，すべての人がそれまで働いていた会社で65歳まで雇用されるとは考えにくい。従来通り，50歳代前半で関連会社へと出向・転籍する人，60歳定年時に希望通り再雇用される人，定年時に再雇用を希望しても会社から拒絶される人，定年でそのまま退職する人，といった具合に高齢者の定年前後のキャリアは多様になるだろう。定年制の持つ雇用保障機能は，定年年齢が遅くなるにしたがって弱まってきているといえよう。

（上林千恵子）

▷2　佐藤博樹，1999，「日本型雇用システムと企業コミュニティ」稲上毅・川喜多喬編『講座社会学6 労働』東京大学出版会，pp. 36-37

参考文献
清家篤，2013，『雇用再生』NHK出版

IX 高齢者の働き方

4 団塊世代の退職と技能継承

1 団塊世代とは

　団塊世代とは，1947年から1949年に生まれた世代の人々のことを言う。これは1945年の第二次大戦敗戦後に，復員した兵士が父親となった結果であり，日本ばかりではなく，アメリカ，イギリス，イタリア，韓国でもこの世代のことをベビーブーマー（Baby boomers）と呼んでいる。日本におけるこの世代の人口は2010年国勢調査速報値によるとおよそ657万人，人口の5.1％を占めていた。

2 技能継承問題発生の原因

　団塊世代の退職は職場で人数が多かったために技能継承に影響を与える。技能継承問題の発生原因は3つ指摘できよう。第一に，技能継承とは職場に毎年新入社員が入ってOJT[1]（on-the-job training）による教育訓練によって行われることが基本であり，またそうでなければ技能継承は不可能なのである。熟練技能を持つ長期雇用層は1980年代まで増加を続けたが，1990年代の不況期に大規模製造業が新規採用者を手控えたために，技能継承が十分になされなかった。他方，中小製造業では若年者が生産現場に定着せず，技能継承すべき対象者が不在という深刻な事態が起きている。第二に，1990年代を通じて非正規従業員比率が高まったことが技能継承を困難にしている[2]。人件費の安い発展途上国との製品価格競争に敗れないよう，国内事業所は人件費削減のために非正規従業員比率を増加させたが，長期勤続を前提としない非正規従業員に対しては教育訓練を必要とするような職種を担当させず，職場全体の技能継承がスムーズにいかなくなった。第三に高齢者の技術革新への適応問題が存在する。一般的に高齢になると新しい技術の習得に時間がかかり，またその技術を利用する年数も短い。多くの高齢者は，苦労して新技術を進んで学ぶよりも，既に自分が保持している技能を生かしたままで職業生活を終わりたいと考えている。現在，日本の中小製造企業の職場にこうした事例がみられ，そのような場合，若年者が自分の将来のために必要な技能を，高齢者から継承することが難しくなっている。

3 低賃金の高齢者労働市場

　団塊世代の技能を継承することが社会的に求められているにもかかわらず，

---

[1] OJT
実務訓練のこと。Off-JT（off-the-job training）との対比で使用される。Off-JTはいわゆる座学，職場を離れての教室での研修・訓練を意味するのに対し，OJTは日常の職場内での訓練を意味する。Ⅲ-5 参照。

[2] 自動車産業の職場のアンケート調査によれば，期間工比率が高い職場ほど技能伝承がうまくいっていないという結果が示された（小池和男・中馬宏之・大田聰一，2001，『もの造りの技能——自動車産業の職場で』東洋経済新報社，p.303）。

高齢者の労働力率は長期的には低下傾向にあり，また団塊世代は引退志向が高い。団塊世代のみを対象とした労働政策研究・研修機構の調査によれば，男性の場合，定年有り企業に勤務している人の79.8％は65歳以前の引退希望であり，定年がない企業でも65歳以前の引退希望者は56.7％に達している。その理由の一端は年金給付水準の向上にあるが，それだけではない。

定年後の高齢者の賃金水準が押しなべて低く，高齢者の就業継続意欲を殺いでいるからでもある。高齢者の継続雇用を行っている企業に対するアンケート調査を分析した労働政策研究・研修機構の報告書によれば，従業員が企業から受け取る金額は定年後には5割から6割程度と推測される。企業は継続雇用者の賃金水準を決定する際に，年金，退職一時金を前提として生活維持が可能な金額を算定するからである。

定年前と同一企業に勤務し，ほぼ同一の職務に従事しながら賃金が従前の5〜6割に低下してしまっては，一般的に就労意欲が高まるはずはない。継続雇用高齢者は賃金上昇も昇進の見込みもないだけでなく，従来の賃金も大幅にカットされるわけだ。賃金は生活保障を目的とするだけでなく，能力発揮の証でもあるのだから，こうした処遇は団塊世代の勤労意欲を喪失させてしまうことになろう。

企業内労働市場を離れた外部労働市場の場合，高齢者の賃金水準低下はより大きい。厚生労働省「2004年高年齢者就業実態調査」によれば，60〜64歳層の平均給与額は22.5万円，最頻値は10〜13万円であった。それまでの職業人生において40年近く働いた結果として，賃金水準が高卒初任給レベルでは引退したいと願う人が多くなっても当然であろう。

4 団塊世代退職後の高齢者の役割

以上のように，団塊世代の技能継承への社会的ニーズは存在するのに，現実には彼らの賃金水準も低位に据え置かれ，その引退が進んだ。また製造現場の多くが人件費の安価な中国などの近隣諸国に移転した結果，現場での技能継承が難しくなっている。

日本の製造業全体のゆくえを考えるならば，技能継承を目的とした雇用機会を企業が高齢者のために用意することが必要であろう。製造業の大企業では，すでに社内師範学校という試みも始められている。他方，高齢者自身もまた賃金低下を侮辱と受け止めることなく，さらに「技能習得は教わるものではなく自らの経験とカンとコツによってしか習得可能ではない」と信じる職人気質を押さえる必要性もあろう。労使双方が長期的視野に立って次世代のための社会的貢献として技能・技術継承の重要性を認める必要があろう。

（上林千恵子）

▷3　労働政策研究・研修機構編，2007，『「団塊世代」の就業と生活に関する調査研究報告書』労働政策研究報告書 No.85：pp.168-169

▷4　労働政策研究・研修機構編，2007，『高齢者継続雇用に向けた人事労務管理の現状と課題』労働政策研究報告書 No.83：p.126

▷5　**社内師範学校**
定年退職者の再雇用と若年者の技能訓練の目的で，職場の一隅で教育訓練を実施する試み。名称は企業によって異なり，「テクニカルサポート・プログラム」と名付ける企業もある。

参考文献
小池和男，2005，『仕事の経済学（第3版）』東洋経済新報社
小池和男・中馬宏之・大田聡一，2001，『もの造りの技能――自動車産業の職場で』東洋経済新報社

IX 高齢者の働き方

5 高齢者雇用をめぐる思想

1 エイジフリー思想

　人間が生物であるという事実から，加齢は誰もが通過するごく当たり前の自然現象である。ところが，近代化によって産業社会が生まれたことにより，働ける能力を持つ者が社会の中心を占め，仕事から引退していく高齢者や働けない者は社会のお荷物，厄介者と扱われるようになった。これは高齢者に対する社会的排除であるから，高齢者を社会の中に包摂していこうという考え方も同時に産業社会の中に生まれた。すなわち，近代社会の基本的原理である個々人の自由と平等の実現という理想を，高齢者に対しても実現しようという考え方であり，これをエイジフリー思想という。雇用の側面から見ると，雇用平等思想として高齢者も年齢による差別を受けてはならないという考え方になる。

　雇用差別に関する最初の思想は人種差別禁止を目的としていたアメリカの1964年公民権法第7編にある。この法では，雇用関係のすべてにおいて人種，皮膚の色，宗教，性，または出身国に基づく一切の差別を禁止した。黒人差別是正を目的とした公民権法は，その後，黒人だけでなく女性差別の禁止にも適用されるようになり，さらに年齢差別禁止，障害者差別禁止へと発展した。こうしてアメリカでは1967年に最初の年齢差別禁止法が制定された。この年齢差別禁止法は何度か差別年齢の上限年齢が高められ，ついに1986年には70歳定年制も廃止されるに至った。年齢を理由に解雇や採用を拒否してはならないということが法の主旨である。

　年齢差別禁止法という法律が存在すること自体，アメリカ社会では高齢者の雇用が容易には進展しないという証拠であろう。またヨーロッパでも1993年前後から社会政策思想を変え，若年失業率低下のための高齢者引退促進から高齢者の社会参加へと政策目標を転換させた。

　日本でも高齢者雇用促進のためにエイジフリー思想が主張され，年齢に関係なくいつまでも働ける社会が目標とされた。しかしながら，日本の場合は，エイジフリー思想を手放しで礼賛することは，定年制の持つ雇用保障機能を弱体化させるという逆機能の側面もある。

2 プロダクティブ・エイジングの思想

　高齢者への差別と偏見をエイジズムと称するが，これに対抗する概念として

アメリカの老年学者ロバート・バトラーが主張したのがプロダクティブ・エイジングである[1]。その意味するところは，生産活動に参加しながら年齢を重ねていくべきである，というものである。高齢者のすべてが加齢によって身体的・精神的能力が低下するのではなく，個々人により，また年齢により加齢の影響は異なるのであるから，高齢者は変化している社会構造の中で，行動的で職業労働に励む生産的な存在になるべきであると主張した。

確かに，日本のように「年齢相応」あるいは「年甲斐もなく」の表現に見られるように年齢基準によって個々人の行動を制約する文化が強く存在している社会では，このプロダクティブ・エイジングという概念は個人の行動に対して年齢による制約からの自由をもたらすだろう。年齢に対する従来の偏見を打ち破り，積極的に仕事に精を出す高齢者像は，高齢者雇用を促進する上で大いに役立つかもしれない。

しかしながら，高齢者が年齢に関わりなく働けるというこの概念が，かえって高齢者の可能性を閉ざしてしまうという指摘もなされるようになった。高齢者の経済活動への参加だけが重視されて高齢者に就業を強制させてしまうという懸念や，高齢者の就業以外の活動，すなわち高齢期にいっそう重要となる社会参加活動や趣味・教養活動の分野がこの概念から抜け落ちてしまうのである。そこでこれに代わって登場したのが，アクティブ・エイジングという概念である。

③ アクティブ・エイジングの思想

アクティブ・エイジングとは，高年齢の生活の質を高めていくために，健康，参加，安全のための機会を最大化するプロセスのことである。「単に職業労働に励むだけでなく，社会的，経済的，文化的，精神的活動に継続的に取り組む高齢者」という意味合いがこの概念にはこめられており，労働市場から引退した高齢者や障害を持った高齢者もアクティブな貢献者として社会参加活動が可能であるとする。この概念は，WHO（世界保健機構）やILO（国際労働機関）などの国際機関の政策理念として通用している[2]。

また天野正子はこの概念こそ使用していないが，近代以前の「家督委譲―隠居」という自発的引退の制度を高く評価している[3]。すなわち，高齢期だからこそ可能な活動があるのだと指摘し，高齢化がマイナスではなくプラスであることを主張した。アクティブ・エイジングと相通じる考え方である。

以上のように，高齢者雇用をめぐる思想は近代の産業社会が高齢者の役割と価値を低下させたことを反省し，現代社会において高齢者の復権を試みたものである。

（上林千恵子）

▷1　バトラー，R.N.編，岡本祐三訳，1998，『プロダクティブ・エイジング――高齢者は未来を切り開く』日本評論社

▷2　前田信彦，2006，『アクティブ・エイジングの社会学』ミネルヴァ書房，pp. 9-10

▷3　天野正子，2006，『老いへのまなざし――日本近代は何を見失ったか』平凡社ライブラリー

参考文献

清家篤編，2006，『エイジフリー社会』社会経済生産性本部

中窪裕也，1995，『アメリカ労働法』弘文堂

X　日本で就労する移民・外国人労働者

1　日本の外国人労働者問題

1　日本の外国人労働者問題の登場

　日本は第二次大戦で朝鮮，台湾，中国東北部の海外植民地を失った後は労働力として外国人を積極的に受け入れた歴史はない。戦後の高度成長期に人手不足から何度か海外労働力受け入れが検討されたものの，その都度計画は否定された。主として技術革新によって，また非労働力であった主婦層の労働力化によって人手不足を乗り切ってきたのである。しかし，1980年代後半になると，日本の労働力政策に何ら変更がないまま，外国人不法就労者の増加という形で外国人労働者の受け入れが始まったのである。中小製造業や建設業，農林漁業など比較的労働条件が低く，職場環境の悪い国内の仕事では日本人の求人がおぼつかなくなったため，そうした3K職場（危険，きつい，汚い）で働く外国人労働者が就労資格の有無にかかわらず企業主から歓迎されたのである。

　表X-1-1の不法就労者（illegal workers）とは，入国管理法上で就労資格を持たない就労者であり，近年は非正規滞在外国人と呼ばれている。梶田孝道は，日系人と外国人技能実習生はこのバックドアから導入された労働力であると類型化している。すなわち，フロントドアから正規に入国する合法的外国人労働者に対して，就労者としての在留資格を持たない定住者ビザの日系人労働者と，技術移転がタテマエの技能実習生は，実質的には労働力が不足する日本労働市場での単純労働者の機能的代替物であったという。そして日系ブラジル人と**外国人技能実習生**をサイドドアからの受け入れと称した。というのも，受入れ目的はそれぞれ親族訪問と技能移転であり，労働力としての受け入れであることを制度上では認めていないからである。

▶1　梶田孝道，2001，「現代日本の外国人労働者政策・再考――西欧諸国との比較を通じて」梶田孝道編『国際化とアイデンティティ』ミネルヴァ書房，pp. 200-206

▶2　**外国人技能実習生**
1993年に設立された外国人技能実習制度によって受け入れた外国人労働者のこと。X-4参照。

2　日本の外国人労働者のカテゴリーとその人数および割合

表X-1-1　日本の外国人労働者の推計　その1（2010年）

合法就労者	就労目的の在留資格者	207,227
	研修生・技能実習生1号	59,766
	特定活動・技能実習生2号	99,665
	資格外活動（留学生等）	201,511
	定住者（日系人）	194,602
	小計	762,771
不法就労者	不法残留者	78,488
	合計	841,259

出所：法務省入国管理局編，2011，『平成23年版出入国管理』より作成。

表X-1-2 日本の外国人労働者の推計 その2（2010年）

専門的・技術的分野の在留資格	小計	110,586
	うち技術	35,437
	うち人文知識・国際業務	42,022
特定活動		123,342
技能実習		11,026
資格外活動	留学・就学	90,675
	その他	17,416
身分に基づく在留資格	小計	296,834
	うち永住者	136,982
	うち日本人の配偶者等	70,899
	うち永住者の配偶者	5,136
	うち定住者	83,817
総数		649,982

出所：厚生労働省「外国人雇用状況の届出状況」（平成22年10月末現在）

表X-1-3 世界主要国の外国人比率と外国人労働者比率

	総人口に占める外国生まれの人の比率（％）	総人口に占める外国籍者の比率（％）	労働力に占める外国生まれの人の比率（％）	労働力に占める外国籍者の比率
日本	**	1.7	**	0.3[1)]
韓国	**	1.9	**	2.2[2)]
アメリカ	12.5	6.9	16.2	**
ドイツ	12.9	8.2	**	9.4
フランス	11.6	**	11.6	5.8
イギリス	11.3	7.1	12.9	8.0
イタリア	**	7.1	11.3	8.6
スペイン	14.3	12.4	18.5	10.3

出所：OECD, 2011, International Migration Outlook 2011ed., Paris, OECD, p.385, 386, 403, 443, 445より作成。
注：1), 2)の数値はいずれも，2008年度のもの。

　日本で就労している外国人労働者数は，2010年時点で合法就労者はおよそ76万人，不法就労者8万人の合計84万人前後である（表X-1-1）。また職業安定所を通じて厚生労働省が2010年に実施した調査によれば，**永住者**，日本人および永住者の配偶者を含めた外国人労働者の推計はおよそ65万人弱である（表X-1-2）。

　厚生労働省の調査は，外国人労働者を雇用している企業からの報告によるものであるために，失業者，帰国中の日系人，自営業主や職業安定所が調査対象としにくい多数の15人未満の小零細企業での雇用者は含まれていない。そのため，ここにこれらのカテゴリーの外国人労働者数と，不法就労者数を加えると，全体の外国人労働者数は80〜100万人で，2010年の労働力人口の1.5％前後の比率であろう。

3　世界主要国の外国人労働者の割合

　表X-1-3は，OECD統計により世界の移民受け入れ国の移民の比率を見た結果である。移民受け入れの歴史と政策が各国によって異なるので，統計の取り方も国によって異なる。この表が「外国生まれ」と「外国籍者」を分けているのは，外国生まれがいわゆる第一世代であり，近年，移民が流入したことを意味する。他方，外国籍者には，永住権を有しているが，移民先国の国籍を取得していない第2世代，第3世代が含まれる。

　この表から日本は先進国中，労働力を外国人労働者に依存している割合が低いことが理解できよう。もっとも，表中の0.3％とは，表X-1-1の就労目的の在留資格者のみを労働力としてカウントした結果であり，実際には既にふれたように1.5％前後までに比率は上昇しているのである。将来，日本の高齢化に伴う労働力不足を前提にすれば，外国人労働者の受け入れ政策に関して真剣に議論されねばならないだろう。

（上林千恵子）

▶3　永住者
日本に永住権をもち，定着居住している外国人。1945年の敗戦時に日本国籍から離脱させられた韓国・朝鮮籍者と，一定の要件を満たして永住権を獲得した外国籍者を含む。

参考文献
井口泰，2001，『外国人労働者新時代』筑摩書房
樽本英樹，2016，『よくわかる国際社会学［第2版］』ミネルヴァ書房
永吉希久子，2020，『移民と日本社会』中央公論新社
是川夕，2019，『移民受け入れと社会的統合のリアリティ』勁草書房

X 日本で就労する移民・外国人労働者

2 外国人労働者の労働市場

① 二重労働市場論と外国人労働者の労働市場

　日本国内にも外国人労働者だけの労働市場が存在しているとしばしば指摘される。そもそも労働市場とは元来，仮想の存在であるから，その仮説によって外国人労働者の就業行動を合理的に説明することができれば外国人労働市場の役割を果たしたことになる。

　西欧諸国や近隣アジア諸国の外国人労働者の就業先業種と職種をみると，全般的には建設業，製造業の低熟練労働，都市サービス業の雑役的な職種（清掃，レストランの皿洗い・給仕，ホテルのベッドメーキングなど），家庭内の家事労働などに集中しており，規模は中小企業が圧倒的に多い。外国人労働者は基本的には受入れ国の言語に不慣れであり，その言語を必要としない肉体労働に従事することになる。言語を極力使用しない職種であるために，技能レベルは低く，当然，労働条件も低い。将来の昇進も昇給も望めず，職業の社会的地位も低い。外国人労働者は居住地が特定地域に集中していることと同様に，職種においては第二次労働市場へ集中している。

　労働条件や雇用機会は基本的には労働力の需給によって決定されると考えるのが一般的であるが，外国人労働者の場合，内国人と異なって，エスニシティによってもたらされる雇用差別や言語能力の不自由さのために労働市場での自由な移動が不可能であり，分断された独自の労働市場を形成していると考えられる。これを二重労働市場論として理論づけたのが，アメリカの労働経済学者M.ピオレである。ピオレは労働市場を，安定して労働条件の良い内国人向けの第一次労働市場と，不安定で労働条件の低い移民向けの第二次労働市場に分類した。[1]

　この第二次労働市場が将来的には縮小する，あるいは消滅する可能性について，ピオレは楽観的ではない。生産システムが大量生産業種中心になると，職場組織が標準化された作業に分割され，低熟練職種が生まれて第二次労働市場への需要が発生する。さらに景気変動に伴う雇用量の調整のために不景気時には容易に解雇できる労働者が必要であり，その労働力として移民が必要とされるという。第二次労働市場のメンバーは移民以外にも，農業との兼業労働者，主婦，若年者といった労働力類型も含まれる。しかしこうした労働力は，空間的に労働移動が容易ではなく，しかも夜勤など長時間労働をこなせず，頑健な

▷ 1　Piore, Michael, 1979, *Birds of Passage: Migrant labor & industrial societies*, Cambridge, Cambridge University Press (digitally printed version 2008).

身体を持たないという点では，移民労働力に劣るという。

　ピオレ自身はイタリア移民の3世である。移民の事情を家族生活の中で知悉していることも一因となって，移民の労働市場を二重労働市場として理論化できたのであろう。さらにこの理論は，世界で最も豊かな国であるアメリカだからこそ生まれた議論であり，周辺の中南米諸国，あるいは太平洋を隔てたアジア諸国からの移民が無限供給されうることが前提となっている。

❷ 日本の外国人労働市場

　日本では氏原正治郎が1950年代に日本の二重労働市場の存在を指摘した。もとより当時の日本は移民送り出し国であったから，その含意は，生産性の低い前近代的中小企業と機械化の進んだ近代的な大企業との併存を指摘したことにあり，先進国と発展途上国間の貧富の差を視野に入れた二重労働市場を意味していたのではない。厚生労働省の外国人雇用状況報告によると2010年時点で，外国人労働者数はおよそ65万人であり，日本の就業者数のわずか1.0%しか占めていないのであるから，彼らの労働市場を第二次労働市場と呼んで内国人労働市場と比較することは当を得ないであろう。

　しかしながら，日本の外国人労働市場を考える上で以下の点について触れておかねばなるまい。第一に，在留資格が外国人労働者間での階層を形成していることである。就労資格を持って来日した人，日系人のように身分に基づいて来日した人，基本的に労働移動が不可能な技能実習生，非正規滞在者，というように彼らは在留資格の有無とその内容によって就業条件が最初に決定され，それが外国人労働者内部での階層性を形成する。そのため内国人のように能力と職種との関連が直結しない。

　第二に，外国人労働市場を形成することに対する抵抗感が存在することである。これは労働市場を外国人に開放しないという閉塞状況，外国人嫌い（ゼノフォビア）ともとれる。しかし他方では，内国人が嫌うために労働力が不足する3K職種に外国人を積極的に受け入れることは，先進国としての思い上がりではないか，という倫理観からの反省もある。そうなると，外国人の受け入れ方法が労働力としての正面からの受け入れではなく，サイドドアを利用するために技術移転など他の名目が必要とされる。

　少子高齢化の日本の将来を考えると，やはり外国人労働者受け入れは今後も増加することが予想される。2008年には，現在も不足し将来も不足が予想される介護士と看護師の職種に対してインドネシアとフィリピンからの受け入れがEPA（経済連携協定）に基づき始まった。こうした職種を限定し，二国間協定による外国人受け入れが拡大することを前提とするならば，外国人労働市場が内国人とは極力区分されないような受け入れ方法が模索されるべきであろう。

（上林千恵子）

参考文献

稲上毅・桑原靖夫・国民金融公庫総合研究所編，1992，『外国人労働者を戦力化する中小企業』中小企業リサーチセンター

五十嵐泰正編，2010，『労働再審2　越境する労働と〈移民〉』大月書店

依光正哲編，2003，『国際化する日本の労働市場』東洋経済新報社

中村二朗ほか，2009，『日本の外国人労働力』日本経済新聞社

X 日本で就労する移民・外国人労働者

3 日系ブラジル人の就労と生活

① 外国人労働者の代表格としての日系ブラジル人

　日系ブラジル人に代表される日系人労働者は，1990年の新入管法改正の際に新たに設置された「定住者」という在留カテゴリーによって，日本の外国人労働者を代表するものとなった。日本の移民政策では単純労働者の受け入れを基本的に否定しているが，この定住者ビザは「活動に基づく在留資格」ではなく，「身分又は地位に基づく在留資格」であるため，日本人の2世，3世とその配偶者，および3世の未婚の子どもは，日本での活動に制限がなく，結果として単純労働に従事している。外国人技能実習生と並んで日系人は現状では唯一の合法的な単純労働者受け入れである。定住者ビザ新設のための名目上の理由は，日系人は日本人と地縁，血縁でつながっているため，彼らに親族訪問の機会を与え，日本文化に触れる機会を提供するというものであった。これは外国人研修制度の新設がアジア諸国への技能移転という名目を必要としたのと同じく，外国人労働者を受け入れないという建前を維持していくために必要と考えられた名目であった。

▷1 X-4 参照。

② 日系ブラジル人の労働市場

　日系ブラジル人は2010年末現在，23万552人が滞在している。その労働市場は日本人の労働市場とは明らかに異なっており，第一に間接雇用の請負労働者の比率が高いこと，第二に製造業，とりわけ現在の日本の基幹産業である自動車・電機の第一次下請け以下の企業に雇用されていること，という特徴がある。賃金は同様の雇用先で就労する日本人の請負労働者と変わらないが，デカセギ者として短期間にできるだけ母国へ送金ないしは貯金をするために，夜勤や休日出勤など手当が付加される職種を意図的に選択している。またこうした日系ブラジル人に雇用機会を斡旋する業者，業務請負業者がおり，日系ブラジル人用に寮を整備して，ブラジルから日本に出稼ぎに来た人に雇用先の紹介と住居の提供を行っている。その結果，彼らだけのコミュニティが形成され，言語，食生活，習慣においてブラジル人というエスニシティを維持している。

　表X-3-1は日系人を日本企業に派遣する業務請負業者の宣伝広告であるが，日系人の場合，賃金は日本人と同様であっても，請負労働者であるために，福利厚生費や労務管理費用がかからないので相対的に人件費を低く抑えることが

でき，それが彼らを雇用する企業のメリットとなっている。また請負労働者は有期契約であるために，生産量の変動に対してフレキシビリティがあり，不況時には解雇という手段に訴えなくても，

表X-3-1　業務請負業者パンフレットに見る日本人労働者と日系人労働者の比較表

	正社員のコスト（＝日本人）		外部委託のコスト（＝日系人）
給与	(100)	299,500円	300,000円
賞与	(33.3)	99,833	0
法定福利費	(15.2)	45,524	0
法定外福利費	(5.2)	15,574	0
労務管理費	(2.0)	5,990	0
退職金等	(7.2)	21,564	0
合計	(163.0)	487,985円	300,000円

出所：丹野清人，2007，『越境する雇用システムと外国人労働者』東京大学出版会，p.190

契約期間満了という名目で雇用量を調整できることが企業にとってさらに大きなメリットとなっている。

外国人労働者の受け入れの是非が論議された1980年代後半，低賃金で就労する外国人労働者の受け入れは，縫製業に代表される低生産性部門の中小企業を温存させ，産業構造の高度化を妨げるという理由による受け入れ反対論があった。しかし，日系ブラジル人の労働市場をみると，生産性の高い，大企業の下請け部門への労働者の集中が見られる。

3　日系ブラジル人と定住化

日系ブラジル人が定住者ビザを取得するようになってからすでに20年近くが経過した。その間，3年間滞在可能な定住者ビザを繰り返し取得して日本と母国ブラジルとの往復を繰り返すリピーターが生まれる一方，日本社会に永住する人も増えてきた。2010年末で，日本での永住資格を持つ人は11万7760人，日本人の配偶者3万3人である。日系ブラジル人の定住化が徐々に進展にしている。彼らは自動車・電機関連製造業への就業が多いために，そうした産業が集中している北関東，東海地方に居住している割合が高い。彼らのすべてが定住化しているわけではないが，外国人登録者の割合が高い都市は，群馬県大泉町（2011年15.2％），岐阜県美濃加茂市（同8.8％），静岡県菊川市（同6.9％），愛知県知立市（同6.1％）などである。

こうした都市を中心に2001年度から**外国人集住都市会議**が開催され，外国人との共生を実現するための政策が論議されている。こうした自治体では未就学児童の登校促進，日本語教育，解雇された労働者への教育訓練などの施策が実施されている。彼らは地域社会に生活していても，夜勤を中心とする長時間労働や，雇用先を転々とする請負労働に従事するために，地域社会でその存在が認知されにくい。この現象を指して，梶田孝道らは「顔の見えない定住化」と呼んでいるが，日系ブラジル人の日本社会での位置づけを端的に示したネーミングであろう。

（上林千恵子）

▷2　**外国人集住都市会議**
南米日系人を中心とする外国人住民が多数居住する都市が集まって，行政上の問題を取り上げ，国や県，関係機関へ要望を出している。2011年現在，28都市が会員となっている。

▷3　梶田孝道・丹野清人・樋口直人，2005，『顔の見えない定住化』名古屋大学出版会

参考文献
佐藤忍，2006，『グローバル化で変わる国際労働市場』明石書店

大久保武，2005，『日系人の労働市場とエスニシティ』お茶の水書房

丹野清人，2007，『越境する雇用システムと外国人労働者』東京大学出版会

X 日本で就労する移民・外国人労働者

4 外国人技能実習生と中小企業

1 外国人技能実習制度とは

　外国人技能実習制度とは，外国人への技術・技能移転を目的に1990年の入国管理法の改正に伴って導入されたものである。この制度が導入された背景には，1980年代後半に始まり1991年のバブル崩壊まで継続した好景気とそれに伴う人手不足からなし崩し的に外国人労働者の導入が始まったため，外国人，とりわけ単純労働者受け入れを合法的に行いたいという中小企業のニーズがある。しかし研修生の場合には受け入れ期間が1年と短いために，研修を修了した後に1年間の就労を保障する技能実習制度が1993年から発足した。しかし実習生受け入れ企業からはそれでも受け入れ期間が短いとの不満が続出し，1997年からは受け入れ期間が合計で3年に延長された。背景には実習生の渡航費，日本語訓練費用，受け入れ施設の整備などは受け入れ企業の負担であるために，こうした訓練コストを回収するためにはより長く働いて欲しいという企業側の事情があった。

　この制度は設立当初は，発展途上国への「技術移転」の目的を前面に打ち出したために，技能訓練を担保するためのさまざまな制約が課せられていた。しかし実質的には低熟練労働者であることが日本社会から認識されるに至り，2009年の改正入国管理法で在留資格に「技能実習」が新設された。2010年からこれが施行されて，技能実習生は入国当初から労働者の地位を持つ「技能実習生」の在留資格が与えられ，労働法の保護下に置かれることになった。

2 受け入れの現状

　技能実習生数は2008年度までは増加傾向にあったが，2008年のリーマンショックで2割程減少した。2010年度の場合，研修生と**技能実習生1号**[1]の入国者数はおよそ7万8000人，技能実習生移行者数は5万人であった。技能実習生2号は2年間の滞在年数であるから，2009年度の移行者数6万人を合計すると，途中帰国者を差し引いても，およそ16～18万人の研修生・実習生が日本国内で就労していることになる。外国人労働者をフロントドアから正式に受け入れていない日本で，この数字の持つ意味は小さくない。国籍をみるとその8割が中国である。何より中国からの受け入れが大きい理由は，地理的に近接しているために企業が負担する渡航費が割安であるためだ。

▶1　**技能実習生1号**
技能実習生1号とは，従来の研修生のことで，技能検定基礎級合格後に技能実習生2号となり，その後2年間の滞在が保証される。

受け入れ業種は実習生の場合，2010年度では縫製業，機械・金属業とそれぞれ2割強を占める。近年は高齢化が著しい農業分野への導入が増大し，1割となっている。従来から外国との価格競争下に置かれている縫製業や機械・金属業の中小企業は国内で求人できるだけの賃金を支払えないために低賃金で働く外国人実習生に対して日本人に代わる労働力を求めたのである。しかし近年はこうした労働集約的産業ばかりではなく，電機・自動車産業等の先端技術を活かした産業でも，派遣労働者の代替として3年間の雇用期間が見込める実習生を雇用するようになってきており，機械・金属業の比重が拡大している。

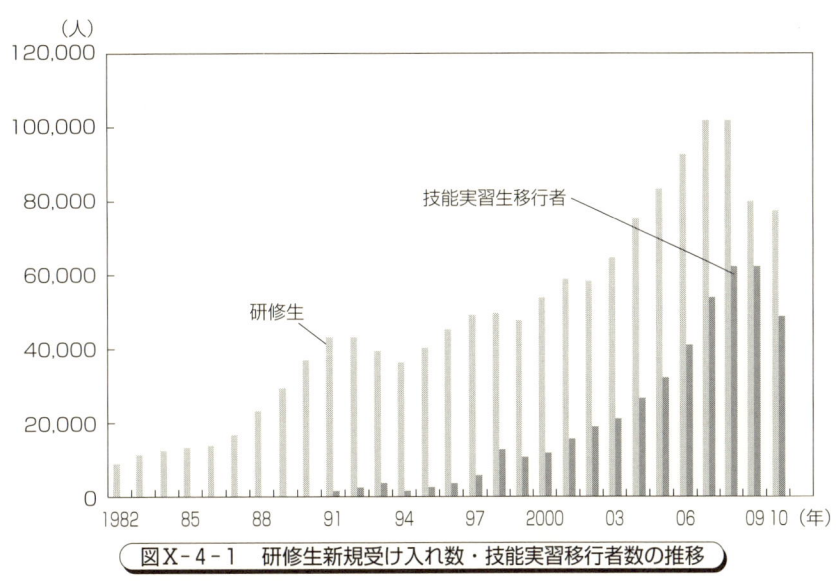

図X-4-1 研修生新規受け入れ数・技能実習移行者数の推移

出所：法務省『出入国管理統計年報』
注1）：技能実習移行者数は，法務省の特定活動（技能実習）の移行者数。JITCO調べによる技能実習移行申請者数とは異なる。
注2）：2010年の研修生数は，「研修」の在留資格による新規入国者数と「技能実習（1号）」の在留資格による新規入国者数を合計したもの。

3 技能実習制度の問題

この技能実習制度の場合，実態は単純労働者受け入れであるにもかかわらず，名目上は技術移転であること，すなわち実態と名目とが乖離状態にあるために，いくつかの矛盾がある。実習生は就労職種，就労先企業が入国以前に特定されているために，基本的に労働移動の自由がない。そのため，よりよい労働条件を求めて，あるいは帰国することを拒否して配置された企業からの逃亡が発生しやすく，それを防ぐために実習生は地域社会との接触や仲間同士の接触機会を限定され，預金通帳やパスポートを預かられてしまうなど，人権無視の状態に置かれやすいのである。

こうした外国人労働者に対する何らかの人権の制限は，低熟練労働者受け入れに伴って他国でも行われているが，だからといってこうした国内労働者との条件の格差は，単なる賃金格差に解消できない問題をはらんでいる。

研修生受け入れからほぼ20年以上を経過した現在，この制度がなくては実習生に依存する企業の存続は不可能となるほど，技能実習制度は日本の社会構造中に定着化した。今後は，従来の制度を活かしつつ，外国人労働者受け入れのためのひとつの制度として存続していくものと思われる。 （上林千恵子）

参考文献

上林千恵子, 2015, 『外国人労働者受け入れと日本社会』東京大学出版会
宣元錫, 2003, 「外国人研修・技能実習制度の現状と中小企業」依光正哲編『国際化する日本の労働市場』東洋経済新報社
早川智津子, 2020, 『外国人労働者と法』信山社

Ⅹ　日本で就労する移民・外国人労働者

5　高度専門職移民の国際移動

1　高度専門職移民：高度専門職の国際移動

　高度専門職移民は英語ではhighly-skilled migrantと呼ばれ，移民の一形態として存在していたが，グローバル化と情報化の双方が進展したことにより近年ではこれまでになく動向が注目されている。

　その歴史的経緯をみると，1960年代には頭脳流出という概念が用いられた。この概念は発展途上国の優秀な頭脳がよりよい研究条件と生活の安定を求めて先進国に流出することを指し，南北問題のひとつの問題群を形成していた。日本では世界的な数学者小平邦彦（1915～97年）が1948年にアメリカのプリンストン高等研究所に招聘されたことが典型例であるが，現在でもオーストラリアの研究者が同じ英語圏のイギリスやアメリカへと引き抜かれる例は多い。1970年代から80年代にかけては，頭脳流出に代わって頭脳循環（brain circulation）の概念が用いられ，発展途上国の有為の人材がいったんは先進国で教育を受けそこで就労しても，いずれ母国に戻って技術移転を果たすという類型の存在も強調された。

　しかしながら学歴構造の国際比較を行うと，発展途上国出身の少数の大卒者は先進国への移民となっていて，先進国内の移民の学歴構造は高学歴者と低学歴者が多く中等学歴者が少ないという凹レンズ型の構造となっていることが，アメリカの移民研究者P.マーチンによって指摘されている。[1] すなわち発展途上国では移民は社会の富裕層と貧困層の両極端の階層から排出され，その結果，移民先の国では受け入れ先国のビヤ樽型の階層構造と比較して，中間の薄い凹レンズ型の階層構造を形成しているという。

　発展途上国出身の高度専門職は，母国を上回る労働条件が提供されるだけでなく，安定した政治情勢と豊かなインフラ構造が保障されている先進国での生活を選択することが多く，自国民よりも低い労働条件で高度技能を持つ専門職を雇用したい企業の利害と一致する。その結果，高度専門職移民，いわゆるハイテク移民の流れは止まない。とりわけ医者，IT技術者，看護師などは教育年数が長く教育投資の金額も大きいために，その流出を憂える発展途上国では，先進国への移動を抑える措置や流出者の帰国促進措置などを実施している。

▶1　Martin, Philip, 2007, "Towards Effective Temporary Worker Programs: Issues & Challenges in Industrial Countries," *ILO International Migration Papers*, no. 89, Geneva, ILO.

2 日本への高度専門職移民

日本が高度専門職移民の受入れを積極的に打ち出したのは21世紀になってからである。明治時代にお雇い外国人として殖産興業のために外国人を受入れたが，その後の外国人受け入れは日本語の壁や国内業界団体の反対などがあり，人数が限定されていた。しかし，2000年前後にインターネットが急速に普及し，そのためのIT技術者が世界的に不足したこと，またこうした情報技術の発展は各国間の競争に不可欠でその競争に負けるわけにはいかないことから，先進諸国はアメリカをはじめとして英，独，仏などもIT技術者を世界から受け入れるようになったのである。日本もそうした国家間競争の中におかれ，積極的に外国人を受入れようとしているが，日本語の壁と日本独自の商習慣を理解する必要があるために，ブリッジSEと名づけれられた技術者を利用する形態をとっている。ブリッジSEとは，高度専門職移民の母国と日本の双方を理解して，日本の親会社の注文を現地での日系企業やアウトソーシング先企業へと仲立ちをする技術者のことである。

表X-5-1 高度専門職移民の受け入れ人数の推移（在留資格別）

(人)

	2005年	2006年	2007年	2008年	2009年	2010年
技術	6,455	9,954	13,397	10,626	3,956	3,801
人文・国際	8,429	9,390	9,395	6,864	4,949	5,294
合計	14,884	19,344	22,792	17,490	8,905	9,095

出所：法務省入国管理局報道発表資料『平成22年における日本企業等への就職を目的とした「技術」又は「人文知識・国際業務」に係る在留資格認定証明書交付状況について』2011年7月

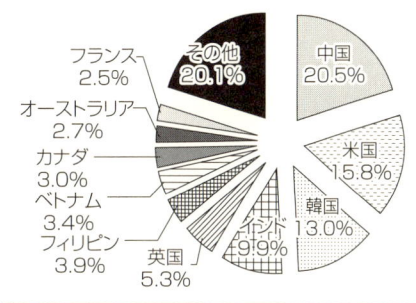

図X-5-1 国籍別高度専門職移民の受入れ割合

中国 20.5%，米国 15.8%，韓国 13.0%，インド 9.9%，英国 5.3%，フィリピン 3.9%，ベトナム 3.4%，カナダ 3.0%，オーストラリア 2.7%，フランス 2.5%，その他 20.1%

出所：法務省入国管理局報道発表資料『平成22年における日本企業等への就職を目的とした「技術」又は「人文知識・国際業務」に係る在留資格認定証明書交付状況について』2011年7月

高度専門職移民の受入れ実態を入国管理局の資料から見てみよう。表X-5-1は近年受け入れ人数を，図X-5-1はその出身国を示したものである。高度専門職移民を構成する「技術」者の受け入れ人数は一貫して伸びて2007年には1万人を超えたが2009年以降は景気悪化の影響のため前年度より減少した。出身国をみると，中国，アメリカ，韓国，インドが上位に並ぶ。高度専門職移民全体の年齢構成は2010年度の場合，6割が20歳代と若年者中心である。職種では，全体で情報処理22.1%，技術開発10.0%，設計4.3%と技術者中心で，その他の職種は教育（語学教師）18.7%，翻訳・通訳15.5%である。

3 今後の受入れ展望

日本政府は「高度人材の受入れ」と銘打って，高度専門職移民の導入に熱意を示している。現在，日本の外国人専門分野の受入れ（いわゆる就労資格を持つ在留資格を持つ人全体で，人文・国際，技術に限定されない）は労働力の0.3%（2006年度数値）であり，アメリカ15.4%は別格としても，イギリス6.3%，ドイツ8.5%よりはるかに低い。高齢化の進展する日本の労働力の将来を考えると，若年者中心の高度専門職移民の受入れは長期的には進展するだろう。

（上林千恵子）

参考文献

上林千恵子，2002,「外国人IT労働者の受け入れと情報産業」駒井洋編著『国際化のなかの移民政策の課題』明石書店

佐藤忍，2006,「日本における外国人IT技術者」佐藤忍『グローバル化で変わる国際労働移動』明石書店

塚崎裕子，2008,『外国人専門職・技術職の雇用問題』明石書店

夏目啓二編，2010,『アジアICT企業の競争力――ICT人材の形成と国際移動』ミネルヴァ書房

X 日本で就労する移民・外国人労働者

6 非正規滞在の外国人労働者

1 非正規滞在外国人労働者とは

　外国人労働者を考える上での欠かせない存在は，非正規滞在の外国人労働者というカテゴリーである。日本を除く先進諸国ではすでに労働力としてその存在を無視するわけには行かない段階に達しており，そのため彼らの社会的統合と削減の必要性は大きな社会問題となっている。

　この非正規滞在外国人は，これまで不法就労者（illegal worker）と表現されてきた。しかし彼らが真面目に就労し，きちんと納税し，社会的存在として承認されるに従い，単に入国管理法ないしは移民法に抵触しているに過ぎず，窃盗犯など他の犯罪者と明確に区分して彼らの人権を守るために，非正規就労者（irregular worker）あるいは書類不保持者（就労許可書を持たない人：undocumented worker），未公認労働者（unauthorized worker）の用語が使用されるようになった。また彼ら非正規就労者に正式に就労許可を与えることを，正規化（legalization）と呼び，従来のようにアムネスティ（恩赦）という用語も徐々に使われなくなりつつある。こうした非正規労働者を指す用語の変化は，それだけ彼らの社会的重要性が増したことの表れであり，また非正規労働者問題の困難さを表してもいよう。

　非正規滞在者には3種類のサブカテゴリーがある。第一は不法入国者である。税関を通らない密入国者，旅券の偽造などの不法入国者がこれに含まれる。第二は最も多い非正規滞在の不法残留者，いわゆるオーバーステイヤーである。これは観光などの目的で入国したまま，滞在期限を過ぎても出国しない人を指す。第三は資格外就労者であり，観光，親族訪問など就労資格のない在留資格で入国し，その後に何らかの仕事を見つけて就労する人を指す。

　図X-6-1は2010年度までの入管法違反摘発者であるが，近年はその人数が非常に減少している。その理由として，2008年のリーマンショック後の不況が非正規滞在外国人の就労機会を減少させていること，また入国管理局の取り締まりが厳格化したこと，日本版の正規化である特別在留許可の人数が増加したこと，などの要因が考えられる。2010年の2万4213人とは入国管理局に摘発された人数であり，一方，ストックであるところの国内に滞留している非正規滞在外国人数は，2011年1月1日時点で7万8488人となっている。これは入国者数と出国者数との差異を入国管理局が算出したもので，摘発者同様に減少傾向

にある。

2 非正規滞在外国人の問題

非正規滞在外国人の増加は，本人自身と一般社会の双方にとって問題である。本人にとっては，就労している国の内国人と同様の権利を認められていないため，非常に弱い存在である。雇用保障，労働条件が劣るばかりではなく，労働災害など職場の安全衛生の対象外となりやすい。また母国への里帰り，健康保険への加入，自動車運転免許といった各種資格の取得など就労ばかりではなく，生活全体が脅かされる。[1]

一方，こうした非正規滞在者の密入国斡旋，就職斡旋をするビジネスがあり，非正規滞在者を対象とするために当然，合法的組織であるはずがなく，地下組織となっている。日本の暴力団，アメリカのコヨーテ，中国の蛇頭などはこうした類いの組織であり，非正規外国人の斡旋は麻薬取引と同様に彼らの資金源である。その結果，人身売買（トラフィキング）や売春斡旋なども非正規滞在者の入国斡旋という形態で行われる場合が多い。このように犯罪と結びつきやすく，非正規滞在者自身が犠牲となりやすい。

最後に，非正規滞在者の増加は入管法や移民法が侵犯されたことを意味するから，基本的な法秩序が守られていないということを示す。非正規滞在外国人が社会の安全との関連で問題にされるのは，法秩序への信頼と尊敬が薄れていることの証しだからであろう。

3 非正規就労者の存在する理由

以上のような非正規滞在外国人の問題があるにもかかわらず，日本を除く先進諸国でその人数が減少しない理由は，非正規就労に対する需給が一致しているからである。非正規就労者自身は，その労働条件が低くても母国の労働条件を上回る，あるいは雇用機会そのものが与えられことにメリットを見出す。他方，雇用主は非正規ゆえに摘発を恐れて従順に低賃金で一生懸命働く労働力に価値を見出す。そしていったん不況期になれば，就労許可を持たないことを理由にした解雇が容易な労働力でもある。アメリカではおよそ2400万人の外国生まれの労働者がいるが，推計ではその3分の1は非正規であるという。[2]非正規滞在者の権利擁護の問題は，いまや労働市場の問題から発展して政治問題となっている。

（上林千恵子）

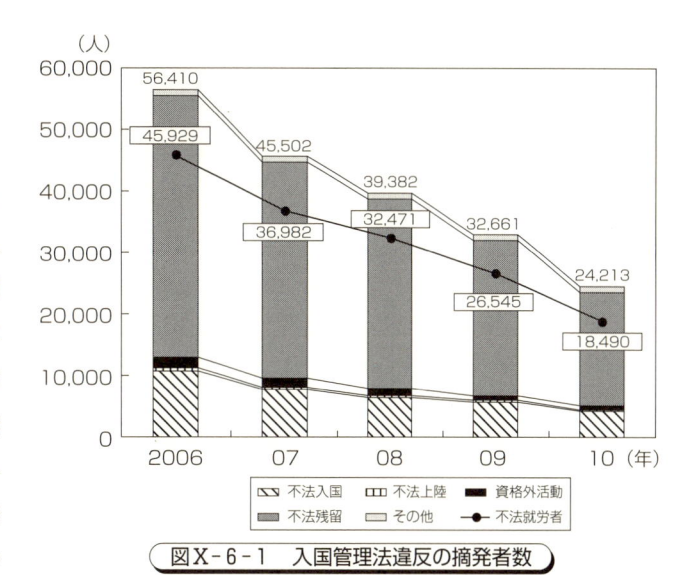

図X-6-1 入国管理法違反の摘発者数

出所：法務省入国管理局，2011，「平成22年における入管法違反事件について」http://www.moj.go.jp/nyuukokukanri/kouhou/PRESS_100309-1-1.html（2010年5月引用）

▷1 渡戸一郎・鈴木江理子・A.P.F.S.編，2007，『在留特別許可と日本の移民政策』明石書店

▷2 Martin, P., 2009, "Recession and Migration: A New Era for Labor Migration?," *International Migration Review*, 43(3)

参考文献

鈴木江理子，2009，『日本で働く非正規滞在者』明石書店

高谷幸，2017，『追放と抵抗のポリティクス』ナカニシヤ出版

XI 仕事と暮らしを支える社会保障

1 日本では企業も生活保障を担ってきた

1 日本型雇用システムの特徴は何か

　社会保障（社会保険・生活保護・社会福祉などを包括する概念）について考える章の冒頭に，企業の話が登場するのはなぜか。それは，日本では政府だけでなく企業も，労働者の生活保障に深く関わってきたからである。そこでまず，日本における企業と労働者の関係の特徴，言いかえれば日本型雇用システムの特徴を検討することにしよう。

　日本型雇用システムの特徴は，①終身雇用（長期雇用），②年功賃金，③企業別組合，の3つだとされてきた。①の終身雇用（長期雇用）とは，学校を卒業して最初に就職した企業に定年まで勤め続けることを指す。②の年功賃金とは，勤続年数や年齢に応じて賃金が上がっていく制度のことである。③の企業別組合とは，労働組合が企業ごとに組織されることを指す。これらの特徴を合わせて，日本型雇用の「三種の神器」と呼ばれたこともある。[1]

▷1　尾高邦雄，1984，『日本的経営——その神話と現実』中公新書

　R.ドーアは日英の大企業を比較するなかで，日本企業のこうした特徴を「組織志向型」としてまとめ，イギリスの「市場志向型」企業と対比した（表XI-1-1）。組織志向型の企業では，長く勤めるほど地位や賃金が上がっていく。労働者は企業を自分たちのもの（「わが社」）と感じ，自分もいずれ管理職や監督職になれるのではないかと期待している。そのような企業は高度なモノづくりに向いている。モノづくりでは，労使一体となって品質改善に努めなければならないからである。

　もちろん，こうした特徴づけは理念型であって，すべての日本企業にあてはまるわけではない。また，日本型雇用システムが適用されるのは主に大企業の正社員であって，パートや派遣社員，請負労働者は長期雇用や年功賃金の対象外である。しかし，日本の社会保障制度は日本型雇用システムを前提として設計されているので，社会保障の理解のためにも日本型

表XI-1-1　市場志向型vs組織志向型（ドーアによる定式化）

	市場志向型の大企業	組織志向型の大企業
転職率	高い	低い（正社員は終身雇用）
賃金	同一労働同一賃金	年功賃金
訓練の費用負担	個人か政府	会社
中途採用	どんな地位でも参入できる	低い地位からしか参入できない
福祉の責任	個人と政府	会社
労働組合	産業別または職業別	企業別
社員の意識	職業人	企業人
仕事の動機	金銭，競争	金銭だけではない，協調
会社の位置づけ	株主の所有物	人々の共同体
会社の構成員	株主	従業員
管理職の位置づけ	株主の代理人	共同体の上級メンバー
会社の目標	短期的利益，金銭志向	長期的展望，生産志向

出所：ドーア，R.，山之内靖・永易浩一訳，1993，『イギリスの工場・日本の工場——労使関係の比較社会学』ちくま学芸文庫，p.206

雇用システムの特徴を理解しておくことが重要である。

2 企業は労働者の生活保障とどう関わっているのか

ドーアによれば，日本では企業が労働者の生活保障に責任を持っている。それに対してイギリスでは，生活保障は基本的に労働者個人か政府の責任である。実際にはイギリスの企業にも福利厚生制度があるし，日本の政府も社会保障制度を実施している。しかし，日英の制度の相異点は，日本では企業の責任が大きいことだ。

では，日本の企業は労働者の生活保障とどう関わっているのだろうか。まず，長期雇用が一般化しているので大企業の正社員には安定した雇用機会が保障されている。さらに，年功賃金は家族のための出費がかさむ中高年期に手厚く支払う制度なので，いわば生活保障的な給与体系になっている。これらは，日本型雇用システムの特徴が直接に労働者の生活保障に役立っている点である。

以上とは別に，企業には，労働者のために社会保険（年金・医療・雇用・労災・介護の5つ）の保険料のうち事業主負担分を支払う義務がある。これを「法定福利」という。さらに，労働者の生活の安定と向上のために各企業独自の福利厚生制度を設けている。これを「法定外福利」という。一般に，大企業ほど法定外福利のメニューや内容が充実している。しかし近年では，福利厚生制度の効率化や縮小を図る企業も少なくない。

3 政府・企業・家族はどのように役割分担したのか

日本の社会保障支出は，他の先進諸国と比べると少ないほうである。2007年のGDPに占める社会支出（年金・医療・福祉のための支出。OECD基準による）の割合を見ると，日本は19.2％だった。アメリカは16.5％と少し低めだが，イギリスは21.3％，ドイツは26.2％，スウェーデンは27.7％，フランスは28.8％で，先進国では日本より高い国がほとんどである。

H.ウィレンスキー（1923～2011）によれば，日本の社会保障支出が比較的少ない理由は5つあった。すなわち，①人口構成が若いこと（高齢者が少なければ年金や医療の支出は少なくてすむ），②社会移動の機会が多いこと（今は貧乏でもいつか金持ちになれるなら不満は少ない），③労働運動が分断されていること，④巨大な成長企業のもとで安定した仕事につく幸運な労働者への私的給付の存在，⑤福祉国家の発展に強力なブレーキをかけている根強い家族制度の存在，である。

現在ではこれらの条件は大きく変化してしまったが，日本の社会保障制度の特徴がいかに形成されたかを考える上では，特に④の企業福祉と⑤の家族福祉の存在が重要である。日本では，強力な企業福祉と家族福祉の存在を前提として社会保障制度が設計されたと考えられる。そのような制度設計が企業福祉と家族福祉の存続を要請してきたとも言えるのである。 （上村泰裕）

▷2 ドーア, R., 山之内靖・永易浩一訳, 1993,『イギリスの工場・日本の工場——労使関係の比較社会学』ちくま学芸文庫

▷3 国立社会保障・人口問題研究所「平成20年度社会保障給付費」

▷4 ウィレンスキー, H., 下平好博訳, 1984,『福祉国家と平等——公共支出の構造的・イデオロギー的起源』木鐸社

(参考文献)
大沢真理, 1993,『企業中心社会を超えて——現代日本をジェンダーで読む』時事通信社
武川正吾・佐藤博樹編, 2000,『企業保障と社会保障』東京大学出版会

XI 仕事と暮らしを支える社会保障

2 企業と社会保障の関係(1)
医療保険

1 政府はなぜ労働者の健康を気づかうのか

　現在の日本では，政府と企業が協力して，労働者やその家族のための公的医療保険を実施している。しかし，これは昔から当たり前だったわけではない。産業革命初期の企業家（資本家）たちは労働者の健康に無関心だった。K.マルクス（1818〜1883）は19世紀半ばにこう書いている。「洪水はわれ亡きあとに来たれ！これがあらゆる資本家と資本家国家の合言葉である。だからこそ資本は社会によって強制されない限り，労働者の健康と寿命に配慮することはない」[1]。企業家たちは，労働者を酷使して死なせてしまっても，別の健康な労働者を雇い入れればよいと考えていた。当時は技術水準が低かったので，代わりの労働者はいくらでもいたからである。

▶1　マルクス，K.，今村仁司・三島憲一・鈴木直訳，2005，『資本論第 1 巻（上）』筑摩書房，p.395

　個々の企業にとっては労働者の健康に配慮することは無駄かもしれないが，社会全体としてはそれでは困る。労働者が死に絶えてしまったら企業も困るだろう。産業革命初期には「洪水はわれ亡きあとに来たれ」（あとは野となれ山となれ，という意味）の無責任がまかり通っていたが，技術水準が向上してくると，仕事をするにも一定の熟練が必要になり，誰でも代わりが務まるわけではなくなる。大河内一男（1905〜1984）によれば，そこで企業（資本）の利益を全体として代表する政府（国家）が，社会全体にとって貴重な労働力を個々の企業の横暴から保全するために社会政策を実施するようになるのである[2]。

▶2　大河内一男，1980，『社会政策　総論』有斐閣

　現在の日本政府は公的医療保険への加入を法律で義務づけており，企業は労働者のために保険料の半分を支払うことになっている。もし政府が法律で強制しなければ，すべての企業が労働者に医療保険を提供するかどうかは疑わしい。その意味では公的医療保険も，大河内が言う「労働力の保全」のための仕組みの一環と言えるかもしれない。

2 勤め先によって医療保険が違うのはなぜか

　日本の公的医療保険は，勤め先によって加入する制度が異なる。①大企業の労働者が加入する組合管掌健康保険（組合健保，2995万人），②中小企業の労働者が加入する全国健康保険協会管掌健康保険（協会けんぽ，3483万人），③船員が加入する船員保険（14万人），④公務員や私立学校の教職員が加入する各種の共済組合（912万人），⑤農家や自営業者，無職の人が加入する国民健康保険

（国保，3910万人），などがある。以上とは別に，⑥75歳以上の高齢者に適用される後期高齢者医療制度（1389万人）がある。なお，①②③④は被用者保険（職域保険）と呼ばれるが，労働者本人だけでなく，その家族にも保険が適用される（家族分の追加料金はない）。被用者保険では，報酬に比例した保険料を事業主と労働者が半分ずつ支払うことになっている。一方，⑤の国民健康保険は，職域ではなく主に市町村ごとに助け合う仕組みである。国民健康保険の保険料は，世帯の人数と所得に応じて定められる（つまり，被用者保険と異なり，家族が多いほど保険料は高くなる）。

　制度の分立は，公的医療保険がたどってきた歴史を反映している。1927年にまず実施されたのは健康保険（現在の組合健保と協会けんぽを含む）である。この制度は被用者を対象としており，労働力保全策と言えるものである。一方，1938年に実施された国民健康保険は農民層を対象としており，戦争へと向かう時代に健康な兵士を確保するという目的があった。その後，1961年になって国民健康保険が拡充され，すべての国民がいずれかの制度に加入することになった。これを「国民皆保険」という。

３　国民皆保険を維持することの意義は何か

　ただし，国民皆保険と言っても，制度の分立から生じる不都合も少なくない。たとえば，パートで働く妻の場合，年収が130万円未満なら正社員の夫の保険に家族として加入することができる。また，労働時間がフルタイム労働者の4分の3以上なら，自分の勤め先で保険に加入することができる。しかし，年収が130万円以上，かつ労働時間が4分の3未満の場合は，自分で市役所に出かけて国保に加入しなければならない。130万円をわずかに上回ると，かえって保険料を多く取られて収入が減ることもある。

　また，大企業の労働者が加入する組合健保では，丁寧な健康診断を無料で受けられたり，専用の保養所を利用できる場合があるのに対して，協会けんぽや国保にはそのような特典はない。組合健保には，優良企業だけが提供しうる福利厚生としての側面がある。ちなみに組合健保は，各企業や企業グループで設立する健康保険組合（労働組合とは違うもの）によって運営されている。

　一方，アメリカでは国民皆保険が実現されていない。公的医療保険は，高齢者を対象とした「メディケア」と，低所得者を対象とした「メディケイド」に限られる。その他の国民は，勤め先の企業が加入する民間保険会社の医療保険に頼るほかない。民間の医療保険には安物もあり，勤め先の保険がよくないせいで難病の息子が治療を受けられないといった悲劇も生まれる。それに比べると，日本は曲がりなりにも国民皆保険を維持しており，どの制度に加入していても一定の自己負担だけで治療が受けられる。悲劇を生まないための工夫である。

（上村泰裕）

▷3　カッコ内は2010年の加入者数。厚生労働省『平成23年版厚生労働白書』による。

▷4　鍾家新，1998，『日本型福祉国家の形成と「十五年戦争」』ミネルヴァ書房

▷5　椋野美智子・田中耕太郎，2011，『はじめての社会保障——福祉を学ぶ人へ』有斐閣

▷6　健康保険組合は，従業員700人以上の企業で設立することができる。また，複数の企業が共同で設立する総合健康保険組合（3000人以上）もある。2011年4月現在，全国には1447の健康保険組合がある（健保連のホームページ（www.kenporen.com）による）。

▷7　映画「ジョンQ」（ニック・カサヴェテス監督，2002年）の主題である。土屋和代，2006，「健康維持機構」矢口祐人・吉原真里編『現代アメリカのキーワード』中公新書を参照。

参考文献
池上直己・J.C.キャンベル，1996，『日本の医療——統制とバランス感覚』中公新書
遠藤久夫・池上直己編，2005，『医療保険・診療報酬制度』勁草書房

XI 仕事と暮らしを支える社会保障

3 企業と社会保障の関係(2)
年金

1 政府はなぜ労働者の老後を気づかうのか

　現在の日本では，政府と企業が協力して労働者の老後のための公的年金制度を実施している。しかし，これも昔から当たり前だったわけではない。産業革命以前の農村社会では，年金制度は必要なかった。年をとって働けなくなったら，子どもに田畑を譲って養ってもらえばよかったからである。産業革命によって，自分の田畑や商売道具を持たず，もっぱら自らの労働力を売って生活する労働者が出現した。労働力の売買に生存を委ねるという意味で，これを「労働力の商品化」という。

　彼らは働かなければ食べていけないので，年をとって働けなくなると困る。悠々自適に暮らせるだけの貯金ができた者や，養ってくれる子息がいる者はよいが，そうでない場合は救貧制度に頼らざるをえない。救貧制度とは貧困者に生活費を給付する制度だが，現在の生活保護と違って，受給者は救貧院に収容されて重労働を強制される決まりになっていた。そのため，救貧制度に頼ることは市民としての名誉を捨て去ることを意味していた。

　20世紀になると，市民権を実効性あるものにするには老後の収入を保障する必要があるという認識が広まった。そこで，国によって導入時期の違いはあるが，次第に公的年金制度が整備されていった。G.エスピン-アンデルセンは，これを「労働力の脱商品化」と呼んでいる[1]。通常は，働かなければ食べていけないという意味で労働力は商品化されているが，年をとったり重い障害を負ったりして働けなくなれば，働かなくても年金で食べていける（脱商品化される）ということである。

　現在の日本政府は公的年金制度への加入を法律で義務づけており，企業は労働者のために保険料の半分を支払うことになっている。これも，エスピン-アンデルセンがいう脱商品化の一環と考えられる。

2 年金制度はどのように形成されてきたか

　年金制度も勤め先によって加入する制度が異なるが，医療保険と違って全国民共通の国民年金（基礎年金）がある（図XI-3-1）。この基礎年金の上に，民間サラリーマンなら厚生年金，公務員なら共済年金が加わる[2]。さらに，厚生年金に加えて，自社の労働者のために企業年金を積み立てている企業もある。

▶1　エスピン-アンデルセン, G., 岡沢憲芙・宮本太郎監訳, 2001, 『福祉資本主義の三つの世界——比較福祉国家の理論と動態』ミネルヴァ書房

▶2　基礎年金に40年加入すると，65歳からひとり月額6万5741円の年金がもらえる。一方，厚生年金の場合は夫婦で月額23万1648円（夫が平均的収入で40年間就業し，妻がその全期間にわたって専業主婦だった場合の夫婦ふたり分）である。（2011年時点。厚生労働省『平成23年版厚生労働白書』）

年金制度の歴史を振り返ると，軍人や役人のための制度は明治時代からあった。恩給と呼ばれた年金である。軍人や役人の年金が重要なのは，老後の心配なく公務に忠誠を誓わせる必要があるからである。軍人や役人が老後の心配を始めると，公権を濫用して私腹を肥やしかねない。一方，民間サラリーマンのための制度が実施されたのは，ずっと後の1942年のことである。さらに，自営業者や農業者をカバーする国民年金が実施されたのは，国民皆保険と同じ1961年になってからである。つまり，日本において「国民皆年金」が実現したのはほんの50年前なのだ。

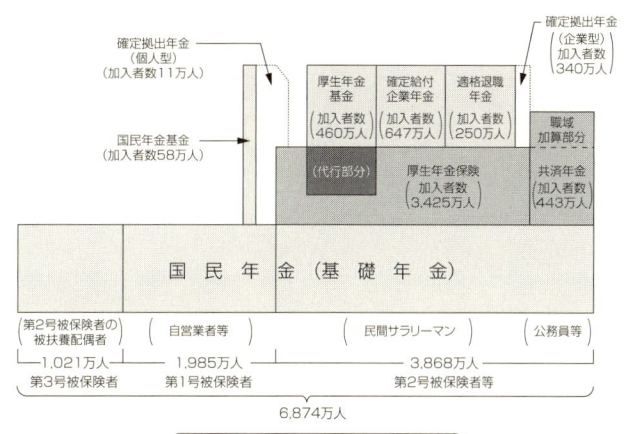

図XI-3-1 年金制度の体系

出所：厚生労働省『平成23年版厚生労働白書』。加入者数は2010年3月末時点。

3 企業はどのような役割を果たしているか

公的年金制度にかかる費用は膨大である。2008年度の社会保障給付費95兆円の内訳は，年金が50兆円，医療が30兆円，福祉その他が15兆円だった。社会保障のなかで年金が最もお金がかかる。その年金のうち23兆円は厚生年金であり，費用の半分は事業主が負担している。

厚生年金の事業主負担は法定福利だが，さらにその上に法定外福利の企業年金を提供している企業もある。企業年金には以下の4種類がある。①厚生年金基金（1966年～）。厚生年金の代行部分と企業独自の上乗せ部分から成る。予定利率を下回る場合は企業が穴埋めをする（460万人）。②税制適格退職年金（1962年～2012年3月末で廃止予定）。事業主が生命保険会社や信託銀行に資金運用を委託して社員の年金や退職金を積み立てる。予定利率を下回る場合は企業が穴埋めをする（250万人）。③確定拠出年金（2001年～）。掛金は確定しており，年金額は加入者の運用次第で変動する（340万人）。④確定給付企業年金（2002年～）。厚生年金基金が代行部分を返上して独自部分だけになったものである。キャッシュバランスプラン（給付利率を市場金利に連動させる）も選択できる（647万人）。

長期雇用の正社員を多く抱える大企業にとって，年金制度は役に立つものだった。第一に，年金制度のおかげで，高齢社員を無理なく退職させることができる。第二に，企業年金を準備することで，正社員の長期勤続を促進できる。ただし，現在では長期雇用や企業年金を重荷と感じる企業も増えてきている。また，厚生年金・共済年金の加入者が3868万人であるのに対して，企業年金の加入者は合計しても1697万人（厚生年金の半数以下）に過ぎないことにも注意すべきだ。企業年金の恩恵に浴するのは，主に優良企業の正社員だけなのである。

（上村泰裕）

▶3 国立社会保障・人口問題研究所「平成20年度社会保障給付費」

参考文献
河村健吉，2001，『娘に語る年金の話』中公新書
中北徹，2001，『企業年金の未来——401kと日本経済の変革』ちくま新書

XI 仕事と暮らしを支える社会保障

4 安全網があるから跳べる
失業と社会保障

1 政府はなぜ失業者の生活を心配するのか

XI-3で述べたように，産業革命によって，もっぱら自らの労働力を売って生活する労働者が出現した。それとともに，仕事にありつけない失業者も出現した。彼らは次の仕事を懸命に探したが，仕事が見つかるまでに貯金が底をつけば救貧制度に頼るしかなかった。これもXI-3で述べたように，救貧制度は受給者の名誉を奪う仕組みだったので，労働者は何とかして救貧制度に頼ることは避けたいと願っていた。

そのため，19世紀後半になると，労働組合が失業に備えて共済活動を行うようになった。また，19世紀末には地方自治体も失業者救済事業に乗り出した。20世紀に入ると，これらを背景にして，政府が運営する失業保険制度の導入が始まった。失業保険には，失業者が再就職するまで健康を保ち，技能を失わないようにする役割が期待された。また，失業者が低賃金労働に従事するのを防止する意味もあった。▷1

失業保険は元来，加入者の支払った保険料から失業者に手当を支給する制度である（これを保険原理という）。ところが，1930年代の世界恐慌で大量の失業者が生み出されたことから保険原理だけでは成り立たなくなり，政府が補助金を投入するようになった。J.M.ケインズ（1883〜1946）が1936年に発表した『雇用，利子および貨幣の一般理論』は，こうした不況時に政府がお金をたくさん使って景気をよくすることを正当化する理論だった。▷2

さらに，第二次大戦が始まるとイギリスでは『ベヴァリジ報告』（1942年）が発表され，国民の団結のために，戦争が終わったら階級の壁を超えた平等な社会サービスを実現することが約束された。ケインズとベヴァリジ（1879〜1963）の考え方を合わせると，政府は財政出動してでも完全雇用を維持すべきであり，それでも生じる失業には社会保険で対応すべきだということになる。この考え方は戦後，イギリスだけでなく，西側諸国の経済社会政策のモデルとなった。これを「ケインズ＝ベヴァリジ型福祉国家」と呼ぶ。政府は，失業者の生活を心配することを当然の役割と考えるようになったのである。▷3

2 失業給付はどんな場合にもらえるのか

日本では，1947年に失業保険法（1974年からは雇用保険法）が制定されて以

▷1　氏原正治郎, 1966, 『日本労働問題研究』東京大学出版会

▷2　ケインズ, J.M., 間宮陽介訳, 2008, 『雇用, 利子および貨幣の一般理論』岩波文庫

▷3　イギリス社会保険および関連サービスに関する検討を行なうべき委員会編, 1969, 『社会保険および関連サービス――ベヴァリジ報告』至誠堂

来，一定の条件を満たした失業者に対して失業給付が支給されている。失業給付の制度は，失業者の生活を支えるだけでなく，就業者が安心して仕事に打ち込める環境を作ることにも役立っている。失業給付をサーカスの安全網（セーフティネット）に喩えることがある。安全網があればこそ，生き生きとした空中ブランコの演技も可能になるのである。

雇用保険の失業給付は，失業以前に稼いでいた賃金の50〜80％にあたる金額を支給するものである。賃金の低かった人ほど高い割合が保障される。ただし年齢ごとに支給額の上限が定められており，30歳未満では日額6455円以下，最も手厚い45〜59歳では7890円以下となっている。受給期間は原則として1年間である。なお，雇用保険の被保険者数は3751万人（2009年度）で，正規従業員数（3380万人）を少し上回る程度である。

3 魚か釣り方か，それとも…

万一のときに生活を支える安全網として，失業給付は重要な役割を果たしている。しかし，お金は使えばなくなってしまう。失業者のその日暮らしを支えることはできても，将来の展望をひらくことにつながるとは限らない。特にヨーロッパでは，寛大な給付が失業を長期化させているのではないかという批判も聞かれる。そこで，失業者に魚を与えるよりも，魚の釣り方を教えるべきだというワークフェアの考え方が登場した。

イギリスのブレア政権（1997〜2007年）は，この考え方に基づいて次のような政策を打ち出した。①マクロ経済の安定性と成長の確保，②柔軟性と適応力に富んだ労働市場の整備，③教育と技能習得のための投資の拡大，④福祉から就労へ（welfare to work），⑤就労を魅力的にする（make work pay）。つまり，職に就けない人たちに指導助言と教育訓練を提供し，給付に頼らずに自立する術を伝授しようとする政策である。

仕事は労働者に生活の糧を与えるだけでなく，社会のなかでの役割と居場所を与える。仕事は個人と社会をつなぐ結び目であって，単なる金稼ぎの手段にとどまらない。失業者に給付を与えるだけでは問題解決にならないのは，このためである。その点，ワークフェアの考え方には一理あると言えるだろう。しかし，ワークフェア政策に対しては批判もある。ここではふたつのタイプの批判を紹介したい。

第一の批判は，ワークフェア政策が労働の供給側（労働者）に働きかけるばかりで，需要側（企業）には十分に働きかけていないという批判である。労働者がやる気満々でも，雇用の総量が不足していたら問題は解決しない。第二の批判は，仕事を狭く有給労働に限定する考え方に対する批判である。雇用の総量が不足しているとすれば，ボランティアなどの社会的に有用な無給労働も仕事のあり方のひとつとして認めていくべきかもしれない。

（上村泰裕）

▷4 現在の日本には何人くらい失業者がいるのだろうか。総務省の「労働力調査」によれば，2009年の15歳以上人口は1億1050万人，そのうち労働力人口（就業者と完全失業者）は6617万人，非労働力人口（退職者，専業主婦，学生など）は4430万人だった。労働力人口のうち完全失業者は336万人だったので，完全失業率は5.1％（（336万／6617万）×100）と計算できる。日本では1990年代から失業が増加し，2002年に失業率5.4％に達した。その後やや小康を得ていたが，2009年には世界金融危機の影響で失業率が急上昇した。

▷5 深井英喜，2006，「サッチャー・ブレアの挑戦——労働市場観とワークフェア政策」小峯敦編『福祉国家の経済思想——自由と統制の統合』ナカニシヤ出版

参考文献

氏原正治郎，1989，『日本経済と雇用政策』東京大学出版会

大河内一男，1981，『社会政策　各論』有斐閣

XI　仕事と暮らしを支える社会保障

5　穴のあいた安全網
社会保障と社会的排除

1　失業しても失業給付をもらえない人がいるのはなぜか

XI-4 で失業給付は安全網だと書いたが、すべての失業者が失業給付をもらえるわけではない。すでに見たように、雇用保険の適用を受けているのは全労働力人口の半数くらいである。また、2009年の失業者は336万人（年平均）だったが、そのうち失業給付を受けていたのは97万人（年度平均）に過ぎない[1]。これはどうしたことだろうか。安全網に穴があいているのだろうか。

失業給付がもらえないのは、次の理由によると考えられる。①離職前の2年間に雇用保険に合計12ヶ月以上（雇い止めとなった非正規労働者の場合は、離職前の1年間に合計6ヶ月以上）加入して保険料を支払っていないともらえない。②所定労働時間が週20時間未満の人や、半年未満（2010年4月からは1ヶ月未満）の短期雇用で働く人は、雇用保険に加入しないのでもらえない。③受給期間が切れた長期失業者はもらえない。④事業主または本人が保険料の支払いを怠っていた場合はもらえない。①③は、短期間だけ働いて長期間受給を続ける人が出るのを防ぐ工夫である。雇用保険が保険原理に基づく加入者の助け合いの仕組みである限り、こうしたルールを外すわけにはいかない。しかし、④のような原因はなくしていくべきだろう。

失業給付をもらえない失業者は、安定した雇用や所得から脱落しただけでなく、他の人たちが享受できる社会サービスからも排除されている。つまり、経済的困難を抱えているだけでなく、「社会的排除」も経験しているのだと言える。社会的排除は、単に経済的な問題ではなく、社会関係や社会制度の問題であり、政治的権利の問題でもある[2]。

人が生きていく上で必要なのは、単にお金や衣食住などの物質的資源だけではない。お互いに世話や心配をしあう家族や友人が必要だ。また、社会保障をはじめとするさまざまな制度を利用できることも、生きていく上で必要だ。貧困は物質的資源の不足を意味するが、社会的排除は家族や地域などの社会関係の網の目から排除されることや、制度の利用を拒否されることを意味する。

2　ホームレスはほんとうに支援されているか

公園や路上に寝泊まりしているホームレスの人たちの多くは、失業給付をもらっていない。正式な求職活動をしていなければ、そもそも失業者の統計にも

▷1　厚生労働省「雇用保険事業年報」

▷2　バラ, A.・ラペール, F., 福原宏幸・中村健吾訳, 2005, 『グローバル化と社会的排除——貧困と社会問題への新しいアプローチ』昭和堂

カウントされない。ホームレスの人たちは，最も厳しいかたちで社会的排除を経験していると言えるだろう。ホームレス自立支援法の成立（2002年）を受けた2003年の厚生労働省「ホームレスの実態に関する全国調査」によれば，全国に2万5296人のホームレスの人たちがいたという。▷3

　ホームレスの人たちは，どんなきっかけでホームレスになったのだろうか。P.ロザンヴァロンは，近年の社会的排除には以前の貧困問題とまったく違う特徴があると指摘した。▷4 つまり，もともと所得や階層の低かった人だけが困難な状況に陥るのではなく，たとえば家族の不和やうつ病といった偶発的なきっかけからホームレスになる人が増えたというのである。誰でもある日突然に排除される可能性があるというわけだ。

　こうした見方は，社会的排除の新しさや身近さを強調する点では意義がある。しかし実際には，偶発的原因だけが社会的排除を引き起こすわけではなく，構造的原因も依然として重要である。つまり，ホームレスになる人は，ホームレスになる前から不利な立場に立たされていた場合が多いのである。岩田正美が1999年に東京都内で行った調査によれば，ホームレスの人々は，①転落型，②労働住宅型，③長期排除型，に分類できる。▷5 転落型の人は自立支援サービスを受けて社会復帰する可能性が高いのに対して，労働住宅型や長期排除型の人たちは家族や地域とのつながりが薄く，野宿生活も長引きがちだという。

❸ どうやって彼らを社会の一員として迎えるか

　1990年代以降に進んだ労働分野の規制緩和によって，パートタイマーや派遣労働などの非正規雇用のかたちで働く人が増えた。さらに，企業と雇用関係を結ばずに請負契約のかたちで働く請負労働者も珍しくなくなった。請負契約は雇用契約ではないので，企業は労働法の適用や社会保険料の負担を免れることができる。その結果，請負労働者は不安定な立場で働くことになる。これも，通常の労働生活からの社会的排除と言えるだろう。

　パートタイマーや派遣労働といった非正規雇用のすべてが社会的排除の原因になるわけではない。しかし現在，こうした働き方が広まることで，不安定な立場に追いやられる人が増えているのも事実である。彼らは，ときに労働法の保護の対象とならず，社会保障の給付を受けられないという意味で，まさしく社会的排除を経験しているのである。

　社会保障制度を支えているのは，貧富によらずすべての人が社会の一員として受け入れられるべきだという市民権の理念である。社会的排除が問題になるのは，それが市民権の理念に反しているからである。非正規労働者や請負労働者，ホームレスの人たちをも受け入れることのできる制度をどうやって作るか。まずは，雇用保険制度と生活保護制度の中間に，職業訓練の受講を条件に生活費を支給する失業扶助制度を創設することがひとつの方法だろう。▷6 （上村泰裕）

▷3　2011年の調査では1万890人まで減少している。

▷4　ロザンヴァロン，P., 北垣徹訳, 2006, 『連帯の新たなる哲学――福祉国家再考』勁草書房

▷5　①転落型は，最長職は安定しており，路上直前まで普通の住宅に住んでいた人々を指す。②労働住宅型は，最長職は安定していたが，社宅や寮などの労働住宅を経て路上に出てきた人々を指す。③長期排除型は，これまでずっと不安定な仕事を転々としてきた人々を指す。この調査では，①が35.0％，②が28.9％，③が35.3％という分布だった。岩田正美, 2008, 『社会的排除――参加の欠如・不確かな帰属』有斐閣

▷6　濱口桂一郎, 2010, 「労働市場のセーフティネット――雇用保険制度等の展開と課題」『ビジネス・レーバー・トレンド』4月号, 労働政策研究・研修機構

XI 仕事と暮らしを支える社会保障

6 脱工業化と社会保障の変容

① 工業社会で社会保障制度が形成されたのはなぜか

　先進諸国の社会保障制度は，20世紀の工業社会の最盛期に形成された。なぜ多くの国で工業化が始まった19世紀ではなく，20世紀半ばまで待たなければならなかったのだろうか。19世紀には，K.マルクスが描いたように資本家と労働者の対立は「絶対矛盾」だった。マルクスによれば，国家や議会はブルジョアジーの支配の道具に過ぎないので，労働者の真の利益となる社会保障を実現しようと思えば社会主義革命を起こすしかないのだった。

　ところが，19世紀から20世紀にかけて次第に参政権が拡大され，労働者も選挙と議会を通じて意見を表明できるようになった。わざわざ革命を起こさなくても，既存の体制のなかで民主主義のルールに則って労働者の利益を実現することが可能になったのである。◁1

　参政権が拡大した20世紀の工業社会では，労働組合が大きな政治力を持つようになった。ある国の労働組合が持つ政治力の強さは，量（組織率＝労働力人口に占める組合加入者の割合）と質（集権化の度合い＝末端の組合が頂上組織の決定に従う度合い）の掛け算で決まる。労働組合はこの力を活かして政府や経営者の代表と交渉し，労働者のための社会保障制度を勝ち取ることができた。また，社会民主主義政党が政権に就いた国では，労働組合が政策を左右する力がさらに強まった。国ごとに程度の差こそあれ，こうした状況のもとで社会保障制度が形成されていった。

② 脱工業化は社会保障にどんな変化をもたらすのか

　ところが先進諸国では，1973年の石油危機を境に工業化の進展が一段落し，脱工業化（ポスト工業化）の時代が到来した。脱工業社会の特徴を巧みに言いあてたのはD.ベルだが◁2，その要旨は次のようなものである。「工業以前の社会では人間は自然をあいてに働き，工業社会では機械をあいてに働いたのにたいして，ポスト工業社会では人間は人間をあいてに働くことになる」◁3。脱工業社会では，知識・情報を扱う仕事やサービスを提供する仕事が中心になる。

　脱工業化の進展は，社会保障の前提条件を変化させる。第一に，脱工業化によって企業は長期雇用の利点を見失うかもしれない。製造業を中心とした工業社会では，企業が労働者の技能形成に投資することで生産性を上げてきた。企

▷1　R.ダーレンドルフ（1929～2009）は，19世紀型のマルクスの階級闘争モデルと区別して，こうした20世紀型の政治のあり方を「民主的階級闘争モデル」と名づけた。（ダーレンドルフ, R., 富永健一訳, 1964, 『産業社会における階級および階級闘争』ダイヤモンド社）

▷2　ベル, D., 内田忠夫ほか訳, 1975, 『脱工業社会の到来』ダイヤモンド社。XII-7 も参照。

▷3　山崎正和, 2006, 『社交する人間──ホモ・ソシアビリス』中公文庫, p. 62

業は訓練費用を回収するために労働者を長期にわたって雇用しようとし，それが労働者の生活保障につながった。しかし，西村幸満の分析によれば，サービス業は製造業に比べて労働者の平均勤続年数が短い。このことは，サービス業の企業が労働者の技能形成と生活保障に配慮する十分な動機を持っていないことを示唆しているという。

　第二に，脱工業化には労働組合を弱体化させる傾向がある。製造業に比べて，サービス産業では労働組合の組織率が低い。したがって，サービス産業の割合が増加すれば，全体の組織率も低下することになる。実際，日本・ドイツ・フランス・アメリカなどでは組織率が低下している。ただし，これはどの国でも生じている現象ではない。この40年間に先進諸国はいずれも脱工業化を経験してきたが，スウェーデン・フィンランド・デンマークなどの北欧諸国では組織率はむしろ上昇しているのである。

3　脱工業化の帰結は国によってどう違うか

　このことからも窺われるように，脱工業化の帰結は国によって異なる。ここではG.エスピン-アンデルセンにならい，先進諸国を「自由主義型」「保守主義型」「社民主義型」の3つのレジームに分けて，脱工業化の帰結を整理してみたい。

　W.J.ボーモルによれば，サービス産業（とりわけ対人サービス）では，製造業と比べて生産性の向上が難しい。彼はその理由をユーモラスに説明している。「30分のホルン五重奏曲を演奏するには延べ2時間半の労働が必要だが，もしここで少しでも生産性を上げようなどと試みれば，批評家も聴衆も黙ってはいないだろう」。つまり，人間が相手の仕事ではそう簡単に能率は上がらないのである。そこでサービス産業では，低賃金にするか，政府の補助金に頼るか，の選択を迫られる。

　①自由主義型（アメリカなど英語圏）の国々は低賃金路線である。保育や介護などの対人サービスは，移民を中心とする低賃金労働者によって担われる。したがって，脱工業化は格差拡大に直結する。②社民主義型（スウェーデンなど北欧）の国々は補助金路線である。対人サービスは公務員によって担われ，彼ら／彼女らの賃金は税金によって賄われる。民間製造業に勤める主に男性の税金によって，公的サービス業に勤める主に女性の給料が一定水準に保たれている。③保守主義型（ドイツなど大陸欧州）の国々では，対人サービスが家族によって担われる傾向があり，市場や政府によるサービスの充実が遅れている。

　日本では，男性正社員には長期雇用を保障する一方，女性パートタイマーには低賃金と不安定雇用を強いることで柔軟性を確保してきた。その結果，世帯単位で見た場合の所得の不平等は抑制された。だが，こうしたあり方は次第に維持できなくなりつつある。

（上村泰裕）

▷4　西村幸満, 2009,「生活保障としての働き方と技能形成の変化――雇用と福祉の狭間で」宮島洋・西村周三・京極髙宣編『社会保障と経済1　企業と労働』東京大学出版会

▷5　OECD, *Trade Union Density in OECD Countries 1960-2007.*（www.oecd.org/dataoecd/25/42/39891561.xls）

▷6　エスピン-アンデルセン, G., 岡沢憲芙・宮本太郎監訳, 2001,『福祉資本主義の三つの世界――比較福祉国家の理論と動態』ミネルヴァ書房

▷7　Baumol, W.J., 1967, "Macroeconomics of Unbalanced Growth: The Anatomy of Urban Crisis," *American Economic Review*, 57 : p. 416.

参考文献

エスピン-アンデルセン, G., 林昌宏訳, 2008,『アンデルセン, 福祉を語る――女性・子ども・高齢者』NTT出版

本田一成, 2010,『主婦パート――最大の非正規雇用』集英社新書

XI 仕事と暮らしを支える社会保障

7 グローバル化と社会保障の変容

1 国民国家で社会保障制度が形成されたのはなぜか

「現代は国境を超えたグローバル化の時代であり，国民国家の自律性は失われつつある」などと言われる。もしそれが本当なら，社会保障制度にとっても一大事である。社会保障は国民国家のもとで形成された制度であり，国民国家の自律性が失われれば社会保障制度にも影響が及ぶはずだからである。そこでまず，そもそもなぜ国民国家のもとで社会保障制度が形成されたのかを考えてみよう。なお，国民国家とは，典型的には国民が主権を持つ国家のことである。それは，歴史経験を共有する国民によって形成され支持される。

社会保障制度が形成された理由について，「国家による労働力の保全」（XI-2），「市民権を実効性あるものにするための労働力の脱商品化」（XI-3），「世界恐慌や第二次大戦を背景としたケインズとベヴァリジの理論的貢献」（XI-4），「参政権拡大の結果生じた民主的階級闘争」（XI-6）などの説を紹介した。それぞれの説は焦点の当て方が異なっているが，国民国家を前提としている点では共通である。大まかに言えば，国民国家は，恐慌や戦争を背景として，資本主義（経済的不平等をもたらす）と民主主義（社会的平等を前提とする）の矛盾を調停するために社会保障制度を拡充したのである。

いまや資本主義は国民国家の枠を超えて展開しているが，社会保障制度は国境を超えることができない。たとえば，アジア地域に共通の年金制度を作ろうとか，全世界の人々が加入できる失業保険を作ろうという計画はない。社会保障制度は，制度を支える民主主義と徴税制度を必要とするからである。民主主義と徴税制度は，国民国家の権力がないところには成立しえない。したがって，社会保障制度は国民国家を前提としており，国民国家の自律性が失われれば，社会保障にも何らかの影響が及ぶと考えられるのである。

2 グローバル化で社会保障制度は維持できなくなるのか

それでは，グローバル化は社会保障制度にいかなる影響をもたらすのだろうか。そもそも，グローバル化とは何か。グローバル化とは，広義には「国境を越えたヒト・モノ・カネの移動の増加とこれに伴う各国民社会の相互依存の増大」[1]を指すが，社会保障制度との関連では経済のグローバル化が重要である。企業が国境を超えて活動するようになった結果，各国は企業の誘致合戦を強い

▷1 武川正吾, 2002,「グローバル化と福祉国家——コスモポリタニズムの社会政策のために」小倉充夫・梶田孝道編『国際社会 5 グローバル化と社会変動』東京大学出版会, p.122

▷2 離脱と発言力の関係については，ハーシュマン, A.O., 矢野修一訳, 2005,『離脱・発言・忠誠——企業・組織・国家における衰退への反応』ミネルヴァ書房を参照。

られるようになったからである。

　国境を超えて活動する企業は，海外への「離脱」という選択肢を手に入れた。多国籍企業は，ある国が気に入らなければ他の国へ工場や本社を移すことができる。たとえば，税金や社会保障負担が高い国から安い国へ逃避できる。また，実際に離脱しないまでも，「離脱するぞ」と脅しをかけることで，国内で今までよりも強い発言力を持つようになった。▷2　もっと税金や社会保障負担を下げて企業を優遇しないと，工場を海外に移転してしまうぞ，という具合である。

　しかし，企業がある国で生産活動を行うのは，単に税金や社会保障負担が安いからではない。また，人件費の安さだけが決め手なのでもない。企業はもっと多面的に立地条件を検討している。企業から見た各国の立地条件の指標として，スイスの国際経営開発研究所が毎年発表する「世界競争力スコア」▷3が知られている。図XI-7-1は，各国の税・社会保障負担と世界競争力スコアの関係を表わしたものである。これを見ると，日本より負担が重いのに，高い競争力を維持している国もたくさんあることがわかる。

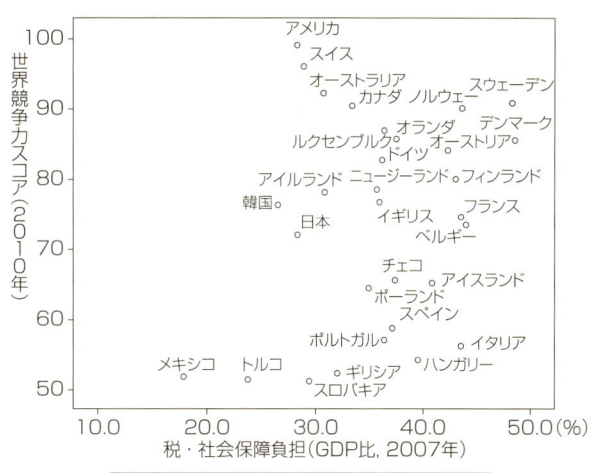

図XI-7-1　税・社会保障負担と競争力

出所：OECD, *Tax Revenue Statistics* (www.oecd.org/ctp/taxdatabase); International Institute for Management Development, *World Competitiveness Yearbook 2010* (www.imd.ch/research/publications/wcy).

3　グローバル時代の社会保障制度をどう設計するか

　国際競争には，コストの競争だけでなく，品質の競争という側面もある。安い製品を作っても新興国に負けてしまうとしたら，品質のよい高付加価値製品で勝負しなければならない。その際，品質を高めるには労使の協力が必要だが，労働者が安心できる社会保障制度の存在は労使協力の環境づくりに役立つ。したがって，グローバル競争のなかで低価格路線ではなく高品質路線を選ぶなら，社会保障制度を捨て去るべきではない。

　この点で，とりわけ日本は岐路に立たされている。図XI-7-1を見てもわかるように，日本の問題点は，負担が重いことではなく，競争力が低下していることである。負担を軽減しても，競争力が向上するとは限らない。また，これからますます高齢化が進み，社会保障にかかる費用が増加することを考えれば，負担の軽減は現実的な選択肢でもない。むしろ，日本より負担が重いのに高い競争力を維持している国々に学ぶほうが賢明だろう。

（上村泰裕）

▷3　世界競争力スコアは多国籍企業の立場から計算したものだが，そこには以下の要素が含まれている。すなわち，経済パフォーマンス（国内経済，貿易，国際投資，雇用，物価）。政府の効率（財政，税・社会保障負担，制度，法律，社会秩序），企業の効率（生産性，労働市場，金融，経営慣行，国際感覚），社会基盤（基礎・技術・科学インフラ，医療・環境，教育），である。企業はこうした点も考慮して立地するのである。

参考文献

ドーア，R., 2005,『働くということ――グローバル化と労働の新しい意味』中公新書

宮本太郎, 2002,「グローバル化と福祉国家の政治――新しい福祉政治の文脈」宮本太郎編『福祉国家再編の政治』ミネルヴァ書房

XI 仕事と暮らしを支える社会保障

8 コーポラティズムと社会保障改革

1 社会保障改革が議論される舞台はどこか

　脱工業化とグローバル化を経て，社会保障制度をとりまく環境は大きく変化した。さらに，高齢化や社会的排除の問題など，社会保障制度が当初想定していなかった問題も出てきた。こうしたなかで，社会保障制度の改革が議論されている。

　それでは，改革論議はどこで行われるのだろうか。もちろん法律は国会で審議され，それをめぐってメディアでも議論されるが，その前に，法案を作成する段階で厚生労働省の各種審議会の議論を経ることになっている。厚生労働省の審議会のなかで特に重要なのは，社会保障と人口問題を全般的に審議する「社会保障審議会」，労働政策を審議する「労働政策審議会」，医療保険制度とりわけ診療報酬改定について審議する「中央社会保険医療協議会」などである。

　社会保障審議会は，厚生労働大臣が任命する30名以内の学識経験者で組織される。2010年2月時点の委員を見ると，学者13名，医療関係者3名，地方自治体関係者3名，ジャーナリスト2名，経営者団体代表2名，労働組合代表1名，NPO関係者1名，官僚OB 1名という構成である。とりわけ，経営者団体と労働組合の代表が入っていることが重要である。一方，労働政策審議会は，厚生労働大臣が任命する30名の委員で組織される。その内訳は，公益委員（学識経験者）・労働者委員（労働組合の代表）・使用者委員（経営者団体の代表）が10名ずつと決まっている。社会保障審議会と比べても，労使代表の意見が特に重視されていることがわかる。他方，中央社会保険医療協議会は，各医療保険制度の保険者・被保険者，事業主などの代表7名，医師などの代表7名，公益委員（学識経験者）6名，および専門委員10名以内で組織される。

　このほか，社会保障改革を幅広い視点から検討するために，内閣のもとに政策会議が設けられることがある。「社会保障の在り方に関する懇談会」（2004～2006年にかけて18回開催），「社会保障国民会議」（2008年に9回開催）などがこれにあたる。こうした会議には，常に経営者団体と労働組合の代表が参加している。このように経営者と労働者の代表と政府という三者間で交渉を行う仕組みのことを，コーポラティズムと呼ぶ。

XI-8 コーポラティズムと社会保障改革

2 経団連と連合の主張はどう違うか

　経営者団体や労働組合の代表がこうした会議に参加するのは，彼らが社会保障改革の「ステークホルダー」(利害関係者)だからである。社会保障制度をどう改革するかによって，経営者や労働者の負担や取り分，利用できるサービス内容が変わってくる。したがって，彼らは改革に強い関心を持っており，それぞれ異なる意見を表明している。

　経営者団体の頂点に立つのは，日本経済団体連合会(経団連)である。経団連には，日本の代表的な企業1281社(2011年6月時点)と業種別・地方別の経済団体が加盟している。経団連は社会保障について次のように主張している。「社会保障制度は自助努力で賄いきれない生活上のリスクを互いに分担する仕組みととらえるべきである」。つまり，国民の自助努力に期待して，社会保障をなるべく小さく抑制すべきだとするのが経団連の考え方である。

　一方，労働組合の頂点に立つのは，日本労働組合総連合会(連合)である。連合には54の産業別組織と47の地方連合会が加盟しており，約680万人の労働者が組合員として参加している。連合は社会保障について次のように主張している。「家族と企業に依存してきた『日本型福祉』から，平等に開かれた社会的セーフティネットを基礎に，あらゆる人にくらしの『安心』を保障する社会をめざす」。つまり，すべての人に平等かつ十分な社会保障を提供すべきだとするのが連合の考え方である。

3 声なき声を代表するのは誰か

　経団連と連合の主張は鋭く対立しているように見えるが，両者には共通点もある。つまり，経団連も連合も，加盟しているのは主に大企業の労使だという点である。さらに，労働組合に加入しているのは主に正社員である。実際，役員を除く被用者のうち，連合に参加しているのは約13％に過ぎない。こうして見ると，連合が労働者全体の利益を代表しているかどうか疑わしい，という声も出てくるかもしれない。組合のない中小企業の労働者や，組合に加入していないパートや派遣労働者，請負労働者の利益は誰が代表するのか。政府と大企業の労使だけで談合するよりも，国会で堂々と議論を戦わすべきではないか，と。

　しかし，コーポラティズム方式には利点もある。第一に，国会ではさまざまな問題を審議するので社会保障の問題にばかり集中することはできないが，政労使の審議会では社会保障の問題に専門的な立場からじっくり取り組むことができる。第二に，産業の国際競争力を保つためには労使の協調が欠かせない。経済がグローバル化するなかで企業に社会保障の負担を求め続けるには，経営者の代表を交渉相手としてつかまえておく必要がある。そのためにも，政労使の審議会方式を維持することは有益である。

(上村泰裕)

▷1　濱口桂一郎, 2009, 『新しい労働社会——雇用システムの再構築へ』岩波新書

▷2　日本経団連, 2004, 「社会保障制度等の一体的改革にむけて」

▷3　日本労働組合総連合会, 2005, 「連合21世紀社会保障ビジョン・ダイジェスト版」

参考文献
稲上毅, 1999, 「日本の産業社会と労働」稲上毅・川喜多喬編『講座社会学6　労働』東京大学出版会
ウィッタカー, H., 1999, 「日本の労働組合と労使関係」稲上毅・川喜多喬編『講座社会学6　労働』東京大学出版会
久米郁男, 2005, 『労働政治——戦後政治のなかの労働組合』中公新書

XI　仕事と暮らしを支える社会保障

9　新たな日本型福祉-産業社会への模索

1　日本型福祉がうまくいかなくなったのはなぜか

　日本型福祉の特徴は，企業福祉や家族福祉に依存することで，社会保障の負担を比較的低く抑制してきたことにある。XI-1で紹介したH.ウィレンスキーの分析を振り返ると，1980年代の段階で日本の社会保障支出が比較的少ない理由は次の5つだった。すなわち，①人口構成が若いこと（高齢者が少なければ年金や医療の支出は少なくてすむ），②社会移動の機会が多いこと（今は貧乏でもいつか金持ちになれるなら不満は少ない），③労働運動が分断されていること，④巨大な成長企業のもとで安定した仕事につく幸運な労働者への私的給付の存在，⑤福祉国家の発展に強力なブレーキをかけている根強い家族制度の存在，である。

　しかし，この30年でこれらの条件は大きく変化した。つまり，①高齢化の進展，②社会階層の固定化（いわゆる格差社会），③連合の結成（その一方で組織率の低下），④雇用形態の多様化と企業福祉の縮小，⑤少子化と離婚の増加，などが生じた。さらに，XI-6 XI-7で述べたように，脱工業化とグローバル化も進んだ。こうしたなかで，企業福祉や家族福祉があてにならなくなってきた。そのひずみは，企業福祉からこぼれ落ちやすい非正社員の増加や，親の離婚などによる子どもの貧困の増加にも表われている。企業福祉や家族福祉のほころびをカバーするためには社会保障制度の拡充が欠かせないが，そのために必要な増税についてはなかなか合意が成立しない。日本型福祉はモデルチェンジを迫られているが，その展望はまだ開けていない。

2　ボランティアは頼りになるか

　こうしたなかで，「政府が提供する福祉はあてにならない，市民社会が自ら助け合いの仕組みを手づくりしていくべきだ」という声も聞かれる。介護や就労支援などの福祉サービスを担うNPO（民間非営利組織）や，収益をあげながら社会的課題に取り組む社会的企業も育ってきている。これらの団体の活動は，政府が提供する画一的なサービスと比べて，利用者の個別的なニーズに対応できるという利点がある。また，ボランティア活動は，利用者だけでなくサービスを提供する側にも楽しみや生きがいを与える。ボランティア活動を通じて，地域の人々のつながりを活性化することができるかもしれない。そのような効果は，政府が提供する福祉からは得られないものである。

▷1　ウィレンスキー，H., 下平好博訳, 1984,『福祉国家と平等——公共支出の構造的・イデオロギー的起源』木鐸社

▷2　XI-8参照。

▷3　阿部彩, 2008,『子どもの貧困——日本の不公平を考える』岩波新書

▷4　北島健一, 2002,「福祉国家と非営利組織——ファイナンス／供給分離モデルの再考」宮本太郎編『福祉国家再編の政治』ミネルヴァ書房

しかし，NPOや社会的企業は，政府が提供する福祉の全体を代替することはできない。これらの団体の活動は任意のものであって，支援を求めるすべての人にサービスを提供する義務を負っているわけではないからである。また，これらの団体の収入は不安定になりがちであり，政府の補助金なしに活動を拡大していくことは難しい。政府の社会保障と市民社会のボランティア活動は，互いの代わりになるものではなく，むしろ補いあう関係にある。人々がボランティア活動に積極的に関わるのは望ましいが，それが社会保障制度に対する不信と結びつくなら問題である。市民社会は福祉国家と結びついてこそ活性化する。地域のボランティアと全国的な社会保障をつなげて考える，社会学的想像力を身につけたい。

3 新たな日本型モデルをいかに構想するか

それでは，日本型福祉・産業社会の未来をどのように構想したらよいだろうか。「雇用労働政策の基軸・方向性に関する研究会」の報告書がヒントになる。同報告書によれば，今後，企業の競争力強化と労働者の職業生活安定を両立させていくためには，①公正の確保（差別の解消や機会の均等など），②安定の確保（職業能力の開発や安全網の整備など），③多様性の尊重（正社員と非正社員の間の移行を可能にする制度の導入など），という3つの要素の達成が求められるという。全体として，日本型雇用システムの長所を保持しつつ，その硬直性を是正したいという姿勢が感じられる。その背景には，企業の競争力を強化するための「フレキシビリティ」（柔軟性）と，労働者の職業生活の安定を図るための「セキュリティ」（保障）をどう結びつけるかという問題意識がある。

これは，言うは易くして行うのは簡単ではない。これまで企業の競争力と正社員の職業生活の安定の源泉だった日本型雇用システムの特徴そのものが，今では公正の確保や多様性の尊重を難しくしているとも言えるからである。そうした状況にあって，3つの要素を同時に達成することは可能だろうか。労働者の「わが社」意識は日本企業の強みの源泉であり，失いたくない。そうした意識を支えてきた企業福祉（法定福利と法定外福利を含む）も，できれば今後とも維持したい。そのためには，XI-8で述べたようなコーポラティズムの仕組みも依然として重要である。しかし同時に，正社員の「安定の確保」のために非正社員が排除されるような仕組みは改めなければならない。そのためにも，正社員と非正社員の間の移行を可能にする雇用制度や社会保障の改革が求められる。そうした要求は，コーポラティズムの外側にいる人々から投げかけられるかもしれない。コーポラティズムの内側と外側の議論は，互いに対抗しつつ補いあうべきものである。新たな日本型モデルは，日本の福祉・産業社会の行く末に利害を持つすべての人々の議論のなかに見いだされなければならない。

（上村泰裕）

▷5 スコッチポル, T., 河田潤一訳, 2007, 『失われた民主主義──メンバーシップからマネージメントへ』慶應義塾大学出版会

▷6 C.W.ミルズ (1916～1962) の言う「社会学的想像力」とは，身近な出来事を広い文脈と結びつけて考える能力，広い世界の出来事を身近な問題として考える能力のことである。ミルズ, C.W., 鈴木広訳, 1995, 『社会学的想像力』紀伊國屋書店

▷7 労働政策研究・研修機構，厚生労働省, 2007, 「『上質な市場社会』に向けて──公正，安定，多様性」（雇用労働政策の基軸・方向性に関する研究会報告書）

▷8 欧州ではこれを「フレキシキュリティ」と呼んでいる。

参考文献

濱口桂一郎, 2009, 『新しい労働社会──雇用システムの再構築へ』岩波新書

宮本太郎, 2009, 『生活保障──排除しない社会へ』岩波新書

XII 産業社会学の歴史

1 アダム・スミスと市場への信頼

1 見えざる手

　古典派経済学の創始者とも称されるアダム・スミスは，K.マルクスの『資本論』，J.M.ケインズの『雇用・利子および貨幣の一般理論』と並ぶ経済学3大古典のひとつとされる『諸国民の富』において，18世紀のイギリス資本主義の展開を背景に，市場経済の全体を把握する理論体系を構想した。スミスは，経済への政府の干渉，重商主義，重農主義を批判し，経済における自由主義を主張した。ここでのキーワードは，(神の)「見えざる手」である。

　スミスの言う「見えざる手」とは，市場における需要と供給の自生的な調節作用のことである。スミスは，市場経済において個人が個別に自己の利益のみを，すなわち私益を追求すればこそ，「見えざる手」に導かれて経済全体の秩序はほぼ自動的に，自然に成り立つ，と考えた。伝統的な社会学的考え方で言えば「意図せざる結果」の一例である。このようにスミスは，市場が有する需要と供給の自動調節機能を高く評価したのである。

　輸出を促進し輸入を抑制するという政府の経済への干渉である重商主義は，生産者の利益を目的とするものである。しかし，スミスは，重商主義が諸個人の経済的自由と消費者の利益をともに損なうものであるとして重商主義を批判し，自由貿易政策を擁護する。また同時に同様の考えから農業を偏重する重農主義をも批判している。

2 人間本性

　スミスは，人間本性としての交換の性向と利己心に注目する。すなわち，商品交換は人間の交換性向と利己心に基づくものであり，市場での自由な交換が経済秩序のみならず，社会全体の利益をもたらすものである，と主張する。市場は，個別の利益と社会全体にとっての利益とを調和させる場であると同時に，人間本性の具体的な発現形態なのである。

　『諸国民の富』の中心的なテーマは，このように経済的自由主義の主張と人間本性によるその基礎づけである。イギリスの名誉革命で確立された営業の自由（と生命・財産の安全）がイギリスの資本主義的市場経済を発展させた，とする議論は，その端的な例証である。諸個人の（経済行為のための）自由と安全が確保されておりさえすれば，人間本性としての交換の性向と利己心とに

▷1　マルクス, K., 向坂逸郎訳, 1969 - 70, 『資本論』（全9冊）岩波文庫（原著1867-1894）

▷2　ケインズ, J.M., 塩野谷祐一訳, 1983, 『雇用・利子および貨幣の一般理論』（ケインズ全集第7巻）東洋経済新報社（原著1936）

▷3　スミス, A., 大内兵衛・松川七郎訳, 1959-1966, 『諸国民の富』（全5冊）岩波文庫（原著1776）

よって分業と商品交換が自然に発展し，生産性と効率性が上昇して国民全体の富が増大することを論証している。

❸ 市場の基盤としての共感

『諸国民の富』と並ぶ主著『道徳感情論』においてスミスは，人間は，第三者の「共感」を得られるかどうかを推測しつつ，自己の行為を規制する，という。ここでのキーワードは，「適宜性」である。

たとえば，ある特定の個人の特定の行為が，報償に相当するか処罰に相当するかを決定する，すなわち行為の「適宜性」は，その行為の主体の動機（モチベーション）への（第三者による）共感とその行為を受ける者への（第三者による）共感との比較考量・斟酌，そして合成を通じた複合的要因によって決まる。スミスによれば，行為者は，第三者に共感を得られるかどうかを推測しつつ行為するゆえに，それが同時に行為者に対する外的強制として機能し，義務の感覚・規則の内面化・自己規制を通じて社会倫理の基盤としての道徳が成り立つのである。

したがってここで言う「共感」は，**スコットランド啓蒙主義**以来の，利他的で慈恵的な感情という意味ではなく，人間が行為する際の指針に役立つものとして，人間の行為の審級としてとらえられる。それゆえ，『道徳感情論』における倫理学・道徳哲学の根底は，『諸国民の富』における人間本性としての利己心やそれに基づく私益の追求と矛盾するものではなく，人間の自己中心的な本性をも包摂するものである。言い換えれば，人間の利己心・自己中心性と「共感」とは，ともにスミスにとって人間本性であり，対立するものであるどころか，むしろ利己心・自己中心性の延長上に「共感」がある。

『諸国民の富』は，経済学を学として確立した著作であるが，倫理学・道徳哲学の書としての『道徳感情論』と相互補完的な関係にある。重商主義・重農主義を内在的に批判し，（神の）「見えざる手」を根拠に経済の自由主義を主張するスミスの経済思想は，社会秩序はいかにして可能かという問題を設定した**T.ホッブズ**以来の社会哲学の課題への応答としても読解可能である。それは，スコットランド啓蒙主義哲学者のひとりD.ヒュームに影響を受けた「共感」概念の掘り下げをベースにした，産業社会に場所を移しての応答の試みである，と言えるだろう。

「見えざる手」に導かれて，各自の私益追求が社会全体の利益を増進することになるという世界観，分業と交換が支配する市場に任せれば需要と供給の自動調節作用がはたらき生産性も効率性も上がるというスミスの主張は，現代の「小さな政府」論にも通じるものである。しかしその思想の根底には，（第三者という）公平な観察者の「共感」という倫理を通じた秩序への志向が存在していたのである。

（天畠一郎）

▷4 スミス，A., 水田洋訳，1973，『道徳感情論』筑摩書房（原著1759）

▷5 **スコットランド啓蒙主義**
イングランドに大幅な遅れをとっていた18世紀スコットランドの学者たちを中心になされた議論の総称。その議論は道徳哲学，経済学，歴史を主要な分野とする。ヒュームを筆頭に，スミスも含まれる。資本主義経済の波が押し寄せる中，スコットランドの伝統的価値や道徳，同情や正義といった美徳は今後どうなってゆくのか，善悪の価値基準は何か，という問いがスコットランド啓蒙主義の主導的モチーフである。

▷6 **T.ホッブズ**
1588年，イングランド国教会の聖職者の子として生まれる。彼が展開した国家理論は，「万人の万人に対する闘争」という人間社会の自然状態を想定するところから出発する。自然状態においては，自己保存という自然権そのものが危機にさらされるため，各自の自然権を制限し，ただひとりの主権者に委ねることを契約する。契約を介したその国家理論は社会契約論と呼ばれ，近代国家理論のさきがけである。

XII 産業社会学の歴史

2 マルクスの疎外概念

1 疎外とは何か

「疎外」という言葉は，F.ヘーゲルやK.マルクスが使用したEntfremdungというドイツ語の訳語である。マルクスは，ヘーゲルの疎外論を批判的に継承し，さらに展開させた。その疎外論は初期の著作『経済学・哲学草稿』において特にまとまったかたちで展開されている。

その議論は端的に言えば「疎外された労働」である。マルクスは言っている。「労働者は，彼が富を生産すればするほど，彼の生産の力と範囲が増大すればするほど，より貧しくなる。労働者は，彼がより多く商品を創造するほど，より一層低廉の商品になる」。労働者が富を生産すればするほど彼自身は貧しくなるというのは，倒錯した事態である。この倒錯の中では労働の生産物は労働者にとって，次のように現れる。すなわち，「労働の生産物は，一つの対象の内に固定された，事物化された労働であり，労働の対象化である。労働の実現は労働の対象化である。……対象化が対象の喪失および対象のもとへの隷属として，獲得が疎外として，外化として現れる」。また疎外の決定的な契機である外化については，「彼の生産物の中での労働者の外化は，彼の労働が彼の外に，彼から独立して疎遠に実存し，しかも彼に対向する一つの自立的な力になるという意味を，彼が対象に付与した生命が，彼に対して敵対的にそして疎遠に対立するという意味を持っている」という。すなわち，外化とは労働によって対象化された対象が労働者から疎遠になって自立化し，彼に敵対的に対立するようになってしまうような対象化である。そして，人間の本質が労働によって発現した結果，一定の社会的・経済的前提条件のもとでは人間に服従をせまりもするような対象化である。

2 ヘーゲルの疎外概念との差異

マルクスは，ヘーゲルに従って，「労働」こそが人間を人間たらしめる重要な契機だと考えた。しかしマルクスは，この現実の社会において実際に労働している人々の労働に即して労働の本質を洞察することを通じて，ヘーゲルの労働概念を乗り越えようとする。

ヘーゲルにとっては，疎外された労働は，疎外の止揚があらかじめ予定されているようなプロセスの一契機でしかなく，したがって抽象的な精神的労働で

ある。しかしマルクスにとっては，現実の疎外された労働は，それを引き起こす社会的前提条件，すなわち資本主義経済の基本構造そのものの変革を通じて，現実的に止揚されるべきものであった。マルクスによればヘーゲルは，対象化それ自体と疎外とを区別していない。それゆえにヘーゲルは，マルクスのみたところ，働けば働くほど，富を生み出せば生み出すほど自身は貧しくなってしまう労働者の疎外された現状に対して，その疎外を引き起こす社会的前提条件の分析と変革なしにそれが克服されると無根拠に楽観した。それに対してマルクスは，対象化そのものと資本主義経済における「非人間的な疎外」（ルカーチ）を区別することによって，疎外の現実的な止揚の可能性を指し示そうとした。つまりマルクスにとって，疎外とは，資本主義経済という社会的条件下における，それ自体は人間の本質を体現する対象化の疎外なのである。

3　疎外論の射程

マルクスによれば，現下の資本主義経済の条件下では，労働者は労働諸条件を使用するのではなく労働諸条件が労働者を使うというかたちで労働者が疎外されている。それゆえ，資本主義を超える社会とはマルクスにとって，労働者が労働のプロセスを自分自身で管理することのできる社会のことであった。このように考えてマルクスは，疎外の現実的止揚のための第一歩として生産手段の私的所有の廃止を主張した。しかしそれだけでは疎外の止揚は実現しない。制度上私的所有の廃止された**ソ連型スターリニズム**をその典型とする，崩壊した現実の社会主義国家の例を見てもわかるように，私的所有を廃止しても，生産手段の所有権は残り，その処分権が特権階級化した官僚層へと移行するだけだからである。

対象化そのものと外化を契機とする疎外を区別するマルクスの疎外論は，人間の本質は人間がそこに属する条件によって疎外される，とする点に特徴がある。したがってたとえば生産力もまた歴史的条件によっては疎外にさらされる。生産力は，人間の本質諸力として，人間自身が生み出したにもかかわらず，当の人間にとって疎遠な力として人間に敵対する。のみならずたとえば人間がそこで生きている（自然）環境を破壊する。利潤の増大そのものが自己目的化してゆく資本の論理に抗して，いかにして，人間が自己から疎遠となった生産力を自分自身のものとして管理してゆくことができるか。これこそマルクスの本質的問いである。

マルクスは，人間を「類的存在」，すなわち関係性のなかで生きる存在としてとらえた。それゆえ本来人間の労働は他者と協働しつつ対象にはたらきかけるものであった。ところが労働が疎外されたものとなったために，とりわけ近代という時代において個人は社会からも自然からも孤立したもの，社会にも自然にも敵対するものとしてマルクスの眼には映ったのである。　　（天畠一郎）

▷1　**ソ連型スターリニズム**
20世紀前半，ソビエト連邦の指導者であったスターリンが実践した政治経済体制，またその根底にあるスターリンの思想の総称。秘密警察に守られる一党独裁体制や政敵を粛清する恐怖政治・全体主義体制を指す言葉として否定的に語られるケースが多い。

参考文献
マルクス，K.，城塚登・田中吉六訳，1964，『経済学・哲学草稿』岩波文庫（原著1844）
マルクス，K・エンゲルス，F.，真下信一・藤野渉・竹内良知訳，1963，『マルクス・エンゲルス全集』第3巻，大月書店（原著1845-1846）
ヘーゲル，F.，長谷川宏訳，1998『精神現象学』作品社（原著1807）

XII 産業社会学の歴史

3 デュルケムと社会分業

1 デュルケムの方法

　É. デュルケムは，個人主義的な経済学や功利主義的な社会理論を内在的に批判することを通じて，社会学的方法の規準を打ち立てた。すなわち，デュルケムは，個々人の個別の意識の総和には還元することのできない「社会的事実」の実在性を強調し，実在としての「社会的事実」のみを社会学の対象とすることを提唱した。この「社会的事実」なるものは，個人の意識や主観性にとって超越的なものでありながら，同時に個人の意識や主観性を条件づけ，貫徹するところのものである。それゆえ，それはあたかも「もの」であるかのように観察されることが要請される。心理主義や哲学的観照，個人主義的功利主義による説明の仕方とは区別される，いわば社会学独自の対象の発見と客観的方法の提起である。

　個人の意識と主観性にとって外在的であり，かつ個人の意識と主観性を拘束するものとしての「社会的事実」の具体的形態として，たとえば，世論や集会における雰囲気から，居住形態，人口の配置具合にいたるまでが挙げられる。とりわけ人口に膾炙しているのは「社会的事実」を反映するものとしての客観的な統計を駆使した自殺率と社会の凝集度との相関関係の分析である。たとえば伝統的な社会ではその構成員間の凝集度が高いゆえに個人への共同体の圧力が自殺率を高めるという分析は，個人にとって最も意識的で主観的であるように思われる自殺というきわめて個人的な行為にさえ，「社会的事実」なる実在が貫徹していることの端的な例証である。

　デュルケムにとって，「社会的事実」は個人の意識状態に先行する。「社会的事実」の実在の指摘は，今日の社会学が言うところの，個別の主観的・心理的事実には還元されえない（社会的）次元を捉えようとする「創発（特）性」を先取りしたもの，と言える。

2 デュルケムの実践的関心

　デュルケムの生きた世紀の変わり目の時代は，無規制な産業化の急激な進展によって引き起こされる弱肉強食，階級対立（階級的不平等），自殺の増大等，いわゆる（広い意味での）アノミー（＝欲求の無規制）状態にあった。共和主義的・合理的な近代市民社会の秩序を熱望していたデュルケムの関心は，近代

社会の（再）組織化・（再）統合をいかにして確保するかであり，その際のキーワードとなるのが「社会分業」と「社会分業」による「（有機的）社会連帯」である。

3 社会分業と社会連帯

　近代市民社会の特徴のひとつは，分業が極限まで進展したことである。デュルケムは分業が未発達で社会が同質・均質である社会（「環節社会」）において成り立つ連帯を「機械的連帯」，分業が進展し相互に異質な諸契機がむしろ相互依存的に結合してゆく社会において成り立つ連帯を「有機的連帯」と呼んだ。近代市民社会が政治，道徳から科学・学問，芸術にいたるまであらゆる領域で分業が極限まで進展し，諸契機が分化し自立化してゆく社会であるとすれば，個人は全体社会といくらかなりとも結合しうるのか，諸個人は連帯できるのか。デュルケムの回答はイエスである。なぜなら「相違による連帯」という形式があるからである。

　デュルケムによれば，分業は個人を自立化・専門化させ，諸個人を相互に異質化させるが，同時に緊密な連帯の中におく。分業が正常に進展すれば異質であるがゆえにむしろ連帯と相互依存とそれゆえの共同意識を生み，これが道徳的秩序を促進する，と考えた。

　しかし現実の社会では，とりわけデュルケムの生きた時代には，こうした分業の理念型からの逸脱が常態となっていた。「無規制的分業」は，労使の対立，専門外の事柄への無関心といった現象に現れた。これが諸契機相互の連絡が絶たれた状態としてのアノミーである。また「拘束的分業」は，分業体制が諸個人の全人格的ポテンシャルを拘束するものである場合に，道徳感覚への諸個人のモチベーションが減退する分業である。

　そこでデュルケムが着目したのが「職業団体」の役割である。デュルケムにとって，さまざまな職業が共同し協同するためには，多種多様な職業がひとつの集団として組織化される必要がある。それがひいては団体の経済的役割に還元されえない道徳的影響力を社会と個人に対して及ぼすのである。

　たとえば，デュルケムも取り上げるかつて同業組合と呼ばれた職業団体は，組織率の下がった現代の労働組合と同様に，その存在意義が見失われたかに見える。しかし，あらゆる現代の経済組織に共通する雇用する者と雇用される者の敵対と協調の連関，雇用する者どうしの連携，雇用される者どうしの連帯といった同業組合と同様の社会的紐帯は，分業が極限まで進展した近代社会にあって，ますます強大化する近代国家とますます個人化する個人とを結びつける役割を果たすものとしてあらためてとらえ直すことが可能なのである。

（天畠一郎）

参考文献

デュルケーム，É., 田原音和訳, 1971, 『現代社会学大系 2　社会分業論』青木書店（原著1893）

デュルケーム，É., 宮島喬訳, 1978, 『社会学的方法の規準』岩波文庫（原著1895）

デュルケーム，É., 宮島喬訳, 1968, 『自殺論』中央公論社（原著1897）

XII 産業社会学の歴史

④ ウェーバーの職業倫理・労働倫理

1 資本主義精神の基盤

　M.ウェーバーは『プロテスタンティズムの倫理と資本主義の精神』において，禁欲を基調とするプロテスタンティズムの宗教倫理が，いかなる内的論理のプロセスを経て，それとは一見したところ対極にあるかに見える営利を自己目的とする近代的な経営資本主義の精神の基盤となったのか，という問いをたてた。

　ウェーバーの言う資本主義の精神とは，資本を増加させることを「義務」とみなし，逆に合理的な選択を行わない人間を義務を忘却した者として非難するような倫理的態度，さらにこれに基づく合理的な生活態度を含む。具体的には，止むことのない無限の利潤追求の精神であり，それを義務として自らに課す倫理感覚であり，そのために禁欲し，日常生活を組織化・計画化する勤勉の精神，規律に服従する生活態度である。そのために浪費，贅沢，冒険・博打的行動，怠惰などが厳しく排除される。

　こうしたものとしてのプロテスタンティズムの禁欲の倫理は，物質的欲望，肉体的快楽といった欲望を断念させ，営利それ自体を目的とする合理的生活態度を生み出す。人々が自然的欲望を断念することによって合理的「職業人」になるのは，そうしなければ合理的で効率主義的な経済社会で生き残ってゆけないからである。したがって，自然的欲望の断念といっても，プロテスタントの禁欲の具体的表現形態は，隠遁や瞑想，修道院での反世俗的生活ではない。そうではなく，営利に向かって自らの生活態度を厳しく律し，怠惰や放蕩を抑制し，日常の生活を組織化してゆく目的合理的態度の貫徹という形で現われるのである。

2 職業倫理・労働倫理

　一般に職業倫理は，働くということ，仕事に就くということの意味についての探求と職業・仕事・労働にたずさわる際の行動基準・心構えを含む。より広い社会的・公共的世界とつながることの喜び，生きがい，名誉，社会的信用等の基盤となるものでもあるために，古典古代の思想家群の言説以来，さまざまなかたちで取り上げられ，その意味内容はさまざまな変遷をたどってきた。

　ウェーバーによれば，職業倫理の形成には，宗教と宗教に基づくエートス

（行為態度）が大きな役割を果たしてきた。宗教改革の担い手ルターは世俗内的職業における義務を遂行することが最高の道徳的実践であることを説いて職業を「天職（Beruf）」と呼び，カルヴァンは，世俗における職業に禁欲的に精進することが同時に神の栄光を増すことであるとした。こうして，「勤勉」，「正直」，「倹約」，「貯蓄」「克己」，「合理的な生活態度」といったプロテスタント的な経済倫理が近代人の職業倫理として確立し資本主義の精神となっていった。ウェーバーは，利潤追求が倫理的義務として勧められているベンジャミン・フランクリンの「青年への忠告」に「資本主義の精神」にふさわしい発想を見い出し，これを「職業義務」の観念と呼んでいる。

3 宗教倫理と官僚制

ウェーバーは，職業義務の観念を基礎とする合理的生活態度，すなわち近代資本主義の基盤が，プロテスタントの禁欲の倫理と相関的に生まれたことを証明しようとした。元来，プロテスタントも含むキリスト教は，反世俗主義であり，金銭への愛着を否定するものである。だとすれば，一見したところでは，資本主義の精神の基盤を助長するどころか，資本主義の発達を抑制するように機能するはずである。にもかかわらず，プロテスタンティズムの禁欲の倫理が，いわば「意図せざる結果」としての資本主義の精神の合理的態度を生み出し，その根底に非合理的な宗教的諸契機が存在していたのである。

しかし，かつての宗教性が世俗化され，すでに成立した資本主義のシステムがいったん回転し始めると，禁欲の宗教的意味はもはや問われない。むしろプロテスタンティズムのほうが世俗生活，それを基盤にする資本主義システムにますます適応してゆく。ウェーバーによれば，「精神のない専門人，心情のない享楽人」だけが近代市民社会を生き残ることができるのである。

ひるがえって，現代社会における企業は，消費者に対する大量生産の担い手である。行政は市民に対して膨大な行政サービスを提供する主体である。そのため，民間企業も役所も不特定多数の労働者を雇用する巨大な組織を形成せざるをえない。こうした巨大な組織の内部においては，組織の目的を効率的に達成するために専門分化が極限まで進展し，それを管理運営するシステムが発達してくる。このようなシステムのことをウェーバーは現代のあらゆる組織に共通するものとして「官僚制」と名づけた。官僚制のような組織の中では，そこに所属する諸個人にとって，組織の遂行する仕事の目的や内容の全体像は不透明であり，組織における自らの役割が何であるのか，自らの仕事の意義は何かを明確に認識することが難しい。それゆえ，現代社会においては，仕事や労働そのものに喜びを見い出す事ができず，疎外感を感じる人々が大多数を占めるようになる。こうした現代社会の有り様の起源をウェーバーは，プロテスタンティズムという宗教倫理の中に見い出したのである。　　　　（天畠一郎）

参考文献
ウェーバー, M., 梶山力訳・安藤英治編, 1994,『プロテスタンティズムの倫理と資本主義の《精神》』未来社（原著1904-1905）

XII 産業社会学の歴史

5 テイラーと科学的管理法

1 F.テイラーの生涯

　フレデリック・テイラー（Frederick Winslow Taylor：1856〜1915）は，19世紀アメリカの機械工学エンジニアであるが，その名は生産現場におけるテイラー・システムと呼ばれる科学的管理法（scientific management）を生みだしたことで知られる。テイラーは高卒で生産現場の機械工となった，いわゆる叩き上げ職人と誤解されることもあるが，実際はフィラデルフィアの裕福な家庭の出身であり，ハーバード大学に入学したものの視力減退のために退学した。
　その後20歳で地元のポンプ製造会社に無給の見習工として入社し，23歳でミッドヴェール製鋼所に日給機械工として入社，32歳で技師長に昇格。その間，通信教育で工学士の学位を取るという努力家であった。38歳以降は独立して経営管理コンサルタントとなり，ベツレヘム・スティールなどで実際に，科学的管理の導入・実施を行った。46歳になると実業界を引退し，科学的管理の普及のために講演・著作活動を行った。

2 科学的管理法の内容

　テイラーの主張した科学的管理法とは，生産現場の職務を明確な課業（task）に分解し，その課業の動作研究と時間研究に基づいて，標準作業量，標準作業時間を設定した。その上で，標準作業量より多い人には高賃率，少ない人には低賃率という差別的出来高賃金制度を採用し，労働者の勤労意欲を高めた。この方法は，テイラーが職場で経験した労働者間の組織的・集団的作業量制限行為（soldiering：以前の訳語は怠業）を防ぐために考案されたものである。
　テイラーは生産現場に合理的思考を導入して生産性が向上すれば，労働者の賃金も上昇し労使平和が実現すると信じた。しかし当時のアメリカの労使双方からこの科学的管理法は不評であった。労働組合は，科学的管理法は労働者が自分たちの団結によって賃金上昇を勝ち取るという組合の存在を否定し，労働強化につながると非難した。また，経営者も科学的管理法は第一にその効果がわからない段階で多額の導入費用がかかること，第二に経営者の判断や裁量よりも科学的管理法のやり方を優先することは経営権の侵害であること，のふたつの理由で反対した。結局，科学的管理法は現実に実施された事例よりも職場

に科学的思考を導入したという思想的影響の方が強い。日本でも大正から昭和初期にかけて海軍工廠，鉄道省など大企業で導入・実施された。

3 科学的管理法の位置づけ

科学的管理法は，少品種大量生産が始まった生産現場で，現地の言語が不自由な移民や非白人などで構成される労働者を管理することを念頭にして開発されたものである。その導入目的は，現代の経営学者ピーター・ドラッカーが指摘するように，生産性の向上による労使平和の実現であった。この点は，ドラッカーが繰り返し指摘している点である。また，職場に科学を導入する必要性を初めて主張したという点では，広義には職場環境の改善，安全衛生の向上など労働科学の先駆けでもあった。

しかしこの技法と思想の双方への非難も少なくない。たとえばフランスの哲学者シモーヌ・ヴェイユは『工場日記』で，科学的管理法が導入されて，職場に単調労働が生み出され，作業する人間から考える力を奪っていると自身の工場体験に基づいて述べている。またアメリカの労働社会学者ハリー・ブレイヴァマンは，科学的管理によって人間のやる気と労働者の技能が奪われると指摘している。

▷1 ヴェイユ, S., 田辺保訳, 1986,『工場日記』講談社学術文庫

▷2 ブレイヴァマン, H., 富沢賢治訳, 1978,『労働と独占資本』岩波書店

今日でも，科学的管理の技法はビデオカメラを利用したデジタル作業分析方法などとして利用されている。さらに科学的管理が先鞭をつけた経営工学分野で，①IT化が進展したこと，②生産現場のグローバル化に伴い世界標準の製品製造の必要性が拡大したこと，などの理由で非常に精緻化された研究が継続されている。

科学的管理法の思想の中には労働を考える上での中核的な思想が含まれている。それは第一に，生産現場で科学を利用して効率性を高めるという思想である。効率性の追求は市場経済の中で企業間競争が存在する限り必要とされよう。

他方第二に，科学的管理思想は，労使協調という科学的管理法の目的とは反対に，職場における労使の根本的な対立が前提とされている。本来，科学的管理法は労働者の自主的な作業量制限行為を防ぐ目的を持っていたが，そうした労働者の行為が不可能となれば，労働強化につながる。最も効率のよい働き方，生産現場の各個人が編み出した工夫を経営者が労働者から吐き出させ，それを一般化，標準化させるというやり方は，実は現在のIT化時代と変わらない。IT化された機械に，労働者が職場経験の中から獲得した最も効率的な生産方法や判断をプログラミング化しているのが現在のIT化機械であるからだ。標準作業量の確立とは職場における合理化，技術革新の一形態であり，それをめぐる労使対立は効率性を追求する限り免れることはできない，ということを示していよう。

（上林千恵子）

参考文献

テイラー, F., 中谷彪・中谷愛・中谷謙訳, 2009,『科学的管理法の諸原理』晃洋書房

テイラー, F., 有賀裕子訳, 2009,『新訳科学的管理法——マネジメントの原点』ダイヤモンド社

XII 産業社会学の歴史

6 ホーソン実験と人間関係論

1 人間関係論の現代的意義

ホーソン実験とそれに基づいて発展した人間関係論は，現在でも影響を失っていない。たとえば，①産業民主主義，②生産職場をそこで働く人間の尊厳にふさわしいものに変えていこうという運動である労働の人間化や労働生活の質の向上（QWL: Quality of Working Life），③作業内容を単純労働に細分化せず，職務内容の中に監督者やメンテナンス工の判断職務を加えて質的に拡大・充実させていこうという職務充実（job enrichment）など職場の生産管理と企業経営に関する方法にはこの人間関係論に端を発する思想と技法がみられる。

この人間関係論の系譜の中に，後のD.マグレガーによるY理論の主張や，1999年からILO（国際労働機関）がテーマとしているディーセント・ワーク（Decent Work：働きがいのある人間らしい仕事）の主張があり，いずれも労働の実態を人間の論理や要求に少しでも近づけるための試みといえよう。

2 ホーソン実験の内容

人間関係論に対して基礎的なデータを提供したのが有名なホーソン実験である。アメリカ電信電話会社（ATT: American Telephone & Telegraph）の設備供給会社で電話機，通信機を製造しているウェスタン・エレクトリック社のホーソン工場で1924年から1932年にかけて行われた合計6種類の実験，調査をホーソン実験と呼んでいる。その結果は，ハーバード大学E.メイヨーによる『産業文明における人間問題』やF.レスリスバーガーによる『経営と勤労意欲』に発表されている。狭義の産業社会学はここから創始されたといってよく，日本で初めての産業社会学者といってよい尾高邦雄もまた，彼らの業績に深く学んでいる。

6種のホーソン実験のなかでも，有名なものは第一次継電器（制御用の電気信号を出力する電力器具）組立作業と，従業員面接調査およびバンク巻き線作業観察実験である。継電器組立作業では，労働科学で問題とするような職場環境の作業条件を変更しても作業能率が向上した事実から，実験対象者となった従業員は実験対象者として工場全体から注目されているというその事実によってモラールが向上し，能率が高まったことを発見した。これにちなんで，他者から注目されることによって勤労意欲が高まることをホーソン効果という。

▷1 産業民主主義（industrial democracy）とは，社会思想の流れでは産業の国有化ないしは労働者，あるいは労働組合による企業の自主管理を意味し，19世紀イギリスのウェッブ夫妻の「産業民主制」の主張がその代表である。狭義には，労働者による経営意思決定への参加を意味し，具体例としてドイツの経営協議会（労働組合が経営決定に参加する）の事例がある。

▷2 マグレガー，D.，高橋達男訳，1970，『企業の人間的側面』産業能率短期大学

▷3 日本のNTTに相当するアメリカの電信・電話業の独占民間企業で，1982年に反独占法で訴えたアメリカ司法省がATTに勝訴して分割された。その後，会社の買収や部門のスピンオフを通じて所有者やその組織形態は変更になったが，ATTのブランドは世界的企業として存続し続けている。

▷4 メイヨー，E.，村本英一訳，1951，『産業文明における人間問題』日本能率協会

▷5 レスリスバーガー，F.，野田一夫・川村欣也訳，1965，『経営と勤労意欲』ダイヤモンド社

メイヨーの人間関係論は基礎従業員の不満は客観的な作業条件に基づいたものであるよりも，主として感情に基づいた非合理的な産物であり，経済主義的行動や発言も，実は集団・個人の感情がそうした外見で発言されたにすぎないとした。したがって従業員の個人的事情（経歴など）や職場の人間関係などを理解した上で彼らの感情を理解する必要性があると主張されたのである。

　バンク巻き線作業からは，インフォーマル・グループの重要性も指摘された。会社組織が規定するフォーマルな集団ではなく，職場のインフォーマル・グループの持つ行動規範が作業能率を規定することが発見されたのである。その行動規範とは，以下の4点である。

①働き過ぎない（ガッツキ屋はいらない）。働き過ぎると周囲の人の賃率が低下して迷惑。

②働かなさ過ぎてもいけない（さぼり屋はいらない）。分け前分の作業をしないと周囲に迷惑をかける。

③仲間のことを上司に告げ口してはいけない（告げ口屋はいらない）。仲間を裏切って上司に取り入るのは卑怯者だ。

④他人に対して偉そうにしたり，横柄は態度をとってはいけない（○○ぶった奴はいらない）。役割を笠に着てふるまってはいけない。

　こうした規範が，組織的・集団的作業量制限行為と結びついていることを発見したのである。こうした行動規範は，外部からの介入に対して集団の利益となるように集団を守る役割を果たしており，経営者はもちろんのこと，現場の監督者も介入ができていなかった。

③ 科学的管理法との比較

　人間関係論はそれに先立つ労務管理方法と比較して，いくつかの相違点および共通点を持つ。相違点は，第一に科学的管理法が賃金のために働くという経済的・合理的人間観に立脚しているのに比較して，人間関係論の場合は感情に左右される非合理的人間観に立脚している。人間関係論は，人間を機械になぞらえて扱う科学的管理法を克服するための議論なのである。

　共通点としては，第一にいずれも作業能率の向上と組織的・集団的作業量制限行為への対抗策が研究目的であったこと，第二に労働組合運動を不要とし，労使対立の関係を否定したこと，第三に研究上の成果とは異なり，作業現場での実施例は意外に少数であったこと，である。科学的管理法はエンジニアの，人間関係論は労働者の発言・決定権を拡大するという点で，経営者に嫌われたのであった。

（上林千恵子）

▷6　日本の産業社会学の創始者。XII-10 参照。

▷7　休憩時間の頻度と長さ，間食支給の有無，終業時刻の変化，土曜日有給休暇の有無などの要因と1人当たり生産性の変化を調査した。

▷8　XII-5 参照。

参考文献

大橋昭一・竹林浩志，2008，『ホーソン実験の研究――人間尊重的経営の源流を探る』同文舘出版

黒田兼一・守屋貴司・今村寛治編，2009，『人間らしい「働き方」・「働かせ方」』ミネルヴァ書房

7 ダニエル・ベルと脱工業社会論

1 工業（産業）社会から脱工業社会へ

インダストリー（industry）という用語が，産業を意味すると同時に，工業，製造業を意味するという事実は，近代社会の産業が製造業を中心としていたことを象徴するであろう。産業社会学の歴史を形成した科学的管理法も人間関係論も，いずれも製造業に属する職場を対象とした研究であった。そうした環境下で，『脱工業社会の到来』を発表したのが，アメリカの社会学者ダニエル・ベル（1919～2011）であった。この本が発表された前後の時代は，第二次大戦後の荒廃から社会が立ち直り，すさまじい勢いで大量生産が進展し，生活の豊かさを大衆が実感していた時代であった。その工業社会の真っただ中で，ベルはモノの生産に代わって，知識・技術を中心とする社会の到来を予測し，モノよりも知識・技術の重要性を指摘したのである。

ベルによる「脱工業社会」概念の主張は，当時のアメリカ社会の人々の豊かさの感覚を見事に言語化したものであり，未来をバラ色に描いたひとつのイデオロギーであった。彼が描いた未来社会は，肉体労働から人々が解放され，肉体労働よりも頭脳労働の成果である理論的知識が社会組織の基軸原理となる社会であった。

2 社会の中核としての技術的知識

ベルは貧しいロシア移民の子としてニューヨークに生育し，若年時には共産主義に惹かれたがスターリン体制に失望した経験を持つ。彼がマルクス主義を克服し独自の理論を打ち立てる過程が，アメリカ社会が冷戦下でソ連の共産主義を敵視する時期と重なったため，アメリカおよび西欧先進諸国でベルの書物が好んで引用されたと言える。

ベルは1973年の『脱工業社会の到来』という書物以前に，これも著名な『イデオロギーの終焉』を発表している。ここでは，19世紀から20世紀初頭に支配的であった左右のイデオロギーは，労働者の政治への民主的参加や福祉政策の発展により今や影響力を失ったと指摘された。そして，こうした感情的・表現的な古いイデオロギーに代わって，合理的計算が可能な社会工学に基づいた技術的意思決定の役割が大きくなってきたのだとされた。

技術的知識を社会の根底に据えるベルの考え方は，生産力史観をとるマルク

ス主義と相通じるものがあるが，他方，マルクス主義における社会の権力を労働者階級が奪取する理想を否定し，科学的知識を持った専門技術職，いわゆるテクノクラートによる社会支配の実現を予想した点はマルクス主義とは大きく異なる。またベルは脱工業社会論にJ.A.シュンペーター『資本主義・社会主義・民主主義』の影響を受けたと認めているが，シュンペーターの場合は，増大する知識階層が増大したがゆえに社会で十分な権力を得られないことによって社会的不満が高まり資本主義は崩壊すると主張している。技術の進歩とそれを支える知識階層へ期待するベルの結論とは正反対の結論である。

さらにベルは当時ヨーロッパで注目を集めていたA.トゥレーヌやA.ゴルツなどの**新労働者階級論**にも否定的である。ベルによれば，彼ら新マルクス主義はマルクス主義的概念を救うために，現実には縮小している労働者階級に労働者階級には分類され得ない技術者層を組み込んで，現実の社会変化を無視したからだという。

以上のように，ベルが注目した対象はK.マルクスが『資本論』で十分に展開しえなかった新中間階級，いわゆる管理職，技術者，ホワイトカラーであり，ベルはこの新中間階級の増大が工業社会を終焉させる鍵だと考えたのである。

3 社会発展論の系譜

ベルの脱工業社会論は新中間階級論であると同時に，社会発展論の系譜にも位置づけられる。マルクスが封建制から資本主義へ，資本主義から社会主義への移行を必然と記したことを前提に，ベルは前工業社会から工業社会へ，工業社会から脱工業社会への移行を予測した。ベルはその著書において，脱工業社会論は抽象論であることを繰り返し強調しているが，その意味ではユートピア論の一種，未来社会論ととらえてもよいだろう。

ところで経済学者W.W.ロストウは，『経済成長の諸段階』で一国の経済成長を発展段階でとらえた。ロストウの図式は発展途上国の経済発展をモデルとしているが，ベルの場合は，こうした図式を下敷きにしながらも，アメリカ社会の職業構造や技術発展の歴史的変化，価値観の変化など文化的要因にも配慮して脱工業社会論を展開した。

社会発展論は，ともすれば発展の最終段階である国々が最も価値があり，発展段階の初期に置かれた国々は劣位にあるという，暗黙の価値観が前提にされている。発展途上国と先進国の差異というわけだ。ベルの脱工業社会論もまたこうした価値観から自由になっていない側面があり，そのために脱工業社会だからこそ発生するような問題に対しては感度が鈍い。たとえば，技術中心社会における低学歴者や単純労働者の問題など，影の部分についての記述は非常に少ないのである。これが脱工業社会論を含む社会発展論の難点だろう。

（上林千恵子）

▷5 シュンペーター，J.A.中山伊知郎・東畑精一訳，1995，『資本主義・社会主義・民主主義』東洋経済新報社（原著1942）

▷6 **新労働者階級論**
フランスの社会学者のトゥレーヌやマレ，ゴルツなどが1960年代に主張した理論で，生産技術の発展が労働者階級内に技術者層を生み出し，この技術者層が変革の担い手たりうるという思想。

▷7 ロストウ，W.W.，1974，『経済成長の諸段階』ダイヤモンド社（原著1960）

XII 産業社会学の歴史

8 二重労働市場論

① 日本経済の二重構造と大企業労働者の性格

　日本社会の産業構造は，先端的技術を利用し大量生産形態をとる近代的な高生産性部門と，技術革新がない小規模の非近代的な低生産部門に分かれ，その両者が相互依存関係を持ちながら併存しているという経済の二重構造論が1970年代初めまでは支配的であった。そしてこの考え方を労働市場に当てはめて，大企業労働市場と中小企業との労働市場との二重構造を指摘したのが氏原正治郎であった。

　氏原はその論文「大工場労働者の性格」(初出1953年)[1]および「労働市場の模型」(初出1954年)[2]で，日本の労働市場の二重性を指摘している。すなわち，「基幹的熟練工として運命づけられた労務者」と「生涯を半熟練工としておくるもの」との間に労働者が階層分化され，前者と後者には分断が存在して，自由な労働移動が阻まれているとした。そして半熟練工を主体とする中小工場労働市場は，農村の相対的過剰人口と都市雑業層を背景に常に過剰供給に晒されているために，低労働条件と雇用不安を抱えている。また大工場労働市場は閉鎖的であるために，中小工場労働市場への労働移動はみられても，その反対の中小から大工場への労働移動は見られていないという事実を，京浜工業地帯の調査から明らかにした。そこから課せられた政策課題として，日本経済の成長と貧困からの解放が求められることになったのである。

② ドーリンジャーとピオレの二重労働市場論

　P.B.ドーリンジャーとM.J.ピオレは内部労働市場論を展開すると同時に[3]，第一次労働市場と第二次労働市場との階層化である二重労働市場論も展開した。第一次労働市場は，中核労働者(コア・ワーカー)と呼ばれる熟練工から構成され，長期勤続であり企業忠誠心も厚い。他方，第二次労働市場は周辺労働者(ペリフェラル・ワーカー)と呼ばれ，熟練度は低く，短勤続で転職を繰り返し，企業忠誠心も薄い。氏原が中小工場労働市場の供給源を都市・農村の潜在的過剰労働力に求めたのに対し，ドーリンジャーたちは第二次労働市場の供給源を，若者，主婦，農村からの季節労働者，黒人の国内労働者および不断に供給される外国人労働者，すなわち移民に求めた。

　そしてこの第二次労働市場は，大量生産業種が拡大すればするほど必要とさ

▷1　氏原正治郎，1975，『日本労働問題研究』東京大学出版会，PP.351-401

▷2　氏原正治郎，1975，『日本労働問題研究』東京大学出版会，PP.402-425

▷3　XII-9 参照。

れるという。なぜならば，機械化によって職場が標準化された作業に分割されればされるほど高技能は不要となり第二次労働市場のメンバーで代替可能となる。さらに大規模工場ほど生産設備への投資額が大きく資本集約的となるため，需要の固定的部分はこの資本集約的設備で生産し，季節や景気による需要の変動に対応しなければならない部分は労働集約的な部分で対応する。需要変動の緩衝要員として第二次労働市場の労働者が必要とされるという理論である。したがって多品種少量生産の職場は高技能が必要とされるので第二次労働市場メンバーは不要である。経済変動を吸収するために第二次労働市場は不可欠であり，そのためその主要メンバーである主婦，移民，など一定の属性を持つ労働者もまた産業全体に不可欠というわけだ。

3 氏原説とドーリンジャー説の比較

氏原とドーリンジャーたちの二重労働市場論を比較してみよう。両者は，労働市場における熟練度の違い，労働移動を否定する階層性と閉鎖制の存在を指摘した点で共通性を持つ。氏原の二重労働市場論は彼らよりもおよそ20年早い指摘であったことは注目に値するが，氏原論文が英文による発表ではなかったこと，また日本の特殊性あるいは残存している封建制という枠組みの中で語られたことにより，アメリカが凌駕する世界の社会科学の学問世界での認知度が今一歩であった。

他方，両者には当然のことながら差異も見られる。氏原は，もっぱら日本の農村の貧困解消を研究の出発点としていたから，経済成長の中で**相対的過剰人口**がなくなればいずれ二重労働市場は解消されるという展望を示した。一方，ドーリンジャーは資本主義的生産の中に第二次労働市場を必要とする要因を指摘しており，より悲観的な図式である。そしてだからこそこうした不利な第二次労働市場に閉じ込められている労働者に対しては，公共政策によってその不利を取り除くことを提案している。

また移民を第二次労働市場のメンバーに組み入れることにより，発展途上国と先進工業国との工業化の進展度の差異を労働市場のモデルに組み込んでいる点では，ドーリンジャーたちの図式の方が説明力が大きいと言える。

4 世界的な就業形態の多様化の進展

グローバル化の進展で，また中国，インドなど新興工業国が工業化によって製品市場に参加することにより，国際競争が激化している。そのため日本を含め世界の先進工業国では就業形態の多様化が進んだ。第二次労働市場のメンバーを分化させ，増大する方向に動いている。

変わりゆく現代社会にあって，二重労働市場の早急な解消は難しいとしても，そうした弱者への公共政策こそが必要とされよう。　　　　　　（上林千恵子）

▶4 相対的過剰人口
産業予備軍とも言われ，マルクス経済学で使用される用語。資本の有機的構成の高度化に伴い，労働者の一部が資本にとって相対的に過剰となること。

参考文献
氏原正治郎，1975，『日本労働問題研究』東京大学出版会
ドーリンジャー，P.B.・ピオレ，M.J.，白木三秀監訳，2007，『内部労働市場とマンパワー分析』早稲田大学出版部
Piore, J. M, 1979, *Birds of Passage: Migrant labor & industrial societies*, Cambridge, Cambridge University Press (digitally printed version 2008).
玄田有史，2011，「二重構造論──『再考』」『日本労働研究雑誌』609，労働政策研究・研修機構

XII 産業社会学の歴史

9 外部労働市場と内部労働市場

▷1 XII-8 参照。

1 内部労働市場論が生まれた背景

二重労働市場論が、労働市場の垂直的関係を指摘したことと対称的に、内部労働市場論は企業組織の内部に労働市場が存在することを指摘している。労働市場とは、本来、労働力の売買が行われる場として想定された概念で、市場である限り需用と供給に応じて労働力の対価である賃金が決定される場である。

ところが、20世紀になり大企業による大量生産方式が生産の主流となると、労働の中身が変化し、それに伴って労働者の熟練の特質と労働者を管理する組織も変化した。第一に、作業工程が機械化に伴って細分化・専門化され、工程も規格化された結果、必要とされる労働力は、従来のようにカンとコツを会得した熟練工ではなく、複雑化した図面が読め、複雑化・高度化した機械を使いこなせ、かつ全工程の中で自分が従事する作業の役割を理解するような技能を持つ半熟練工であった。こうした熟練を小池和男は「知的熟練」と呼んでいる。

▷2 小池和男, 2005, 『仕事の経済学（第3版）』東洋経済新報社では, 第1章を知的熟練の定義から出発しており, これが氏の理論の中心的概念のひとつであることを示す。ただしその定義は, 変化への対応, という部分に焦点が置かれ, 小池和男, 1966, 『賃金——その理論と現状分析』ダイヤモンド社の書物中の定義との間には力点にやや差がある。ここでは1966年著作の定義から引用した。

この知的熟練を形成するには、巨大で複雑な機械設備が備わっている大企業に勤務することが条件である。中小企業ではそうした資本が小さいために複雑な機械設備がなく、単純な万能機械を使用する。そうなると大企業は自社で必要な労働力は自社内で自ら養成しなければならないので、長期勤続を促す賃金制度、昇進制度、配置転換制度を準備することになり、企業内がひとつの労働市場と同様の機能を持つようになる。これが内部労働市場の成立の要因となる。

2 内部労働市場の特徴

内部労働市場の特徴は、長期雇用の確保である。そのために、昇給の論理は勤続年数か技能の向上かの差異はあれ、結果として勤続年数が長期化すれば賃金も上昇するという賃金カーブが採用される。また昇進も年功昇進制である。採用は「入職口（port of entry）」と呼ばれる最も下位の職種に限定され、採用された者はその後、職場内の仕事群の昇進経路を勤続年数に従って昇進していくという仕組みになっている。管理職や上位ポストへの中途採用は基本的には前提にされず、下位職種に従事している人の中から、こうしたポストへの昇進が行われるのである。

企業が労働者を内部養成する根拠は、「企業特殊熟練（firm-specific skill）」に求められる。この企業特殊熟練とは、どの企業にも通用する「一般熟練

(general skill)」と対比される概念で，特定の企業にしか通用しない類の熟練である。企業は一般の労働市場ではこうした熟練労働者を調達できないために，企業内でこの技能を養成する。技能養成にはコストがかかるので，企業は特殊熟練を持つ労働者を手放そうとしないし，また労働者側も自分が持つ特殊熟練技能を高く評価する企業から移動しようとしない。労使双方のニーズによって長期勤続が成立する仕組みとなっている。なお企業特殊熟練と内部労働市場の成立については，P.B.ドーリンジャー，M.J.ピオレの文献にくわしい。

▷3 ドーリンジャー，P.B.・ピオレ，M.J.，白木三秀監訳，2007，『内部労働市場とマンパワー分析』早稲田大学出版部

3 内部労働市場と非正規雇用者

内部労働市場では熟練，半熟練労働者の長期雇用を前提としているために，景気変動の調整弁として非正規雇用者を必要とする。この非正規労働者群が，いわゆる第二次労働市場の構成員であり，二重労働市場論の下層を形成するのである。その職種は，内部労働市場の周辺作業を担当する，勤続年数の長期化が熟練形成に結びつかない職種であり，雇用形態は派遣労働者，下請け会社からの派遣作業員，請負労働者，パートタイマーなど多様な形態をとっている。しかし第一に熟練労働の企業への内部化が進んだため，また第二にグローバル化に伴い生産変動の波の上下幅が拡大したため，日本のみならず全世界で非正規労働者の割合が高まった。

非正規雇用者の増加は，一方では就業形態の多様化として，他方では労働市場の柔軟化としての側面を持つので，さまざまな勤務形態を可能にし，主婦層や子どもを持つひとり親世帯，体力の衰えた高齢者へ雇用機会を与えることにもつながった。

4 日本型雇用システムと内部労働市場

日本型雇用システムは，内部労働市場と多くの共通点を持つ。長期勤続の重視，内部昇進，勤続年数とともに上昇する年功賃金などの点が共通することに着目すれば，同じものであるといってもよい。

しかしながら，日本型雇用システムに日本独自の文化と組織原理を含む場合には，アメリカを基盤に発達した内部労働市場論とは異なると言える。R.ドーアは，イギリスの企業を市場志向型，日本の企業を組織志向型と類型化して比較を行った。こうした組織原理に注目した場合，日本型雇用システムを内部労働市場論の枠組みに当てはめた理解は的外れなものとなろう。

すなわち，内部昇進や年功賃金に着目する機能的かつ法則定立的な方法論の立場をとれば，日本型雇用システムは内部労働市場の構造を持つと言えるだろう。だが，歴史的な形成過程や文化的要因を重視する歴史主義的方法論に立つならば，日本型雇用システムと内部労働市場とは別物となるのだ。

(上林千恵子)

▷4 ドーア，R.，山之内靖・永易浩一訳，1993，『イギリスの工場・日本の工場』ちくま学芸文庫。

参考文献
小池和男，1966，『賃金——その理論と現状分析』ダイヤモンド社
小池和男，2005，『仕事の経済学（第3版）』東洋経済新報社

XII 産業社会学の歴史

10 日本の産業社会学

1 戦前の職業社会学

　日本における産業社会学の歴史は第二次大戦後に始まったといってよく，その歴史はきわめて短い。社会学の創始者といわれるA.コントの『実証哲学講義』は1830年，F.テンニースの『ゲマインシャフトとゲゼルシャフト』は1887年に公刊されていて，社会学の歴史そのものも19世紀半ばに始まる200年に満たない歴史しか持たない。そのように歴史の浅い社会学を移入した日本では，戦前は社会学理論と家族・農村・都市といった各領域を対象とした研究が主たる分野であった。

　産業社会学という領域を戦後に初めて構想したのは尾高邦雄（1908～1993）であるが，尾高は戦前にすでに『職業社会学』（1941年，岩波書店）を上梓している。ここに書かれた職業の3要素についてはすでに I-1 で触れられているが，こうしたテーマを尾高が研究内容としたのは，ひとつには，彼がM.ウェーバーの『職業としての学問』（1919年）を1936年に翻訳出版したことが契機となっていた。それと同時にいまひとつは，彼が学生時代に当時のインテリ学生の常としてK.マルクスを耽読したものの，その階級概念に一種の疑問を抱き，階級闘争のイデオロギーがいわゆる職業別の観念を否定し「そこに所謂労資の對立を結果することとなる」のを危惧し，職業の意義を再度主張することにあった。そのため，É.デュルケムの職業団体論の研究もまた重要な参照点だったのである。

　この『職業社会学』成立の経緯の中に，尾高がマルクス研究から出発しつつも，階級概念を否定する概念としての「職業」，またより積極的には社会と個人を結ぶ結節点の概念としての「職業」概念に着目し，職業社会学を確立しようとした努力を見ることができよう。同書中の職業の分化および身分と職業の世襲のテーマからは，後の社会階層研究や世代間の職業移動研究へつながる，また職業意識のテーマからは，大企業労働者の二重帰属意識（企業と労働組合の双方に帰属意識を持つという事実の指摘）研究へとつながる萌芽がみられるのである。

2 戦後の産業社会学

　尾高は戦前に構想した職業社会学を，戦時中の海南島原住民の黎族調査や，

▷1　尾高邦雄, 1995, 『尾高邦雄選集第1巻　職業社会学』夢想庵, pp. 3-4

▷2　尾高邦雄, 1941, 『職業社会学』岩波書店, p. 279

戦後の出雲地方のたたら調査のような実証的研究と，F.J.レスリスバーガーに代表されるアメリカの産業社会学との消化を通して，『産業社会学』（1958年，ダイヤモンド社）として上梓することになった。

松島静雄（1921～2007）は尾高に学んだ労働・産業社会学者であるが，処女作『労働社会学序説』（1951年，福村出版）のタイトルに象徴されるように，尾高と同じく労働者の共同生活を対象としながらも，そこに「生産性」の問題と「階層性」の双方の視点を含んで分析の基軸とした。彼の友子研究は，生活の不安定性と社会からの脱落者意識を抱えた鉱山労働者に対する限りない愛着と同情に基づきつつ，社会学方法論としてはウェーバーの理念型概念に基づいて，友子という鉱山労働者の自律的な職業集団の構成原理と相互性の倫理を描きだしたのである。それは自分たちの生活保障のために相互扶助の原理を尊ぶという，基本的にはゲゼルシャフトではあるが，限りなくゲマインシャフトに近い集団の性格であった。

松島はその後，『労務管理の日本的特質と変遷』（1962年，ダイヤモンド社）を上梓し，日本型労務管理は家族主義的な封建遺制の産物ではなく，労働者の生活保障要求に沿った現実適合性と合理性を備えたものであると主張している。労働者の階層性への注目が労働者の階級性を主張するマルクス主義的社会学へとつながるのではなく，経営側が主導した日本型労務管理の肯定へとつながった著作である。友子研究に区切りをつけた後，研究対象を日本の大企業労働者に移動させたが，ここでも労働者の生活保障の論理に着目し，西洋近代がめざした自由で平等な自律的な人間像ではなく，ある意味では保守的でカンとコツ，義理と人情を重視する労働者像を肯定していった。

当時，日本型労務管理は企業益，国益につながる閉じた道徳を象徴するものであり，普遍主義的倫理観が欠如している（たとえば公害対策への遅れ）のような批判を受け，またこうした批判者の方が研究者間においては大勢を占めていたから，『労務管理の日本的特質と変遷』への評価は一部の研究者間に限定された。日本的経営への評価は，イギリス人社会学者であるR.ドーアの『イギリスの工場・日本の工場』という国際比較研究が発表されて後に，また1980年代に海外で日本的経営が評価された後に，初めて大半の支持を得るようになったのである。

▶3 ドーア，R.，山之内靖・永易浩一訳，1993，『イギリスの工場・日本の工場（上・下）』筑摩書房

3 技術革新の影響

産業社会学にとって不断に進行する技術革新の影響は不可避のテーマであった。松島は1960年代に間宏（1929～2007）と行ったオートメーション化が進展する工場の丹念な観察とヒアリング結果から，単能工的熟練は解体して監視・管理労働へと労働内容は変化し，職務給導入に伴う労務管理の近代化と従業員の高学歴化が求められるようになったこと，技術革新の導入が熟練労働者の解

雇につながらず，オートメーションが導入された新鋭工場では，こうした労働力が必要とされていたことを指摘している。すなわち，労働者が頭脳（知的労働）と手（単純労働）に二極分化するというマルクス主義の図式が否定されているのだが，調査にあたって松島はそうした図式を念頭におかず，労務管理の近代化と日本的経営の行方の方に力点を置いたのである。同書では後に小池和男が主張する「知的熟練」の具体的な内容が示されている。

技術革新の問題は，1980年代にME化，OA化として再び取り上げられることとなった。しかし当時の日本は，企業の海外進出が始まって雇用も確保されていた時期だったため，欧米諸国のような失業不安が発生せず，結果として産業社会学者がME化を深刻な社会問題としてとらえる必要性は弱く，そのため社会学の業績として特筆すべきものは少ない。技術革新が単独の要因として社会に影響を与えるのではなく，一国の産業化の発展段階との関係で考えなければならないことの証左であろう。

その後，1990年代に始まるIT化の影響は，ME化とは異なる。ドーアが唱える日本社会が持つ**後発効果**（late development effect）は，日本の産業化が成熟化した段階ではすでに望むべくもなく，Ⅳ-3 の項で指摘されたように，大量の非正規社員を生みだすことに帰結したのである。

こうして今や技術革新の問題は，もはや一工場内の問題ではなく，産業化の発展度合いが異なる国際的分業の問題と絡めて考えなければならなくなったといえよう。すなわち，一国内では低賃金や低技能レベルと分類されても，グローバルにみれば高賃金と高技能レベルにあると分類せざるを得なくなったのである。またそのような前提に立たなければ，日本社会のように輸出依存度が高い産業構造を持つ社会では，いずれの企業もその存続が難しいからである。

❹ グローバル化の影響

産業社会学はこれまで，働く人間の共同生活のあり方を研究対象としてきた。そしてその共同生活とは，職業生活を営む職場では賃金，技能などの人的資源管理論と密接に結びつくようになり，家庭生活を営む家庭や地域では生活構造論と結びついていた。このうち，生活構造論は下火となってしまったが，近年，フリーターやホームレスなどが社会問題化したために，再度，貧困の問題として社会的排除という視点から取り上げられるようになった。

働く人の職場生活を見る場合も，家族生活を見る場合も，キーとなるのは賃金であろう。基本的に，賃金は生活を保障するための生活費の性格と，能力・技能などの企業への貢献度や生産性を示す能力給の性格を合わせ持つ。生活費の側面からみると，賃金は生活水準と密接に結びつき，また生活水準は特定の国，特定の時代によって左右される部分が非常に大きい。とりわけ，生活水準の中身には，衣食住，子どもの人数と教育水準など，ライフスタイルという文

▷ 4　松島静雄，1962，『労務管理の日本的特質と変遷』ダイヤモンド社

▷ 5　**後発効果**
R.ドーアが提唱した概念で，後から発展した国ほど最新の技術と組織原理を導入することが可能であるために，先に産業化を遂げた国を追い越して発展していくという考え方。ドーアは，イギリスと日本の家庭用電機洗濯機や小型モーターを製造する工場を比較することによって，日本がイギリスの追いつくのではなく，イギリスが日本に追いつくのだという，当時の一般的な図式には逆転した現象が存在することを指摘したのである（ドーア，R.，山之内靖・永易浩一訳，1993，『イギリスの工場・日本の工場（上・下）』筑摩書房）。

化的な要因が大きく入り込んでおり，もはや敗戦直後の一時期に注目された**電産型賃金**のように，生命維持に必要なカロリー計算で生活費が算出できる時代ではなくなった。どの国にも，その国で妥当とされる生活水準があり，その水準を確保するための生活保障賃金は，単なる生命維持のための賃金額よりも遥かに高いものとなっているのが今日の状況だ。

ところがインターネットに代表される通信手段および交通機関の発達と低廉化は，ヒト，モノ，カネ，情報のいずれの要素についても一国の範囲を超えることを容易にした。加えて近年の円高は，日本の賃金水準を国際相場でとてつもなく高額なものとし，国際労働市場を前提にその賃金に見合うだけの生産性，能力，技能を持つ労働者を求めるとなると，果たしてどれだけの人がその賃金水準に見合う能力を持つのか甚だ疑問となる。日本国内で適正な生活水準を保障するだけの賃金額が，国際相場から見ると，非常に高度な能力，生産性を意味する賃金額となっている段階になってしまった。

本来は一国の生活水準を前提にして決定されるべき賃金が，グローバル化によって水準が相対化され，一国の生活水準との関連が薄れていく気配がある今日，賃金に依存して生活していく先進国の労働者は将来への不安を抱かざるを得ないであろう。

5 これからの課題

働く人間を研究対象とする産業社会学に課せられたこれからの課題は，今まで触れた技術革新の問題とグローバル化の影響のふたつにまとめられよう。

技術革新は不断に進行している。ひとつには，私たちの生活の中からは見えにくい軍事技術の競争によって，またひとつには私たちが安全でかつ健康で豊かな生活を求めることによって技術は進展しているのだ。この変化が新たな職業を生みだすとともに，先進国ではもはや不要となった職業，衰退する職業も生み出す。またこの変化は必要とされる職業能力を変化させもする。働くということは，実に常に失業と隣り合わせの問題でもあるのだ。

またグローバル化の問題は，発展途上国の製品と人が先進国に流れ込むこと，先進国の雇用が発展途上国へと移転することで，やはり先進国の労働者の生活を変化させる。ひとりの人間が，消費者としては豊かさを享受できるが，労働者としては労働条件が低下する可能性を持つというジレンマを抱えざるをえないだろう。

こうした課題を考察するために，これまで産業社会学が培った蓄積が役に立つに違いない。

（上林千恵子）

▷6　**電産型賃金**
　生活給賃金体系の代表的なもので，1946年に日本電力産業労働組合協議会が要求し，労使交渉の結果，成立した。賃金の67％が年齢と家族状況で決まるという生活費中心の生活保障型賃金である。その後，1960年代に職能給導入，1990年代以降は成果主義賃金の導入が実施されて，生活給の占めるウェイトが低下した。

参考文献

稲上毅・川喜多喬編，1987，『リーディングス日本の社会学9巻　産業・労働』東京大学出版会

稲上毅，1999，「日本の産業社会と労働」稲上毅・川喜多喬編『講座社会学6　労働』東京大学出版会

尾高邦雄，1941，『職業社会学』岩波書店

尾高邦雄，1995，『尾高邦雄選集第1巻　職業社会学』夢想庵

松島静雄，1978，『友子の社会学的考察──鉱山労働者の営む共同生活体』御茶の水書房（1951年に出版された『労働社会学序説』の一部復刻版）

さくいん
（＊は人名）

あ行

ILO　130
IT化　9, 61
アクティブ・エイジング　141
アソシエーション　56
アノミー　176, 177
＊天野正子　141
アムネスティ　152
＊荒井一博　17
アルバイト　72, 80, 81, 112, 121
アンペイド・ワーク　128, 130
EPA（経済連携協定）　145
＊五十嵐泰正　145
育児・介護休業法　123
育児休業法　130
＊石田光男　39, 47, 48
いじめ　110
1日8時間労働制　62
逸脱　177
一般組合　101
一般熟練　188
一般職　114, 123
一般労働者　116
意図せざる結果　172, 179
＊稲上毅　31, 56, 91, 105, 145, 149, 165, 169, 193
＊乾彰夫　81
イノベーション　24
＊今野浩一郎　38, 43, 45, 50
移民の学歴構造　150
移民　4, 144, 164, 165
医療保険　156
＊岩田正美　163
インフォーマル・グループ　58, 183
＊ウィリス, P.　5
＊ウィレンスキー, H.　155, 170
＊ヴェイユ, S.　181
＊ウェーバー, M.　30, 178, 179, 190
＊ウェッブ夫妻　100
請負労働者　61, 78, 79, 146, 163, 189
＊氏原正治郎　145, 161, 186
＊梅澤正　11, 89
エイジフリー思想　140
永住者　143

エートス　179
＊エスピン-アンデルセン, G.　158, 165
NPO　33, 73, 86, 170
ME化　60
M字型就労, M字型カーブ　112, 113, 118-120, 123, 125
＊エリクソン, R.　4
縁故採用　41
エンパワー　121
オイルショック　113, 127
欧州雇用戦略　131
近江絹糸争議　104
OECD　116
＊大久保武　147
＊大河内一男　156
＊大沢真知子　79
＊大沢真理　120, 125, 155
OJT　14, 42, 58, 138
＊太田聰一　15
＊小倉一哉　67
オートメーション化　60
＊尾高邦雄　2, 154, 183, 190
お茶汲み　119
夫片稼ぎ世帯　129
Off-JT　14, 42
恩給　159

か行

階級論　4
介護　112, 123, 128-130
外国人技能実習生　142, 146, 148
外国人嫌い　145
改正男女雇用機会均等法　122, 123, 125
改正雇用対策法　137
改正パートタイマー労働法　77, 125
階層構造　150
階層性　8, 145
階層の再生産　5
外部労働市場　139
科学的管理法　180, 183, 184
課業　180
学歴　117
家事　112-114, 120, 123, 127-130

――関連時間　130
――参加　130
＊梶田孝道　142, 147
家族像　114
家族的責任　120, 123, 130
――条約　130
家族福祉　155, 170
学校から職場への移行　84
株主重視　57
＊鎌田耕一　73, 75
ガラスの天井　116
＊カルヴァン, J.　179
過労死　113, 123, 128
＊川喜多喬　26
感情規則　70
感情労働　9, 28, 70
間接差別　123
管理職　116, 117
　名ばかり――　74
　役職につかない――　47
官僚制　179
――化　30
――の逆機能　30
機械的連帯　177
機会費用　16, 43
基幹労働者　114
起業　24
企業コミュニティ　41, 102
企業城下町　92
企業戦士　127
企業特殊熟練　188
企業福祉　155, 170
企業別（労働）組合　18, 101, 102, 154
企業倫理　88
既婚　112, 114
――女性　112, 120, 130
技術移転　148
技術革新　7, 8, 60, 120, 191
規制緩和　121
技能　42
逆U字　118
キャリア　3, 34, 123
――ウーマン　120

──教育　85, 121
──志向　53
──ルート　47
職業──　3
バウンダリーレス・──　15
キャリア形成　53, 113
──支援　125
求職意欲喪失者　83
QWL：Quality of Working Life
　　182
救貧制度　158, 160
教育訓練　35, 42
──への投資　43
共感　173
共済組合　156, 158
業績評価　49
京都議定書　96
＊清成忠男　24
均衡処遇　77
勤続年数　117
近代型能力　13
勤務地限定社員　45, 53
勤務問題　128
勤労婦人福祉法　122
＊グールドナー, A.　30
組合管掌健康保険　156
組合離れ　109
＊久米邦男　169
＊クラーク, C.　28
＊グラノヴェター, M.　19
グレーカラー　8
グローバル化　166, 192
経営協議会　107
経済的従属ワーカー　73
傾斜生産方式　6
契約社員　55, 72
＊ケインズ, J.M.　160, 172
ケインズ＝ベヴァリジ型福祉国家
　　160
結婚退職制度　119
健康保険組合　157
＊玄田有史　83
＊小池和男　15, 42, 44, 46, 51, 60, 188
公害　92
──対策基本法　93
──輸出　99
高学歴化　112
後期高齢者医療制度　157
工業化　62, 164

工場法　62
公共職業安定所　19
合計特殊出生率　132
厚生年金　135, 158
──基金　159
厚生労働省編職業分類　11
高度専門職移民　150
高年齢者雇用安定法　22, 137
後発効果　192
高齢化　7, 170
高齢社会　132
高齢者世帯　135
ゴーイング・コンサーン　26
コーポラティズム　168, 171
ネオ・──　95
コーポレート・ガバナンス　30, 57, 90
＊ゴールドソープ, J.H.　4
＊伍賀一道　78, 79
国際女性年　124
国民皆保険　157, 159
国民健康保険　156
国民年金　158
＊小杉礼子　81
個別の労使紛争　110
コミュニケーション能力　13
コミュニティ　56
雇用　72, 73
──慣行　113
──区分　35, 52
──社会　34
──の女性化　118
──の多様化　115
──の多様化・流動化　121
──平等思想　140
──不安　113, 115
──保険　160, 162
──保障　41
間接──　78, 79
雇用管理　123
コース別──　114, 122, 123
雇用形態格差　113, 116
御用組合　103
＊ゴルツ, A.　185
＊コント, A.　190

さ行

サービス経済化（サービス産業化）
　　6, 13, 28, 117, 120
サービス産業　7, 165

採用　35
──内定　41
裁量労働制度　63, 64
＊佐藤厚　57, 135
＊佐藤忍　147
＊佐藤博樹　33, 43, 45, 46, 49, 65, 137
三六協定　63
サラリーマン　120
残業　127
サービス──　126, 127
産業革命　156, 158
産業空洞化　99
産業政策　94
産業別組合　101
産業民主主義　181
３Ｋ職場　142, 145
CSR（企業の社会的責任）　89
自営　72, 73
ジェンダー　112, 113, 117, 124, 125, 128, 129, 131
──・エンパワーメント指数
　　112
──・ギャップ指数　113
──意識　113
──構造　113
──の主流化　125
──平等政策　131
資格外就労者　152
時間研究　180
事業再生　27
事業主　122
シグナリング理論　17
自己啓発　14, 42
自己申告制度　45
自己都合失業者　20
仕事と家庭の両立　64, 130
仕事と生活の調和　129
──（ワーク・ライフ・バランス）
　　憲章　125
自殺　126, 128
市場の失敗　94
市場メカニズム　100
時短　126
失業
　自発的──　20
　非自発的──　20
　摩擦的──　21
失業保険　160
失業率　21

市民権 158, 163
社員格付け制度 34, 38, 51
社員区分 52
社会移動 4
社会階層 4
社会起業家 24
社会的企業 24, 87, 170
社会的差別 125
社会的事実 176
社会的責任投資（SRI） 97
社会的排除 162
社会的包摂政策 131
社会発展論 185
社会分業 177
社会保険 81, 155
社会保障 154
　　──支出 155
社会連帯 177
若年 112
　　──雇用 121
　　──失業者 82, 83
　　──層 115
　　──定年制 120
　　──無業者 82, 83
＊ジャコビィ, S.M. 36, 45
社内公募制度 37, 45
社民主義型 165
職業斡旋 19
就業管理 58
就業形態の多様化 72-74, 187
自由主義型 165
重商主義 172, 173
終身雇用 18, 102, 113, 114, 127, 154
集団的の労使紛争 110
重農主義 172, 173
周辺労働者 186
出産 118, 119
主婦パート 76
需要不足失業 21
春闘（春季生活闘争） 103
＊シュンペーター, J.A. 24, 185
情意評価 49
生涯所得 119
昇格 46
少子化 170
昇進 35, 46
情報の非対称性 17
情報の不完全性 21

職業安定法 19
職業移動 4
職業上の平等 5
職業選択 117
　　──の自由 5
職業団体 177
職業別（職能別）組合 101
職業倫理 178, 179
嘱託社員 72
職能給 51
職能資格制度 38, 39, 46
職場
　　──管理者 36
　　──共同体 105
　　──集団 58, 59
　　──秩序 5, 58
職分 2
職務 116
　　──給 51
　　──充実 181
　　──遂行能力 39, 46, 51
　　──等級制度 38, 39, 51
　　──評価 49
処遇の公平性 37
女子保護規定 123
女性差別 125
　　──撤廃条約 122, 124
女性就業者 29, 118
女性政策 124
所定外給与 51
所定内給与 51
所定労働時間 126
ジョブ・グレード制 39
所有と経営の分離 30
書類不保持者 152
新規学卒（一括）採用 12, 18, 40, 84
人材育成 44, 114
人事争議 105
新時代の日本的経営 115, 121
人事管理の個別化 59
人事評価 35, 48
人身売買（トラフィッキング） 153
新中間階級 185
人的資源管理 32
人的資本理論 17, 22
人的つながり 19
シンボル分析的サービス 9
新労働者階級論 185

垂直的職務分離 116
水平的職務分離 117
＊スーパー, D.E. 3
＊菅野和夫 41, 74, 75, 101, 102, 111, 123, 137
ストライキ 107
頭脳循環 150
頭脳流出 150
＊スミス, A. 88, 172
成果主義 45, 49, 59, 115
　　──賃金 103
生活保障 154
　　──要求 191
正規化（リーガライゼーション） 152
正規雇用 72, 73, 123, 128
生業 2, 25
＊清家篤 23, 133, 141
性差別 123
生産性三原則 106
生産年齢人口 133
正社員 52, 112, 114, 115, 122
税制適格退職年金 159
性別職務分離 116, 117
性別分業 119
　　──家族 128
性別役割分業 130
　　──意識 123
　　──観 131
セクシャル・ハラスメント 69, 110, 123
セックス 124
ゼノフォビア 145
専業主婦 114, 120, 127
全国健康保険協会管掌健康保険 156
専属個人請負業者 73
専門職制度 47
早期離職制度 22
総合職 114, 123
総実労働時間 66
総資本対総労働 105
相対的過剰人口 187
創発（特）性 176
総評 105
総労働時間 128, 129
疎外 174, 175
組織的・集団的作業量制限行為 180, 183

さくいん

た行

ソ連型スターリニズム　175

＊ダーレンドルフ，R.　164
怠業　23, 180
退職勧奨　114
退職制度　114
対人サービス　9
第二新卒　85
＊高橋康二　78, 79
多国籍企業　98, 167
＊武石恵美子　119
＊武川正吾　166
多段階評価　48
＊橘木俊詔　23
脱工業化　70, 164
脱工業社会　184
短時間勤務　134
短時間労働　127
短時間労働者　116
単純労働　120
男女間賃金格差　112, 116, 117, 125
男女共同参画社会　125
　　——基本法　113, 125
男女雇用機会均等法　52, 112, 113, 120, 122-124
男女差別　122
男女同一労働同一賃金　122
男女平等　122, 124, 125
男性片稼ぎ　112, 115
＊丹野清人　147
小さな政府　173
チェック・オフ制度　102
知的熟練　61, 188
中央社会保険医療協議会　168
中央労働委員会　105
中核労働者　186
中高年既婚型　120
中小企業　5, 25, 26, 31, 149, 160
紐帯
　　社会的——　177
　　強い——　19
　　弱い——　19
中途採用　40
＊中馬宏之　15, 61
長期安定雇用，長期雇用　56, 159
長時間労働　66, 67, 113, 126, 127, 130, 131
賃金　50
　　——格差　16, 116, 123
　　——制度　51
　　家族——　114
　　電産型——　193
賃金管理　35
　　個別的——　51
　　総額——　51
　　年功——　51
＊塚本一郎　87
＊筒井美紀　85
ディーセント・ワーク　181
定型的な仕事　9
定住化　147
低熟練労働者受け入れ　149
定年制　22, 136
＊テイラー，F.　180
＊デュルケム，É　176, 177, 190
テレワーク　61, 65
転勤　44
天職　2, 179
転職　19
＊テンニース，F.　190
同一価値労働同一賃金　117
同一労働同一賃金　123
動機づけ　50
同業組合　177
動作研究　180
＊トゥレーヌ，A.　185
＊ドーア，R.　56, 154, 155, 167, 189, 191
＊ドーリンジャー，P.B.　15, 186, 189
友子研究　191
共働き世帯　112, 113, 115, 129, 130
＊ドラッカー，P.　181

な行

＊内藤朝雄　83
内部収益率　16
内部労働市場　14
　　——論　186, 188
＊中野麻美　72
＊中村圭介　39, 49
＊成瀬政男　12
ニート　82, 83
＊西山志保　87
二重帰属意識　190
二重構造論　186
二重労働市場論　144, 186, 188
日系人労働者　146
日経連　→　日本経済団体連合会

＊仁田道夫　73
日本型雇用システム　102, 113-115, 127, 134, 136, 154, 171, 189
日本型福祉　170
日本経済団体連合会（経団連）　39, 88, 115, 121, 149, 169
日本標準職業分類（JSCO）　10
日本労働組合総連合会（連合）　169, 170
人間開発指数　112
人間関係論　58, 181, 183
人間本性　172, 173
年金　158
　　確定給付企業——　159
　　確定拠出——　159
　　企業——　158
　　基礎——　158
年功序列　18, 102
年功制度　38, 39, 51, 113, 114, 127, 154
年次有給休暇（年休）　67
年齢差別禁止　136
　　——法　140
能力主義　115
能力評価　49

は行

パート社員　55, 80, 81, 103, 108, 109, 114, 115, 163
パートタイマー（パート）　29, 72, 76, 80, 81, 109
　　——の基幹化　77
パートタイム　112, 117, 120, 121, 123, 127, 128, 130
＊バーリ，A.　30
廃業　26
入職口　188
配置転換　35, 44
ハイテク移民　150
派遣社員　55
派遣労働　112, 121
　　——者　78, 79, 149, 189
＊間宏　56, 60, 191
＊橋本寿朗　7
ハビトゥス　5
バブル経済　113, 115
＊濱口桂一郎　163
＊原ひろみ　85
ハロー効果　48
ハローワーク　19

197

パワー・ハラスメント　69, 129
晩婚化　112, 119
＊ピオレ，M.J.　15, 144, 186, 189
＊樋口美雄　37
非婚化　119
＊久本憲夫　155, 165
非正規　114, 123
　　——化　121
　　——就労者　152
　　——労働者　189
非正規雇用　72, 73, 76, 78, 85, 87, 112, 116, 117, 121, 123, 125, 128, 163
　　——者　189
非正社員　37, 52, 54
＊ヒューム，D.　173
被用者保険　157
標準作業時間　180
標準作業量　180
標準世帯　120
ファミリー・フレンドリー企業　131
不安定就労　127
部下の「抱え込み」　37
福利厚生制度　155
不法残留者　152
不法就労者　142, 152
フラット化　47
＊フランクリン，B.　179
フリーター　80, 81
　　年長——　81
ブリッジSE　151
ブルーカラー　8
フルタイム　117
　　——労働　127
＊ブルデュー，P.　5
＊ブレイヴァマン，H.　181
フレキシビリティ　54, 147, 171
フレキシブル　127
フレックスタイム制　63, 64
プロダクティブ・エイジング　141
プロテスタンティズム　178, 179
分業　177
　　——体制　177
　　拘束的——　177
平均初婚年齢　112
ペイド・ワーク　130
＊ベヴァリジ，W.H.　160
ベヴァリジ報告　160

＊ヘーゲル，F.　174, 175
北京行動綱領　125
＊ベッカー，G.S.　17
＊ペティ，W.　28
ペティ＝クラークの法則　28
＊ベラー，R.N.　141
＊ベル，D.　70, 164, 184
変形労働時間制度　63
ベンチャー・ビジネス　24
貿易摩擦　94
報酬　50
法定外福利　155, 159
法定福利　155, 159
法定労働時間　62
ホーソン実験　58, 181
ホームレス　162
＊ホーモル，W.J.　165
＊ホール，D.T.　3
保険原理　160
ポジティブ・アクション　117, 123
保守主義型　165
ポスト近代型能力　13
＊細井和喜蔵　104
＊ホックシールド，A.R.　9, 70
＊ホッブズ，T.　173
ボランティア　33, 73, 86, 161, 170
＊堀有喜衣　81
ホワイトカラー　8
本社人事部　36
＊本田一成　55, 77, 165
＊本田由紀　13, 83, 85

ま行

＊マートン，R.　30
＊マグレガー，D.　182
＊マッキーバー，R.　56
松繁寿和　21
＊松島静雄　56, 191
「学び習慣」仮説　12
＊マルクス，K.　156, 164, 172, 174, 175, 185, 190
＊ミーンズ，G.　30
見えざる手　172, 173
未公認労働者　152
未婚女性　112, 119
＊三井さよ　71
三井三池争議　105
密入国　152
＊三山雅子　77
＊ミルズ，C.W.　8, 70, 171

民主的階級闘争モデル　164
無規制的分業　177
無償労働　72, 73
＊メイヨー，E.　58, 182
メキシコ女性会議　124
メンタルヘルス不全　68
モーレツ社員　127
目標管理制度　49
＊森岡孝二　127
＊守島基博　37, 49

や行

役職昇進　46
役職定年　134
＊八代尚弘　37
＊八代充史　47
＊矢野眞和　12
＊山岸秀雄　87
＊八幡茂美　7, 61
＊勇上和史　15
有機的連帯　177
有効求人倍率　21
有償労働　72, 73
ユニオン・ショップ制度　102
＊横山源之助　104
＊依光正哲　145

ら行

＊ライシュ，R.B.　9
ライフキャリア　3
ライフコース　112
リストラ　113
リスボン戦略　131
リピーター　147
類的存在　175
ルーティン生産サービス　9
＊ルカーチ，G.　175
＊ルター，M.　179
＊レスリスバーガー，F.J.　58, 182, 191
労災申請　128
労使関係　104
労使協議　107
労働基準法　62, 66, 74, 122, 123
労働組合　100, 164, 177
　　——の組織率　108, 165
　　——法　75, 100
労働市場　114, 116
労働者協同組合　73
労働者性　74, 75
労働者派遣法　19

労働審判制度　111
労働政策審議会　168
労働損失日数　107
労働費用　50
労働力　119, 120, 127
　――の商品化　158
　――の脱商品化　158
　――の保全　156
ローマ・クラブ　96
＊ロザンヴァロン, P.　163
＊ロストウ, W.W.　185
ロックアウト　107
ロビー活動　95

わ行

ワーカーズ・コレクティブ　73
ワーク・ライフ・バランス　129, 131
ワークフェア　161
＊渡辺深　19

執筆者紹介（氏名／よみがな／生年／現職／業績／執筆担当／産業社会学を学ぶ読者へのメッセージ）　　＊は編著者

天畠一郎（あまはた・いちろう／1972年生まれ）
元玉川国際学院校長
「経験と言語——ホルクハイマーの言語哲学的考察とアドルノ概念論」『社会志林』第66巻第4号，2020年
「『近代の超克』座談会とフランクフルト学派」『場所』第16号，2017年
XII-1　XII-2　XII-3　XII-4
複雑で先行き不透明な現代産業社会だからこそ，古典に学ぶ意義もまた存在するのではないかと思っています。

梅崎　修（うめざき・おさむ／1970年生まれ）
法政大学キャリアデザイン学部教授
『仕事マンガ！——52作品から学ぶキャリアデザイン』（単著，ナカニシヤ出版，2011年）
『キャリアのみかた——図で見る109のポイント』（共著，有斐閣，2010年）
I-1　I-3　I-4　I-5　I-6　I-7　I-8　I-9　I-10　I-11
広く社会を理解することは，遠回りに見えて，着実なキャリアデザインです。

＊上林千恵子（かみばやし・ちえこ／1949年生まれ）
法政大学名誉教授
『外国人労働者受け入れと日本社会——技能実習制度の展開とジレンマ』（単著，東京大学出版会，2015年）
『移民受入の国際社会学——選別メカニズムの比較分析』（共著，名古屋大学出版会，2017年）
I-2　IX-1　IX-2　IX-3　IX-4　X-5　X-1　X-2　X-3　X-4　X-5　X-6　XII-5　XII-6　XII-7　XII-8　XII-9　XII-10
産業社会学というタイトルの授業は，全国の大学で多くはありませんが，著者一同，心をこめて執筆しました。

上村泰裕（かみむら・やすひろ／1972年生まれ）
名古屋大学大学院環境学研究科准教授
『グローバリゼーションと福祉国家の再編』（共著，明石書店，2012年）
『若者問題と教育・雇用・社会保障——東アジアと周縁から考える』（共編著，法政大学出版局，2011年）
XI-1　XI-2　XI-3　XI-4　XI-5　XI-6　XI-7　XI-8　XI-9
自分や家族の仕事と暮らしをもっと広い社会の問題と結びつけて考える社会学的想像力を獲得して下さい。

佐野嘉秀（さの・よしひで／1972年生まれ）
法政大学経営学部教授
『英国の人事管理・日本の人事管理——日英百貨店の仕事と雇用システム』（単著，東京大学出版会，2021年）
『実証研究　日本の人材ビジネス——新しい働き方と人事マネジメント』（共編著，日本経済新聞社，2010年）
III-1　III-2　III-3　III-4　III-5　III-6　III-7　III-8　III-9　III-10　III-11
本書が，組織で働く人のキャリアに大きく関わる人事管理について考えるうえでの参考になれば幸いです。

高橋康二（たかはし・こうじ／1974年生まれ）
労働政策研究・研修機構主任研究員
『契約社員の人事管理と就業実態に関する研究』（単著，労働政策研究・研修機構，2011年）
「株主重視の経営を支持しているのは誰か」『日本労働研究雑誌』No.565，2007年
VI-1　VI-2　VI-3　VI-4　VI-5　VI-6　VII-1　VII-2　VII-3　VII-4　VII-5　VII-6
産業社会学を学ぶことで，産業だけでなく，社会の仕組みの基本を学んでください。

樋口明彦（ひぐち・あきひこ／1971年生まれ）
法政大学社会学部准教授
『若者問題と教育・雇用・社会保障——東アジアと周縁から考える』（共編著，法政大学出版局，2011年）
『社会保障と福祉国家のゆくえ』（共著，ナカニシヤ出版，2011年）
V-1　V-2　V-3　V-4　V-5　V-6　V-7　V-8
働くことは大きなテーマになっています。適切な選択をするためには，十分な知識が必要です。

藤本　真（ふじもと・まこと／1972年生まれ）
労働政策研究・研修機構主任研究員
「事業再生過程における労働組合の役割」『日本労働研究雑誌』No.591，2009年
『中小企業における人材育成・能力開発』（共著，労働政策研究・研修機構，2012年）
II-1　II-2　II-3　II-4　II-5　IV-1　IV-2　IV-3　IV-4　IV-5　IV-6　IV-7　IV-8
経営や労働を社会生活の中でとらえ，新たな現実や論理を浮上させる。それが産業社会学の魅力（威力）です。

柚木理子（ゆき・まさこ／1957年生まれ）
中央大学，立教大学，白百合女子大学ほか非常勤講師
『労働とジェンダー』（共著，明石書店，2001年）
『ジェンダー史研究入門』（共著，青木書店，2009年）
VIII-1　VIII-2　VIII-3　VIII-4　VIII-5　VIII-6　VIII-7　VIII-8
実社会で起こっていることを知識として持って，自分の生き方・働き方の参考にしてください。

やわらかアカデミズム・〈わかる〉シリーズ
よくわかる産業社会学

2012年6月10日　初版第1刷発行　　　　〈検印省略〉
2022年12月30日　初版第8刷発行

定価はカバーに
表示しています

編著者　　上　林　千恵子
発行者　　杉　田　啓　三
印刷者　　藤　森　英　夫

発行所　株式会社　ミネルヴァ書房
607-8494　京都市山科区日ノ岡堤谷町1
電話代表（075）581-5191
振替口座　01020-0-8076

©上林千恵子, 2012　　　亜細亜印刷・新生製本
ISBN978-4-623-06292-8
Printed in Japan

やわらかアカデミズム・〈わかる〉シリーズ

よくわかる社会学	宇都宮京子・西澤晃彦編著	本体	2500円
よくわかる家族社会学	西野理子・米村千代編著	本体	2400円
よくわかる都市社会学	中筋直哉・五十嵐泰正編著	本体	2800円
よくわかる教育社会学	酒井朗・多賀太・中村高康編著	本体	2600円
よくわかる環境社会学	鳥越皓之・帯谷博明編著	本体	2800円
よくわかる国際社会学	樽本英樹著	本体	2800円
よくわかる宗教社会学	櫻井義秀・三木英編著	本体	2400円
よくわかる医療社会学	中川輝彦・黒田浩一郎編著	本体	2500円
よくわかる産業社会学	上林千恵子編著	本体	2600円
よくわかる福祉社会学	武川正吾・森川美絵・井口高志・菊地英明編著	本体	2500円
よくわかる観光社会学	安村克己・堀野正人・遠藤英樹・寺岡伸悟編著	本体	2600円
よくわかる社会学史	早川洋行編著	本体	2800円
よくわかる現代家族	神原文子・杉井潤子・竹田美知編著	本体	2500円
よくわかる宗教学	櫻井義秀・平藤喜久子編著	本体	2400円
よくわかる障害学	小川喜道・杉野昭博編著	本体	2400円
よくわかる社会心理学	山田一成・北村英哉・結城雅樹編著	本体	2500円
よくわかる社会情報学	西垣通・伊藤守編著	本体	2500円
よくわかるメディア・スタディーズ	伊藤守編著	本体	2500円
よくわかるジェンダー・スタディーズ	木村涼子・伊田久美子・熊安貴美江編著	本体	2600円
よくわかる質的社会調査 技法編	谷富夫・芦田徹郎編	本体	2500円
よくわかる質的社会調査 プロセス編	谷富夫・山本努編著	本体	2500円
よくわかる統計学 Ⅰ 基礎編	金子治平・上藤一郎編	本体	2600円
よくわかる統計学 Ⅱ 経済統計編	御園謙吉・良永康平編	本体	2600円
よくわかる学びの技法	田中共子編	本体	2200円
よくわかる卒論の書き方	白井利明・高橋一郎著	本体	2500円

ミネルヴァ書房